نامراتىلىققا ۋە نامراتلىق
تەنقىقاتى مەسىلىلىر قارشى

特殊类型贫困地区贫困
与反贫困问题研究

—— 以新疆自治区为例

刘林 著

中国财经出版传媒集团

经济科学出版社
Economic Science Press

图书在版编目（CIP）数据

特殊类型贫困地区贫困与反贫困问题研究：以新疆自
治区为例/刘林著．—北京：经济科学出版社，2016.5
ISBN 978 - 7 - 5141 - 6980 - 5

Ⅰ.①特…　Ⅱ.①刘…　Ⅲ.①扶贫 - 研究 - 新疆
Ⅳ.①F127.45

中国版本图书馆 CIP 数据核字（2016）第 123201 号

责任编辑：刘　莎
责任校对：杨　海
责任印制：邱　天

特殊类型贫困地区贫困与反贫困问题研究
——以新疆自治区为例
刘　林　著

经济科学出版社出版、发行　新华书店经销
社址：北京市海淀区阜成路甲 28 号　邮编：100142
总编部电话：010 - 88191217　发行部电话：010 - 88191522
网址：www. esp. com. cn
电子邮件：esp@ esp. com. cn
天猫网店：经济科学出版社旗舰店
网址：http://jjkxcbs. tmall. com
北京万友印刷有限公司印装
710×1000　16 开　18.5 印张　250000 字
2016 年 9 月第 1 版　2016 年 9 月第 1 次印刷
ISBN 978 - 7 - 5141 - 6980 - 5　定价：66.00 元
（图书出现印装问题，本社负责调换。电话：010 - 88191502）
（版权所有　侵权必究　举报电话：010 - 88191586
电子邮箱：dbts@ esp. com. cn）

前 言

新疆地处我国西北边境，面积为我国国土面积的六分之一，几乎涵盖了我国所有的少数民族成分，所辖南疆三地州包括喀什地区、和田地区、克孜勒苏柯尔克孜自治州，是我国14个连片特困地区之一。

维护新疆社会稳定和实现长治久安是我们党治疆方略的总目标，贫困问题成为必须逾越的一道难题。新疆贫困问题非常复杂，属特殊类型贫困地区，其特征概括起来有以下几点：一是少数民族贫困人口比重高；二是特困人口众多；三是贫困区域面积大；四是地处我国西北边境性；五是多民族、多文化、多语言、多宗教共存；六是兼有山区、荒漠、寒地、戈壁等地理环境；七是多维贫困问题突出；八是"三股势力"活跃区。

正是由于该地区的贫困问题事关我国西北边境的安全与稳定，同时也是2020年全面建成小康社会中最难啃的一块骨头，现实意义重大。笔者一直致力于对新疆贫困和反贫困的问题研究，研究内容涵盖了贫困程度测度、扶贫资金使用效率、扶贫开发机制构建、扶贫开发制度设计、农户参与扶贫项目、扶贫效率评价、农户多维贫困问题研究、收入及收入差距等多个方面，得到以下主要结论：

第一，新千年开始后新疆农村贫困程度变化具有一定的阶段性特点，大体经历了大幅下降、平缓变动、小幅上扬三个阶段，2012年新疆农村贫困广度为13.9%、贫困深度为6.7%、贫困强度为

7.4%；通过对西北五省 FGT 贫困指数的测算，发现陕西贫困状况改善最为明显；甘肃和宁夏也有比较明显的减贫效果；青海成为目前西北五省中贫困问题最严重的省份；新疆贫困控制效果差，贫困问题越发突出。

第二，扶贫资金的投入对降低新疆农村地区贫困广度和贫困深度作用较为明显，而对贫困强度的改善作用比较微弱；信贷扶贫资金的整体表现最佳，财政扶贫资金作用居中，以工代赈资金则在降低贫困强度方面表现较好，发现以下规律：当贫困程度较深时，具有较强盈利性的信贷扶贫资金和较强扩散性的财政扶贫资金更为有效；当由大范围贫困转为少数人贫困时，具有较强针对性的以工代赈资金更为有效。今后扶贫工作中，更加注重精准扶贫和最贫困人口状况是提高扶贫资金减贫效果的关键所在。

第三，提出了"FRP"机制研究框架，在此基础上对我国扶贫开发机制进行了重构，形成了包括决策机制、瞄准机制、动力机制和约束机制的扶贫开发机制系统，并从制度角度重新审视了制度因素对扶贫体系的影响，发现制度的路径依赖很好地解释了现行扶贫体系形成的原因，而形成的以政府为核心的扶贫体系中委托代理制度成为最核心、也是最普遍的一种制度形式，随之产生的政府失效问题则成为该体系中最大顽疾。对于少数民族贫困地区而言，相比于其他贫困地区过多的强制性制度变迁造成的地方不适应成为其所要面临的特殊制度困境，同时少数民族贫困地区还要应对正式制度与非正式制度之间的摩擦，因此，对于少数民族贫困地区而言必须要打破制度性的"贫困枷锁"，选择更加灵活和有效的制度设置方式。

第四，对农户参与扶贫项目研究后发现，农户所处社区情况越恶劣、农户各方面条件和能力越差，越有可能参与扶贫项目，从而验证了扶贫开发项目具有"趋害疏利"的特性；从农户的参与意愿来看，农户对扶贫项目的了解程度显著影响其参与活动，同时农户参与愿望与扶贫资源相对有限的矛盾突出，因此，国家还应进一步加大对该地区扶贫资源的供给力度。

第五，通过向新疆贫困地区发放调查问卷的方式，采用模糊综合评价法，分别从扶贫开发参与主体的表现、扶贫对象的瞄准与甄别、扶贫资金的使用与效果、扶贫进程的监督与管理等四个方面系统评价了新疆贫困地区扶贫开发的效率情况。评价结果显示，参与主体的得分最低，突出表现为扶贫主体参与积极性不高，投资到位率低等问题；对扶贫对象的瞄准精度也不甚理想，表现为贫困农户收益率不高，导向存在一定的偏差；对扶贫资金的使用则差强人意，问题出在开发式资金比重偏低、扶贫效果持续性不强、返贫现象突出等方面；对扶贫进程的监督与管理基本到位，但仍需强有力的法律保障。此外，不同扶贫工作的相互制约，造成新疆贫困地区整体扶贫效率不高，还存在很大的改进空间。

第六，对该地区多维贫困问题研究后发现，收入低、饮水困难、教育水平低、卫生条件差、少数民族汉语能力差等是核心问题，且收入贫困户几乎都是多维贫困户；从多维贫困空间分布看，克州地区最为严重，其次为和田地区和喀什地区；从动态变化来看，该区域多维贫困状况得到较好改善，多维贫困程度的空间差异逐渐缩小；从降低多维贫困来看，农户家庭受教育人数的增加、参加农技培训、农业产出的提高、参与专业性经济合作组织和社会地位的提高等均可显著改善不同程度下的多维贫困，而对持久性多维贫困可通过提高农户受教育程度、健康水平和增加农业产出来防治。此外，基础设施改善可以降低农村住户的多维贫困，但是对城市住户的多维贫困的影响不明确。

第七，微观上，农户家庭所拥有的物质资本、人力资本和社会资本对增加少数民族农户收入都具有正向作用，尤其是社会资本最为显著，但是，人力资本对不同收入组边际贡献的差异证明其确实是拉大少数民族农户收入差距的原因，它对中高收入者作用更加显著，而物质资本对收入差距的影响并不明显。相反通过加入经济合作组织或者有稳定的工作将非常有效地提高低收入者的收入水平，说明由于社会网络异质性带来的社会资本能够改善少数民族收入差距问题。宏观上，区域的市场化程度和财政支出对农牧民增收都具有明显的促进作用；市场化程度和财政支出对南疆贫困地区农牧民的增收作用要大于北疆；总体来看，市场要比政府更有效，政府应为贫困地区农牧民提供更多的权利和公平。

本书的创作基础是笔者长期以来对该地区贫困问题的研究成果，既有对以前研究的推进和深化，又有对新问题、新领域的探索。但是受制于自己的水平和能力，以及贫困问题的综合性和复杂性，还存在很多不足，还有很多未解之谜需要研究。在此感谢在研究中启发和帮助我的专家、学者！感谢经济科学出版社为本书出版提供的帮助！最后，希望有更多专家关注新疆地区的贫困问题，让新疆贫困人口早日脱贫！

作者
2016 年 5 月

目　　录

第一部分

贫困测度

边疆地区农村贫困程度的测度与
模拟分析：2000～2009年

——以新疆自治区为例

摘要：利用2000～2009年新疆农村收入分组数据，首先计算历年新疆农村FGT贫困指数，分析新疆农村贫困程度的变化情况；其次对新疆农村FGT贫困指数进行分解，探讨经济增长、收入分配和贫困线变动对新疆农村贫困程度的影响；最后模拟分析各个贫困指标对贫困线变动的敏感程度。研究结果表明：新千年开始后新疆农村贫困程度变化具有一定的阶段性特点，大体经历了大幅下降、平缓变动、小幅上扬三个阶段；FGT贫困指数分解后发现，各期影响因素作用不一，经济增长的减贫效应最为明显，收入分配状况的改善或者恶化产生了不一样的减贫作用，贫困线上调最明显的是对新疆农村贫困面的扩大效应；模拟贫困线上调后发现各贫困指标对贫困线较小幅度的变动具有较高的敏感性。新疆农村的贫困问题是比较复杂的，最近有进一步加重的趋势，尤其是最贫困人口的境况需要获得更多的关注，基于此提出了相关政策建议。

关键词：边疆地区　农村贫困　FGT贫困指数　Lorenz曲线

一、引　　言

中国边疆地区由于其特殊的地理位置、人文环境、自然资源等一直是国内学者研究的热点区域。就农村贫困问题而言，边疆地区也有其特殊性。首先，边疆地区多为生态脆弱区，生态脆弱与贫困之间相关性较强，生态贫困问题突出；其次，边疆地区中少数民族人口比重高，农村贫困人口与少数民族人口在分布上有相当大的重合性，少数民族人口与贫困问题相互交织，增加了消除贫困的复杂性；再次，边疆地区的贫困地区多集中连片，贫困人口大量集中，扶贫成本高、难度大；最后，边境地区贫困人口分布密集，贫困人口防范意识不强，易被国内外敌对势力、分裂势力和恐怖主义利用，成为中国边疆地区重要不安定因素。所以，研究边疆地区农村贫困问题，不单单是一个地区的发展问题，还关乎祖国边疆的安全与稳定。新疆作为边疆省份之一，具有很强的代表性。通过对新疆农村贫困程度的测度和模拟分析，探寻适合边疆地区农村贫困程度测度和分析的方法，为我们了解边疆地区农村真实的贫困程度及其影响因素打下了基础，具有极强的指导意义和现实意义。

新疆是多民族聚居的少数民族区域自治地方，扎实应对和稳步解决新疆贫困问题，事关"稳疆兴疆，富民固边"的大局，事关各民族人民共同繁荣进步的大局。目前，新疆自治区有国家扶贫开发重点县27个和自治区扶贫开发工作重点县3个，此外还包括276个自治区扶贫开发重点乡和3 606个自治区扶贫开发重点村。从扶贫开发重点县地理位置来看，南疆重点县21个（均为国家级重点县），占总数的70%；北疆重点县9个（自治区级3个），占总数的30%。从农村贫困人口的分布情况来看，南疆贫困人口大约占自治区贫困人口总数的95%、北疆地区为5%，仅和田、喀什、克孜勒苏州三地州特困人口就占全区的85.15%。从贫困人口的民族构成来看，全区30个扶贫重点县中，少数民族人口占总人口的91.06%，北疆地区扶贫重点县为63.83%，南疆地区扶贫重点县为96.85%，其中和田地区扶贫重点县为98.62%、喀什地区扶贫重点县为 95.33%、克孜勒苏州扶贫重点县为 94.50%，且农村贫困人口以乡村人口为主体，南疆乡村人口中少数民族比重高达 99% 以上[1]。根据贫困统计资料显示，新疆贫困地区的贫困人口中，少数民族贫困人口高达 96%，且贫困发生率达 12.66%，贫困强度大，贫困人口分布呈现极强的民族性特征。1994 年《国家八七扶贫攻坚计划》以来，新疆在解决农村贫困问题上取得了长足的进步，但是新疆农村贫困问题依然很严峻，北疆高寒山区和南疆干旱荒漠地区农村贫困问题尤为严重，表现为贫困集中连片、经济发展滞后、生产生活条件艰苦、基础公共设施落后、扶贫开发成本高、难度大等特点[2]。

二、贫困测度的方法与原理

（一）测度方法的选取

贫困的测度有很多种方法，比较常见的有贫困发生率、收入缺口率、森贫困指数等。其中，最有影响力的是福斯特、格林尔和索贝克提出的 FGT 指数[3]。FGT 贫困指数不仅可以全方面反映贫困状况，而且通过对该指数的分解可度量经济增长和收入分配等因素对贫困变动的影响，因此，本文选择 FGT 指数作为度量新疆农村贫困程度的测度方法。

FGT 贫困指数的连续形式为：

$$P_\alpha = \int_0^z \left(\frac{z-x}{z}\right)^\alpha f(x)\,dx \qquad \alpha \geq 0$$

其中 x 代表居民收入或者消费水平；f(x) 为居民收入或者消

费水平的密度函数；z 为贫困线，α 为非负参数。α 的取值越大，贫困指标对贫困人口不平等程度越敏感。特殊地，当 α = 0 时，p_0 为贫困发生率，用 H 表示，是贫困广度指标，反映贫困人口占总人口的比例；当 α = 1 时，p_1 为贫困距指数，用 PG 表示，是贫困深度指标，反映贫困人口的收入与贫困线之间的相对距离；当 α = 2 时，p_2 为平方贫困距指数，用 SPG 表示，是贫困强度指标，该指标在加权平均时赋予了更贫困人口更大的权数，揭示了贫困人口内部的收入差距。

（二）贫困指数的测度

FGT 指数主要是基于两种参数化的洛伦兹曲线计算求得的，一种是韦拉赛诺和阿诺德斯（Villasenor & Arnolds）提出的广义二次（GQ）模型[4]；一种是卡瓦尼（Kakwani）提出的 Beta 模型[5]。本文将在计算过程中通过比较两种模型参数的 t 值和调整的可决系数等，选取最佳模型更准确地反映新疆农村的贫困状况。

GQ 模型表示为：

$$L(1-L) = a(p^2 - L) + bL(p-1) + c(p-L)$$

利用 GQ 模型计算 FGT 贫困指数的具体公式为：

$$L(p) = -\frac{1}{2}\left(bp + e + \sqrt{mp^2 + np + e^2}\right)$$

$$H = -\frac{1}{2m}\left(n + r\frac{\left(b + 2\frac{z}{\mu}\right)}{\sqrt{\left(b + 2\frac{z}{\mu}\right)^2 - m}}\right)$$

$$PG = H - \frac{\mu}{z}L(H)$$

$$SPG = 2PG - H - \left(\frac{\mu}{z}\right)^2 \left[aH + bL(H) - \frac{r}{16}\ln\left(\frac{1 - \frac{H}{s_1}}{1 - \frac{H}{s_2}}\right)\right]$$

其中 L 表示累计收入比例，P 表示累计人口比例，z 为贫困线，μ 为农村居民的人均收入水平。$e = -(a + b + c + 1)$；$m = b^2 - 4a$；$n = 2be - 4c$；$r = (n^2 - 4me^2)^{1/2}$；$s_1 = (r - n)/(2m)$；$s_2 = -(r + n)/(2m)$。

Beta 模型表达式为：

$$L(p) = p - \theta p^\gamma (1 - p)^\delta$$

利用 Beta 模型计算 FGT 贫困指数的具体公式为：

$$\theta H^\gamma (1 - H)^\delta \left[\frac{\gamma}{H} - \frac{\delta}{1 - H}\right] = 1 - \frac{z}{\mu}$$

$$PG = H - \left(\frac{\mu}{z}\right)L(H)$$

$$SPG = \left(1 - \frac{\mu}{z}\right)\left[2PG - \left(1 - \frac{\mu}{z}\right)H\right]$$
$$+ \theta^2 \left(\frac{\mu}{z}\right)^2 \begin{bmatrix} \gamma^2 B\ (H,\ 2\gamma - 1,\ 2\delta + 1) \\ -2\gamma\delta B\ (H,\ 2\gamma,\ 2\delta) \\ +\delta^2 B\ (H,\ 2\gamma + 1,\ 2\delta - 1) \end{bmatrix}$$

其中　　$B(k, r, s) = \int_0^k p^{r-1} (1 - p)^{s-1} dp$

（三）贫困指数的分解

本文采用索罗克斯（Shorrocks，1999）[6] 提出的夏普里值分解法，这种方法不仅克服了其他分解法分解不完全和贫困线选择有一定随意性等缺点，还具有一般性，适用于多个因素同时变动的情况。具体分解方式如下：

首先，可将某年度的贫困指数表示为 $P = P(\mu, L, z)$，其中 μ 表示农村居民的人均纯收入，L 表示为该年度农村居民收入的分配情况，z 为该年的贫困线；

其次，设报告期的贫困水平为 $P_1 = P(\mu_1, L_1, z_1)$，基期为 $P_0 = P(\mu_0, L_0, z_0)$，基期至报告期贫困水平的变动为：$\Delta P = P(\mu_1, L_1, z_1) - P(\mu_0, L_0, z_0)$；

再次，贫困水平的变动又可以从经济增长（μ）、收入分配（L）、贫困线调整（z）三个方面单独研究。根据夏普里值分解法，每一种因素变动所产生的影响可按照 6 种不同的顺序进行，分别是：

$$\Delta P(\mu) = \frac{1}{6}\left\{\begin{array}{l} 2\,[P(\mu_1, L_0, z_0) - P(\mu_0, L_0, z_0)] + [P(\mu_1, L_1, z_0) - P(\mu_0, L_1, z_0)] + \\ [P(\mu_1, L_0, z_1) - P(\mu_0, L_0, z_1)] + 2\,[P(\mu_1, L_1, z_1) - P(\mu_0, L_1, z_1)] \end{array}\right\}$$

$$\Delta P(L) = \frac{1}{6}\left\{\begin{array}{l} 2\,[P(\mu_0, L_1, z_0) - P(\mu_0, L_0, z_0)] + [P(\mu_1, L_1, z_0) - P(\mu_1, L_0, z_0)] + \\ [P(\mu_0, L_1, z_1) - P(\mu_0, L_0, z_1)] + 2\,[P(\mu_1, L_1, z_1) - P(\mu_1, L_0, z_1)] \end{array}\right\}$$

$$\Delta P(z) = \frac{1}{6}\left\{\begin{array}{l} 2\,[P(\mu_0, L_0, z_1) - P(\mu_0, L_0, z_0)] + [P(\mu_1, L_0, z_1) - P(\mu_1, L_0, z_0)] + \\ [P(\mu_0, L_1, z_1) - P(\mu_0, L_1, z_0)] + 2\,[P(\mu_1, L_1, z_1) - P(\mu_1, L_1, z_0)] \end{array}\right\}$$

最后，贫困水平的总体变化分解为：$\Delta P = \Delta P(\mu) + \Delta P(L) + \Delta P(z)$，即总体变化分解为经济增长、收入分配、贫困线调整三部分的影响。

三、测算结果与模拟分析

（一）数据来源与说明

本文所采用的数据来自于 2001～2010 年《新疆统计年鉴》农村居民家庭人均纯收入分组数据。数据是通过国家统计局新疆调查总队对新疆农户抽样调查得来，按照农民收入情况划分为 15 个不同的收入分组，每一个分组包括该组农民的人均年纯收入（元）和该组农民所占的人口比重（%）两部分内容。贫困线标准采用国务院扶贫办每年公布的国家农村绝对贫困线标准，如 2000 年为人均年纯收入 625 元，2009 年起国家将原来的"绝对贫困线"和"相对贫困线"两线合并，年末贫困线标准提高到人均年纯收入 1 196元。具体分组情况和数据见表 1。

表 1　　　　　新疆农民收入分组情况和历年贫困线标准

年份	2000		2001		2002		2003		2004	
历年情况	构成	收入	构成	收入	构成	收入	构成	收入	构成	收入
0～400	5.0	297.9	3.7	208.0	3.7	261.0	3.0	279.6	1.9	318.9
400～600	9.3	507.2	7.0	508.2	6.5	509.8	7.2	515.0	3.3	502.8
600～800	12.3	703.3	11.4	709.1	9.9	705.0	8.0	695.2	8.1	704.1
800～1 000	12.3	890.1	9.9	894.8	10.9	897.5	10.7	904.6	9.1	887.0
1 000～1 200	9.2	1 094.3	11.3	1 095.2	8.2	1 091.2	7.1	1 104.8	6.8	1 096.2
1 200～1 500	11.9	1 344.3	13.9	1 344.0	11.8	1 348.9	11.1	1 344.5	10.6	1 335.5
1 500～1 700	7.4	1 592.7	6.1	1 597.8	5.9	1 586.2	5.8	1 600.5	7.3	1 581.4
1 700～2 000	6.2	1 852.7	7.7	1 843.2	8.3	1 830.6	9.0	1 848.8	9.1	1 850.8
2 000～2 500	10.3	2 218.4	9.7	2 223.7	12.6	2 226.2	10.1	2 264.6	11.2	2 227.8
2 500～3 000	7.0	2 715.0	7.5	2 721.3	6.8	2 726.8	7.5	2 746.4	9.9	2 749.2
3 000～3 500	2.1	3 261.2	4.0	3 219.8	4.5	3 246.8	5.6	3 228.5	5.1	3 227.3
3 500～4 000	1.6	3 709.7	2.8	3 747.5	3.3	3 695.2	3.7	3 762.9	5.1	3 746.4
4 000～4 500	1.3	4 218.9	1.2	4 235.5	2.3	4 194.8	2.8	4 220.5	3.6	4 246.5
4 500～5 000	1.2	4 745.5	1.1	4 702.4	1.6	4 757.6	2.6	4 744.7	2.1	4 714.9
5 000 以上	2.9	7 281.2	2.7	7 207.5	3.8	6 695.1	5.8	7 404.9	6.7	7 257.5
贫困线	625		630		627		637		668	
年份	2005		2006		2007		2008		2009	
历年情况	构成	收入	构成	收入	构成	收入	构成	收入	构成	收入
0～400	1.6	241.9	1.8	75.0	1.7	−18.0	0.6	−1 647.6	1.4	−177.1
400～600	3.2	509.9	2.7	519.0	2.0	512.8	0.8	482.2	0.7	536.1

年份	2005		2006		2007		2008		2009	
历年情况	构成	收入	构成	收入	构成	收入	构成	收入	构成	收入
600～800	6.5	705.7	5.5	717.0	3.9	717.8	2.2	728.6	2.0	711.6
800～1 000	7.5	907.0	6.7	903.0	4.6	924.5	4.3	907.2	2.6	911.2
1 000～1 200	8.1	1 108.1	5.9	1 104.0	5.6	1 106.3	4.2	1 110.5	3.1	1 094.5
1 200～1 500	11.6	1 354.0	11.6	1 344.0	7.5	1 342.6	7.9	1 351.6	6.5	1 358.4
1 500～1 700	5.8	1 579.4	6.0	1 601.0	4.9	1 598.0	5.8	1 612.1	5.0	1 593.5
1 700～2 000	7.9	1 841.2	8.1	1 847.0	8.8	1 843.9	7.1	1 847.7	7.3	1 852.9
2 000～2 500	12.0	2 251.2	9.9	2 229.0	11.5	2 248.8	12.8	2 259.3	12.9	2 241.1
2 500～3 000	8.2	2 716.9	9.7	2 733.0	9.1	2 745.8	9.2	2 754.1	10.1	2 747.6
3 000～3 500	7.1	3 223.3	6.8	3 247.0	8.6	3 252.7	8.3	3 241.5	7.2	3 234.5
3 500～4 000	4.5	3 706.4	5.8	3 720.0	6.2	3 745.8	6.6	3 718.4	7.0	3 760.1
4 000～4 500	3.3	4 236.4	4.5	4 256.0	6.1	4 236.1	5.8	4 269.7	6.9	4 266.5
4 500～5 000	3.0	4 749.2	3.4	4 714.0	4.1	4 724.5	3.4	4 739.9	4.3	4 728.9
5 000 以上	9.8	7 109.9	11.6	7 578.0	15.6	7 894.5	21.1	7 640.4	23.1	8 428.0
贫困线	683		693		786		1 067		1 196	

注：①构成为百分比；②收入为人均年纯收入；③收入和贫困线的单位都是元；④贫困线为国务院扶贫办公布的历年贫困标准。

（二）测算结果与模拟分析

1. 新疆农村贫困程度的变化趋势

结合新疆农村 2000～2009 年的相关数据，分别采用 GQ 模型和 Beta 模型测算新疆农村的 FGT 指数，根据各年数据与洛伦兹曲线的拟合情况，本文发现 2000～2004 年更适合采用 GQ 模型进行测算，而 2005～2009 年更适合采用 Beta 模型测算。具体的测算结果如图 1 所示。

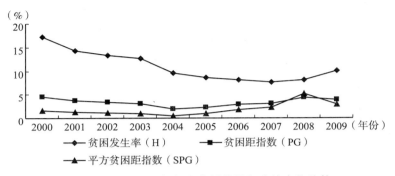

图1   2000～2009 年新疆农村贫困程度的变化趋势

由图1可知，新疆农村贫困发生率、贫困距指数和平方贫困距指数的变化趋势具有明显的阶段性特点，大体可以分为三个阶段：2000～2004 年、2005～2007 年和 2008～2009 年。

第一阶段：2000～2004 年。这个时期新疆农村贫困发生率、贫困距指数和平方贫困距指数都呈现明显的下降趋势，意味着在这个阶段新疆农村的贫困程度得到了全方位的改善。贫困发生率由 2000 年的 17.19% 下降到 2004 年的 9.57%，下降了近 8 个百分点；贫困距指数下降幅度也非常明显，由 2000 年的 4.62% 下降到 2004 年的 1.96%；平方贫困距指数则由 2000 年的 1.68% 下降到 2004 年的 0.54%。

第二阶段：2005～2007 年。在这个阶段新疆农村贫困发生率的变化趋势并没有改变，但是下降速度明显减缓，从 2005 年的 8.65% 下降到 2007 年的 7.57%，3 年仅下降了 1.08%；而贫困距指数和平方贫困距指数都出现了不同程度的上升，贫困距指数由 2005 年的 2.29% 上升到 2007 年的 3.08%，平方贫困距指数由 2005 年的 0.95% 上升到 2007 年的 2.23%。

第三阶段：2008～2009 年。新疆农村贫困发生率上升，贫困面扩大，由 8.17% 上升到 10.05%；新疆农村贫困距指数 2008 年为

4.43%、2009 年为 3.95%，平方贫困距指数 2008 年为 5.26%、2009 年为 2.87%。虽然都有不同程度的下降，但是均高于上一个时期的水平。所以，新疆农村的贫困状况仍然不很乐观，有进一步加重的趋势。

2. FGT 贫困指数的分解

结合以往研究的规范性，分别对 2000~2004 年、2005~2007 年、2008~2009 年三个时间段以及 2000~2009 年整个研究区间进行贫困指数的分解分析，发现经济增长和收入分配对新疆农村贫困程度的影响与以往研究结论大致相同。同时，本文还分析了中国贫困线变动对新疆农村贫困程度的影响。

从 2000~2009 年整个时间段来看，贫困广度和贫困深度都有所下降，尤其是贫困发生率下降幅度比较明显。但是贫困强度却加强，意味着新疆农村贫困人口内部的收入差距扩大，最贫困人口的生活状况进一步恶化。从经济增长和收入分配产生的影响来看，经济增长的减贫效应非常明显，对降低三个贫困指标都非常有效；收入分配状况的改变略微缩小了新疆农村的贫困面，但却由于分配均等状况的恶化加重了新疆农村的贫困深度和贫困强度。此外，贫困线的上调不同程度加重了贫困的三个层面。但是贫困线的上调可以理解为国家为了应对物价上涨而采取的一种主动行为。虽然造成了贫困程度的加强，却使更多的贫困脆弱人口得到了更多的关注以及相关政策的保护。从长远来看其实是避免了这一部分人真正落入贫困的深渊。这也就是为什么很多国内相关学者一再呼吁上调国家贫困线的原因之一。

分阶段来看：2000~2004 年，贫困各方面都得到了不同程度的改善，经济增长的作用最为明显，是这个阶段贫困程度下降最重要的原因，收入分配和贫困线变动的影响都不是十分明显；2005~

2007 年，除贫困发生率略有下降外，贫困距指数和平方贫困距指数都有所回升，同时贫困人口内部收入差距也在拉大：一方面，经济增长主要还是起到了抑制贫困的作用，但是并没有给最贫困人口带来足够的关注，另一方面收入分配恶化和贫困线的上调进一步加重了新疆农村的贫困程度；2008～2009 年，贫困面有所扩大，而贫困深度和贫困强度减小，尤其是平方贫困距指数下降比较明显，归因于增强了对最贫困人口的关注，收入分配虽然小幅度提高了新疆农村的贫困发生率，但是却降低了贫困距指数和平方贫困距指数，说明在贫困人口内部收入分配状况有所改善。总之，从各阶段的分解结果来看，经济增长效应是新疆农村贫困程度下降的最重要因素，收入分配在各阶段作用不一，对新疆而言积极作用往往表现为贫困人口内部收入分配状况的改善，而贫困线的变动则不同程度地提高了新疆农村的贫困水平，最明显的是对新疆农村贫困面的扩大效应。各阶段新疆农村贫困指标分解的结果，如表 2 所示。

表 2   **新疆农村贫困指标的分解**   单位：%

贫困指标变动	总体变动	经济增长效应	收入分配效应	贫困线变动影响
2000～2004 年				
ΔH	− 9.9383	− 9.5549	0.0003	1.9288
ΔPG	− 3.5392	− 3.2237	− 0.1106	0.6787
ΔSPG	− 1.5572	− 1.3512	− 0.0791	0.2948
2005～2007 年				
ΔH	− 1.0765	− 4.0123	0.1659	2.7699
ΔPG	0.793	− 0.3725	0.7764	0.3891
ΔSPG	1.2881	− 0.4432	0.9720	0.7593
2008～2009 年				
ΔH	1.8885	− 0.7338	0.5701	2.0522
ΔPG	− 0.4887	− 0.9838	− 0.0240	0.5191
ΔSPG	− 2.3927	− 2.2412	− 0.5505	0.3990

贫困指标变动	总体变动	经济增长效应	收入分配效应	贫困线变动影响
2000～2009 年				
ΔH	− 7.1319	− 25.0628	− 0.4706	18.4015
ΔPG	− 0.6709	− 10.1682	2.2969	7.2004
ΔSPG	1.1902	− 6.2307	4.1590	3.2620

3. 新疆农村主要年份贫困的敏感性分析

之前的研究我们虽然讨论了变动的贫困线标准对新疆农村贫困的影响，但是都比较笼统，下面我们单独研究一下贫困线变动的具体影响，也就是说，贫困指标对贫困线变动的敏感程度。这里我们选取几个比较有代表性的年份将其各年的贫困线分别提升 10%、40%、60%、80%，在此基础上讨论各个贫困指标对贫困线变动的敏感程度（见表3）。

表 3　　　　　　　新疆农村贫困指标的敏感度　　　　单位：%

年份	2000			2004			2007			2009		
Z	H	PG	SPG	H	PG	SPG	H	PG	SPG	H	PG	SPG
100	100	100	100	100	100	100	100	100	100	100	100	100
110	120	128	137	125	141	159	120	115	108	122	117	109
140	179	220	269	203	282	393	189	172	143	198	178	145
160	218	285	369	255	386	586	240	216	172	254	228	176
180	256	351	476	308	496	799	294	265	205	311	282	213

以 2009 年为例进行分析，如果新疆农村贫困线标准提高 10%，贫困发生率会增加 22%，贫困距指数会增加 17%，平方贫困距指数会增加 9%；如果贫困线提升 40%，贫困广度指标会增加 98%，贫困深度指标会增加 78%，贫困强度指标会增加 45%；如果贫困

标准提高 60%，贫困发生率会增加 154%，贫困深度指标会增加 128%，贫困强度指标会增加 76%；如果贫困线上调 80%，贫困广度指标会增加 211%，贫困深度指标会增加 182%，贫困强度指标会增加 113%。分析结果表明：各贫困指标对贫困线变动的敏感程度不一，贫困广度指标最为敏感，其次贫困深度指标也具有比较高的敏感性，而贫困强度指标的敏感性较差。可见，采用不同的贫困线度量新疆农村的贫困程度，对贫困程度的三个层面都有不同程度的影响，总体来看，新疆农村各贫困指标对贫困线变动的敏感性还是比较强的。

纵观这四年的变动情况，总体上贫困指标对贫困线变动的反映都是一致的，贫困线较小的变动都会引起各贫困指标不同程度的增加。只是对不同贫困指标的具体影响在各年略有不同，比如，2000 年和 2004 年贫困强度指标对贫困线变动的敏感性最高，而在 2007 年以及 2009 年这种敏感程度明显下降，这主要归因于新疆农村贫困人口内部收入差距的不断缩小，最贫困人口的生活状况得到了一定的改善。此外，各年贫困线从 110% 提高到 140% 时，曲线的斜率最高，也就是说，位于次区间的人口相对比较多。这部分人属于低收入组中的贫困脆弱人口，换句话说，他们虽然不是贫困人口，但是一旦贫困线发生较小幅度的变动，这部分人就很有可能沦为贫困人口，贫困深度和强度也将随之恶化，所以这个群体应该引起相关部门的足够重视。通过对各年贫困线变动的模拟分析再次表明：各贫困指标对贫困线较小幅度的变动具有较高的敏感性。

四、结论及建议

（1）2000 年以来，新疆农村贫困程度大体经历了大幅下降、平缓变动、小幅上扬 3 个阶段，3 个贫困指标的变化在不同阶段并不都是完全一致，特别是近几年代表贫困深度和贫困强度的指标上升比较明显，意味着贫困人口距离贫困线的相对距离在拉大，这很大程度上归因于贫困人口收入增加的速度相对缓慢，同时贫困人口内部收入差距在加重，最贫困人口的境况堪忧，而且这部分人往往表现为"边境性、贫困性、民族性"的综合性特征，增加了扶贫的难度和复杂性。

（2）从 FGT 贫困指数分解结果来看，新疆自治区 2000～2009 年农村贫困的减少主要得益于西部大开发战略实施后新疆快速的经济增长，而收入分配对三个贫困指标的影响在不同的时间段表现不一，但是收入分配的减贫作用不可忽视，尤其是近一个时间段内收入分配恶化，部分抵消了经济增长的减贫效应，直接导致新疆农村贫困强度的加大，为此我们更应该在以后的扶贫工作中注重改善收入分配，减少其对降低贫困的不利影响。

（3）本文在计算过程中采用的是国务院扶贫办公布的贫困标准，然而中国贫困线偏低已经是一个不争的事实。据新疆维吾尔自治区党委政策研究室课题组测算只有当扶贫标准提高到 1 500 元以上时，才能真实反映新疆贫困人口情况。从研究结果来看，随着贫困线的提高，三个贫困指标都有不同程度的增大，特别是对反映贫困面的指标影响最大。模拟分析的结果也表明各贫困指标对贫困线较小的变动具有较高的敏感性。但是，过低的贫困线，一方面掩盖了真实的贫困程度，无法准确反映贫困的人口真实生活状态，低估了收入分配的恶化程度，尤其是对当权者而言，容易对贫困程度过分乐观，无法制定与当前贫困情况相匹配的政策措施，为可能出现的一系列社会问题埋下了隐患；另一方面，贫困线过低使一些本该属于贫困的人口无法得到足够的关注和相关政策的保护，这部分贫困脆弱人口一旦遇到疾病或者天灾等突发事件，会立刻陷入贫困，同时又得不到及时的救助，反而会加重贫困程度。因此，无论国家还是地方应该适度的提高扶贫标准，将更多符合条件的人口纳入到国家扶贫政策等的保护之下。

此外，加快制度创新，严格控制人口数量，着力提高人口素质，综合治理生态环境，发展特色经济，调整和优化产业结构是应对贫困及相关问题的基本对策。[7]当然，新疆农村贫困成因有很多，对贫困的影响因素也有很多，应对贫困的策略也多种多样，本文仅对研究结果展开分析，自然不能穷尽有关贫困的方方面面。但是，本文为以后研究边疆地区农村贫困问题奠定了一定的基础，尤其是在贫困程度的测度和模拟分析方面。

参 考 文 献

［1］厉声，马大正，秦其名等．新疆贫困状况及扶贫开发［M］．乌鲁木齐：新疆人民出版社，2010：104 – 105.

［2］李翠锦．新疆农村贫困的测度及其变动原因分析［J］．安徽农业科学，2010，38（11）：5956 – 5959.

［3］Foster J. , Greer J. , Erik Thorbecke. A Class of Decomposable Poverty Measures［J］. Journal of Econometrics, 1984, 52（3）：227 – 321.

［4］Villasenor J. , Arnold B. C. Elliptical Lorenz curves［J］. Journal of Econometrics, 1989, 40（2）：327 – 338.

［5］Kakwani N. On a Class of Poverty Measures［J］. Econometrica, 1980, 48（2）：437 – 446.

［6］Shorrocks, Anthony. "Decomposition procedures for distributional analysis: A Unified Framework Based on the Shapley Value", Unpublished manuscript, Department of economics, University of Essex, 1999.

［7］李琳，刘一良．西部贫困地区可持续发展的障碍与对策研究［J］．西安财经学院学报，2003，16（2）：23 – 27.

西北地区城镇居民贫困程度的
测度与实证分析

摘要： 西北地区是我国重点发展的欠发达地区之一，城镇居民的贫困问题阻碍了城镇功能的充分发挥，成为制约地方发展的重要因素。通过对西北五省区 FGT 贫困指数的测算，发现陕西贫困状况改善最为明显；甘肃和宁夏也有比较明显的减贫效果；青海成为目前西北五省区中贫困问题最严重的省份；新疆贫困控制效果差，贫困问题越发突出。与全国相比，西北地区仍然是城镇贫困问题较严重的地区。实证分析的结果显示，经济增长和财政支出能够有效地降低城镇贫困，收入分配不均却加重了贫困程度。对西北地区而言，减贫不仅要追求经济效应，更应关注社会公平。在此基础上，提出了相关政策建议。

关键词：西北地区　贫困　FGT 指数　面板数据模型

　　我国西北地区包括陕西、新疆、青海、甘肃、宁夏五个省区。它们都是我国西部大开发战略的重点发展省份，是我国自然环境实现可持续发展的屏障，是我国重要的能源基地和战略接替区，也是我国持续保持经济增长势头的重要力量。然而，西北五省区位于我国干旱、半干旱地区，生态环境十分脆弱，人文环境复杂，经济文化落后，特别是贫困问题成为制约地方发展的关键因素。[1] 在我国 592 个国家级重点贫困县中，西北五省区就有 143 个，占全国的

24%，占西部地区的38%。其中，陕西有国家级贫困县50个，甘肃43个，新疆27个，青海15个，宁夏8个。

西北地区的贫困问题往往表现为农村贫困人口比例高、少数民族贫困人口比例高、贫困地区集中连片、生态贫困现象突出等特点。以往的研究往往更关注于这些地区农村的贫困状况，对城镇贫困问题研究较少，对整个西北地区城镇贫困问题的研究更少。然而，城镇贫困问题日益突出，直接影响城镇的健康发展，进而削弱了城镇对周围地区的辐射能力，造成更大范围的不良影响。正是出于这方面的考虑，本文将西北地区城镇贫困问题作为研究对象，通过测算西北地区城镇居民的贫困程度以及运用面板数据模型进行实证分析，对西北地区城镇居民的贫困程度进行总体考量和比较分析，对经济增长和收入分配状况对贫困程度的影响进行实证分析。

一、贫困测度方法与模型设定

（一）贫困测度的方法与原理

1. 测度方法的选取

贫困的测度有很多种方法，比较常见的有贫困发生率、收入缺口率、森贫困指数和FGT贫困指数等。贫困发生率是通过计算贫困人口在总人口中的比重来衡量其贫困程度，但是不能说明贫困人口间的贫困差异，也不能衡量贫困线以下人口收入变化等所带来的影响，更没有给最贫困人口更高的重视。收入缺口率反映的是贫困人口的收入与贫困线之间的差距，同样无法衡量贫困人口内部变化对贫困程度的影响。基于此，阿马蒂亚·森（A. K. Sen，1974）[2] 提出了 Sen 贫困指数，他重要的贡献是提出了对贫困测度方法进行评价的三个标准，分别是单调性公理、弱传递性公理和核心公理。正是在森的启发下，一些新的贫困测度方法相继面世，其中最有影响力的是福斯特、格林尔和索贝克（Foster, Greer & Thorbecke，1984）[3] 提出的 FGT 指数。FGT 贫困指数不仅可以全方面反映贫困状况，而且通过对该指数的分解可度量经济增长和收入分配等因素对贫困变动的影响，因此，本文选择 FGT 指数作为度量西北地区城镇居民贫困程度的测度方法。

FGT 贫困指数的连续形式为：

$$P_\alpha = \int_0^z \left(\frac{z-x}{z}\right)^\alpha f(x)\,dx \qquad \alpha \geq 0$$

其中，x 代表居民收入或者消费水平；f(x) 为居民收入或者消费水平的密度函数；z 为贫困线，α 为非负参数。α 的取值越大，贫困指标对贫困人口不平等程度越敏感，也就是说，赋予了最贫困人口更大的权数。特殊地，当 α = 0 时，p_0 为贫困发生率，用 H 表示，是贫困广度指标，反映贫困人口占总人口的比例，该指标是最常用、最直观的贫困指标；当 α = 1 时，p_1 为贫困距指数，用 PG 表示，是贫困深度指标，反映贫困人口的收入与贫困线之间的相对距离，不再是简单地仅考虑贫困人口数量的变化，还关注贫困人口内部收入或消费的变化；当 α = 2 时，p_2 为平方贫困距指数，用 SPG 表示，是贫困强度指标，该指标在加权平均时赋予了更贫困人口更大的权数，揭示了贫困人口内部的收入差距，考察该指标有助于提高对最贫困人口的关注度。

2. 贫困指数的测度

FGT 指数主要是基于两种参数化的洛伦兹曲线计算求得的，一种是韦拉赛诺和阿诺德斯（Villasenor & Arnolds，1984，1989）[4]提出的广义二次（GQ）模型；一种是卡瓦尼（Kakwani，1980）[5]提出的 Beta 模型。在过往的研究中，大部分学者仅仅是主观的选择其中一种模型用于估算某地的贫困指数，忽视了不同数据与洛伦兹曲线的拟合效果是存在差异的，在此本文将在以后的计算过程中通过比较两种模型参数的 t 值和调整的可决系数等，选取最佳模型更准确地反映城镇居民的贫困状况。

GQ 模型表示为：

$$L(1-L) = a(p^2 - L) + bL(p-1) + c(p-L)$$

利用 GQ 模型计算 FGT 贫困指数的具体公式为：

$$L(p) = -\frac{1}{2}(bp + e + \sqrt{mp^2 + np + e^2})$$

$$H = -\frac{1}{2m}\left(n + r\frac{\left(b + 2\frac{z}{\mu}\right)}{\sqrt{\left(b + 2\frac{z}{\mu}\right)^2 - m}}\right)$$

$$PG = H - \frac{\mu}{z}L(H)$$

$$SPG = 2PG - H - \left(\frac{\mu}{z}\right)^2\left[aH + bL(H) - \frac{r}{16}\ln\left(\frac{1 - \frac{H}{s_1}}{1 - \frac{H}{s_2}}\right)\right]$$

其中，L 表示累计收入比例，P 表示累计人口比例，z 为贫困线，μ 为城镇居民的人均收入水平。$e = -(a + b + c + 1)$；$m = b^2 - 4a$；$n = 2be - 4c$；$r = (n^2 - 4me^2)^{1/2}$；$s_1 = (r - n)/(2m)$；$s_2 = -(r + n)/(2m)$。

Beta 模型表达式为：$L(p) = p - \theta p^\gamma(1 - p)^\delta$

利用 Beta 模型计算 FGT 贫困指数的具体公式为：

$$\theta H^\gamma(1 - H)^\delta\left(\frac{\gamma}{H} - \frac{\delta}{1 - H}\right) = 1 - \frac{z}{\mu}$$

$$PG = H - \left(\frac{\mu}{z}\right)L(H)$$

$$SPG = \left(1 - \frac{\mu}{z}\right)\left[2PG - \left(1 - \frac{\mu}{z}\right)H\right] + \theta^2\left(\frac{\mu}{z}\right)^2$$

$$\begin{bmatrix} \gamma^2 B(H, 2\gamma - 1, 2\delta + 1) \\ -2\gamma\delta B(H, 2\gamma, 2\delta) \\ +\delta^2 B(H, 2\gamma + 1, 2\delta - 1) \end{bmatrix}$$

其中，$B(k, r, s) = \int_0^k p^{r-1}(1 - p)^{s-1}dp$

（二）面板数据模型

1. 模型的基本形式

面板数据（panel-data）也可称为时间序列截面数据（time-series and cross-section data）或混合数据（pool-data），它由时间和截面空间上的二维数据构成。面板数据在截面上是由若干个体在某一时刻构成的截面观测值，在纵向上则是一个时间序列。从理论上讲，一般线性面板数据模型可用下列形式表示：

$$y_{it} = \alpha_{it} + \beta_{it}^k x_{it}^k + u_{it}$$

其中，y_{ij}是被解释变量；α_{it}代表截面单元的个体特性，反映被遗漏了的体现个体差异的因素影响；β_{ij}^k为参数向量；x_{ij}^k为 k 个解释变量所组成的向量；u_{ij}为随机干扰项；i 表示不同截面单元；t 代表不同的时间。

2. 模型的设定

根据截距和斜率的变化，面板数据模型通常会出现以下三种情形：

情形 1：截距和斜率在不同横截面样本点上都相同，称为不变参数模型（$\alpha_i = \alpha_j$，$\beta_i = \beta_j$），基本形式为：

$$y_{it} = \alpha + \beta^k x_{it}^k + u_{it}$$

其 F 检验统计量为：

$$F_1 = \frac{\dfrac{(S_3 - S_1)}{\left[(N-1)(K+1)\right]}}{\dfrac{S_1}{\left[NT - N(K+1)\right]}} : F\left[(N-1)(K+1), N(T-K-1)\right]$$

情形 2：斜率在不同的横截面样本点上都相同，但截距不相同，称为变截距模型（$\alpha_i \neq \alpha_j$，$\beta_i = \beta_j$），基本形式为：

$$y_{it} = \alpha_i + \beta^k x_{it}^k + u_{it}$$

其 F 检测统计量为：

$$F_2 = \frac{\dfrac{(S_2 - S_1)}{\left[(N-1)K\right]}}{\dfrac{S_1}{\left[NT - N(K+1)\right]}} : F\left[(N-1)K, N(T-K-1)\right]$$

情形 3：除了存在个体影响外，在横截面上还存在变化的经济结构，因而结构参数在不同横截面上是不同的，称为变系数模型（$\alpha_i \neq \alpha_j$，$\beta_i \neq \beta_j$），基本形式为：

$$y_{it} = \alpha_i + \beta_i^k x_{it}^k + u_{it}$$

F 检测统计量中，S_1、S_2、S_3 分别代表情形 3、情形 2 和情形 1 模型中的估计残差平方和，N 为截面单元个数，T 为时序期数，K 为自变量个数。

具体模型的确定取决于各情形下 F 检测统计量与 F 分布中给定置信度下相应临界值的大小关系。如果情形 1 下 F_1 统计量小于给定置信度下的相应临界值，则认为应采用不变参数模型；如果拒绝情形 1，进而检验情形 2，F_2 通过检验，则采用变截距模型；如果情形 2 也被拒绝，则采用情形 3，即变系数模型。

二、测算结果与实证分析

（一）数据来源及处理

本文所采用的数据来自于西北五省 2003～2010 年的统计年鉴以及 2003～2010 年中国统计年鉴。结合统计年鉴数据的具体情况，我们选取城镇居民按可支配收入分组数据来反映城镇居民的收入水平。其中，新疆、甘肃、宁夏、青海和全国的分组数据为非等距七分法（最低收入户 10%、低收入户 10%、中等偏下户 20%、中等收入户 20%、中等偏上户 20%、高收入户 10%、最高收入户 10%），陕西的分组数据为等距五分法（低收入户 20%、中等偏下户 20%、中等收入户 20%、中等偏上户 20%、高收入户 20%）。①

关于贫困线标准的选择，有三种途径。一种是选择各省各自的贫困线标准；一种是选择国家公布的贫困线标准；一种是采用世界银行公布的贫困标准。由于我国各省并没有公布各自的贫困线，而采用国家公布的贫困线标准对研究城镇居民的贫困程度来说显然过低，这样得出来的城镇居民贫困率会非常小，甚至有些省份城镇居民不存在贫困现象，显然不适宜本文的研究需要。现行贫困线偏低已在学术界达成共识，上调贫困标准的呼声越来越高。很多学者都开始采用国际贫困标准来研究我国贫困问题，从而可以与其他国家有可比性。随着我国贫困线的不断上调，与国际接轨将是大势所

---

① 甘肃省 2002 年的数据由城镇居民消费支出分组数据代替，可能会造成该年贫困程度比实际情况略高。

趋。因此，为了便于比较分析，本文采用世界银行公布的贫困线。根据最新公布的标准，它有较低贫困线（每人每天 1.25 美元）和较高贫困线（每人每天 2 美元）两个标准。结合我国国情，我们选择较低标准来衡量西北五省区城镇居民的贫困状况。同时，贫困线经过了汇率换算和城市居民消费价格指数调整，以期与不同地区的真实情况更加吻合。例如，经过换算后 2009 年全国城镇居民的贫困线大约是 4 439 元/人/年、陕西 4 513 元/人/年、新疆 4 428 元/人/年、青海 4 759 元/人/年、甘肃 4 533 元/人/年、宁夏 4 654 元/人/年。

（二）测算结果

在测算过程中，我们发现陕西和全国的所有分组数据都比较适合用 Beta 模型进行测算，新疆（2002、2005）、甘肃（2006）、宁夏（2003）、青海（2008、2009）的分组数据运用 GQ 模型测算后发现模型参数的 t 值和调整的可决系数更显著，其他年份 Beta 模型更有效。具体的测算结果见表 1。

表 1　　　　　　　**FGT 贫困指数的测算结果**　　　　单位：%

	年份	2002	2003	2004	2005	2006	2007	2008	2009
贫困广度（H）	全国	16.373	13.443	10.909	8.828	8.234	4.120	3.316	2.308
	陕西	29.518	20.760	16.258	12.392	9.549	7.083	5.562	3.957
	新疆	15.451	14.111	15.012	15.388	9.941	6.570	8.894	6.060
	青海	25.876	23.311	19.004	17.062	15.488	16.473	17.513	13.964
	甘肃	27.863	27.778	13.804	11.823	11.967	9.320	8.760	7.304
	宁夏	25.741	22.942	9.182	9.602	10.059	11.483	8.027	4.104

	年份	2002	2003	2004	2005	2006	2007	2008	2009
贫困深度（PG）	全国	4.110	3.353	2.716	2.140	1.612	1.035	0.814	0.638
	陕西	9.353	5.502	4.476	3.478	2.128	1.263	1.484	0.928
	新疆	5.610	4.147	4.778	4.828	3.064	2.432	3.503	2.115
	青海	9.057	8.333	5.507	5.536	4.858	5.314	5.689	4.222
	甘肃	6.246	5.832	2.538	2.324	2.314	2.052	1.452	1.063
	宁夏	7.813	6.628	1.931	2.048	2.177	2.595	2.055	0.762
贫困强度（SPG）	全国	1.650	1.379	1.146	0.879	0.569	0.490	0.376	0.347
	陕西	4.924	2.314	2.185	1.897	0.850	0.387	0.758	0.414
	新疆	2.942	2.146	2.631	2.124	1.760	1.827	2.565	1.427
	青海	4.838	4.563	2.341	2.753	2.217	2.355	2.470	1.722
	甘肃	2.237	1.723	0.700	0.712	0.609	0.728	0.366	0.229
	宁夏	3.560	2.669	0.606	0.649	0.697	0.857	0.872	0.235

1. 贫困广度（H）

贫困广度用贫困发生率表示，反映贫困人口占总人口的比例。就西北五省而言，从总体来看，贫困发生率整体呈下降趋势，即使某些年份有所起伏，但波动不大。2002年，贫困发生率最高的是陕西省，达到了29.52%，到2009年贫困发生率最低的也是陕西省，仅为3.96%，8年下降了26个百分点，说明这个时间段陕西省在降低贫困发生率方面最为有效，大约有310.5万城镇人口摆脱了贫困。宁夏和甘肃省贫困广度下降幅度也比较明显，下降幅度都超过了20个百分点，分别约有38.5万人和124.7万人成功脱贫。其次是青海省下降了11.91%，18.9万人脱贫。新疆城镇居民贫困发生率下降最为缓慢，仅下降了9.39%，带来47.5万人脱贫。与全国水平相比，只有2002年新疆、2004年宁夏贫困发生率低于当年全国水平，其他年份西北地区贫困广度全部高于全国水平。

2. 贫困深度（PG）

贫困深度用贫困距指数表示，反映贫困人口的收入与贫困线之间的相对距离。从西北五省区整体来看，城镇贫困人口的收入与贫困线之间的相对距离逐渐缩小。其中，缩小幅度最大的是陕西省，目前差距最小的是宁夏，差距最大的则是青海。新疆起初是相对距离最小的省份，但是由于缩小速度缓慢，到 2009 年已经成为西北五省区中相对距离第二大的省份。与全国相比，西北地区城镇贫困人口与贫困线之间的相对距离更远。

3. 贫困强度（SPG）

贫困强度用平方贫困距指数表示，揭示了贫困人口内部的收入分配状况。总体上各省城镇贫困人口内部的收入分配状况都在逐渐改善，贫困人口内部的"贫富"差距在缩小。2002 年收入分配状况最合理的是甘肃省，最恶劣的是陕西省。2009 年收入分配状况最合理的仍然是甘肃省，最恶劣的则变成了青海省。宁夏收入分配状况改善比较明显，到 2009 年已经成为西北五省中第二好的省份。新疆则变化不是十分明显。与全国收入分配状况相比，甘肃和宁夏要好于全国水平，陕西则相差无几，新疆和青海仍然没有达到全国水平。

总之，从贫困程度的三个层面综合考虑，陕西省是起初贫困程度最严重的省份，也是减贫速度和效果最好的省份；宁夏、甘肃和陕西情况相似，起初城镇居民贫困问题严重，但减贫成果显著，贫困程度明显下降；青海同样面临严峻的贫困问题，但减贫效果一般，成为西北五省区中贫困问题最严重的省份；新疆起初贫困问题在西北五省中并不突出，但是由于随后减贫速度非常缓慢，最后成为西北五省中贫困问题比较严重的省份。同时，在这个时间段内与全国城镇居民贫困程度相比，西北地区贫困问题更为严重，贫困程度更深。

（三）实证分析

我们选取 2002～2009 年西北地区各省经济发展水平（GDP）、收入分配状况（Gini 系数）①、财政支出（FED）及上文计算得出的三个贫困指标的数据，建立分别以贫困广度、贫困深度、贫困强度为因变量，以经济增长、收入分配、财政支出为自变量的三个面板数据模型。分别考察经济增长、收入分配、财政支出对西北地区贫困广度（H）、贫困深度（PG）、贫困强度（SPG）的影响。同时模型采用了对数形式，这样可以有效降低时间序列异方差现象的影响。[6]

1. 面板数据模型的确定

首先我们利用 F 统计量分别确定三个面板数据模型的类型。F 统计量与相应的临界值如表 2 所示。

表2　　　　　　　　　　　F 统计量和模型类型

	S_1	S_2	S_3	F_1 统计量	F_1 临界值	F_2 统计量	F_2 临界值	检验结论
贫困广度（H）	0.68	1.99	5.42	8.66		3.19		变截距模型
贫困深度（PG）	1.33	3.43	10.17	8.29	3.05 ***	2.62	3.23 ***	变截距模型
贫困强度（SPG）	2.71	5.96	20.30	8.11		2.00		变截距模型

注：*** 表示在 1% 的显著水平下。

――――――――――

① 本文采用鲁晓东（2008）提出的公式计算基尼系数：$Gini = 2 \sum_i (\sum_i P_i) Y_i - 1 - \sum_i Y_i P_i$，Gini 代表基尼系数，$Y_i$ 代表第 i 组人口总收入占全部人口总收入的比例，P_i 代表第 i 组人口数占全部人口总数的比重，$\sum_i P_i$ 表示累计到第 i 组的人口总数占全部人口总数的比重。

如表 2 所示，三个模型的 F_2 统计量在 1% 的显著水平下都小于临界值 3.23。所以三个都应采用变截距模型。在此基础之上，运用 Hausman 检验进一步确定是采用固定效应模型还是随机效应模型。根据检验结果，在 5% 的显著水平下三个模型都应为固定效应模型。检验结果如表 3 所示。

表 3   **Hausman 检验结果**

	统计值	概率		统计值	概率		统计值	概率
贫困广度（H）	25.190	0	贫困深度（PG）	47.865	0	贫困强度（SPG）	11.866	0.0079

2. 面板数据回归分析

为了避免出现伪回归（Spurious Regression），在回归之前，我们先对各变量进行面板数据单位根检验（Panel Unite Test）。为了保证检验结论的稳健性，本文分别采用面板数据单位根检验中的 LLC 检验、IPS 检验、ADF 检验和 PP 检验，检验结果见表 4。

表 4   **面板数据单位根检验**

	LLC 检验	PP 检验	ADF 检验	结论
LH	0.04770（0.5190）	4.13086（0.9413）	7.82027（0.6464）	Yes
ΔLH	-5.30576（0.0000）	24.7533（0.0058）	22.5280（0.0126）	No
LPG	-1.57777（0.0573）	4.41741（0.9266）	4.09574（0.9429）	Yes
ΔLPG	-5.13327（0.0000）	30.0210（0.0008）	21.0751（0.0206）	No
LSPG	-3.43439（0.0003）	7.22559（0.7040）	12.1764（0.2734）	Yes
ΔLSPG	-4.87466（0.0000）	32.8855（0.0003）	23.1335（0.0103）	No
LGDP	-2.03854（0.0207）	4.68101（0.9114）	4.08060（0.9436）	Yes

	LLC 检验	PP 检验	ADF 检验	结论
ΔLGDP	− 4. 72121（0. 0000）	20. 8524（0. 0221）	18. 5703（0. 0461）	No
LFED	4. 53639（1. 0000）	0. 00564（1. 0000）	0. 12061（1. 0000）	Yes
ΔLFED	− 7. 65627（0. 0000）	46. 2563（0. 0000）	29. 5285（0. 0010）	No
LGini	− 7. 36601（0. 0000）	26. 0199（0. 0037）	31. 4954（0. 0005）	No

注：①Δ 表示各变量的一阶差分；②（　　）内的数据表示相应的概率值；③以上为 EVIEWS6. 0 检验结果。

检验结果显示，除基尼系数序列平稳外，其他原序列以较大的 P 值接受原假设，即原序列存在单位根，是非平稳的。将原序列做一阶差分，然后再进行检验后发现，所有序列都在5%的显著性水平下拒接原假设，接受不存在单位根的结论。因此，我们可以断定样本中的各个时间序列一阶差分后是平稳的，均为单整的 I（1）序列。从而确保模型的变量之间存在长期的均衡关系。

然后，采用 EViews 6. 0 软件中的变截距固定效应模型进行回归分析，回归结果如表5所示。

表5　　　　　　　　面板数据模型的回归结果

自变量/因变量	lnH	lnPG	lnSPG
lnGDP	− 0. 950301 *** （− 3. 932213）	− 1. 229771 *** （− 12. 80283）	− 1. 040984 ** （− 3. 041118）
lnGini	0. 793571 ** （3. 240584）	0. 793088 ** （3. 531136）	0. 702664 * （1. 354681）
lnFED	− 0. 125588 * （− 1. 616645）	− 0. 039906 * （− 1. 598178）	− 0. 232105 ** （− 1. 868196）
XJ − C	0. 452167	0. 818883	1. 143016
SX − C	0. 883060	1. 063569	1. 079936
NX − C	− 1. 050718	− 1. 326609	− 1. 468373

续表

自变量/因变量	lnH	lnPG	lnSPG
GS－C	0.407175	0.142026	－0.237012
QH－C	－0.691684	－0.697871	－0.517566
观测值个数	40	40	40
F 检测值	127.2121	264.2109	50.41179
R^2	0.965311	0.982992	0.916858
D. W	1.975114	1.928917	2.083853

注：①＊、＊＊、＊＊＊分别表示在10%、5%、1%的显著水平下通过检验；②"－C"表示各省的截距项；③（　）内的数据表示 t 值。

从回归结果来看，经济增长（GDP）和财政支出（FED）对降低贫困广度（H）、贫困深度（PG）和贫困强度（SPG）均有明显的作用。其中，经济增长对缩小贫困深度最为有效，弹性系数达到了－1.229771，即经济每增长1%，城镇居民收入与贫困线的相对距离就可以缩小1.23%；财政支出力度对贫困强度的影响最大，可以比较有效地改善城镇贫困居民内部的收入分配状况。对比经济增长和财政支出的减贫效果，经济增长的作用显然要强于财政支出，经济每增长1%，贫困广度、贫困深度、贫困强度依次降低0.95%、1.23%、1.04%；而财政支出力度每提高1%，贫困广度、贫困深度、贫困强度依次降低0.13%、0.04%、0.23%。

城镇居民收入分配状况（Gini 系数）的恶化会对贫困问题的解决带来不利影响。根据计量结果，收入分配不均对贫困面的扩大作用最大，其次是贫困深度和贫困强度，但是作用效果差距并不是很大，弹性系数都达到了0.7以上。可见，随着城镇居民贫富差距的不断扩大，城镇贫困程度也随之不断加深，而且这种影响既全面又显著。然后，我们观察一下各个省对应的截距项。截距项用来反映横截面成员的个体影响，即用变化的截距来反映模型中忽略的反映个体差异的变量的影响。通过观察，我们发现模型中忽略的变量对宁夏和青海这两个省城镇居民贫困程度的三个层面都具有降低作用，对甘肃省的贫困强度有一定的降低作用，除此之外都不同程度加深了各省城镇居民的贫困程度。模型中忽略的变量可能包括固定资产投资、城镇化水平等。

3. "效率"与"公平"相互关系的探讨

作为当今社会关注的两大焦点问题，经济增长和收入分配，它们对西北地区贫困程度的影响已经证实，即经济增长的减贫作用和收入分配不均的增贫作用。引起我们进一步关注的是，经济增长和收入分配差距是一对不可调和的矛盾体，即效率和公平之间的矛盾关系。对于西北地区而言，这种矛盾关系是否存在？如果存在，是否显著？我们将利用面板数据模型的扩展模型进一步讨论。为此我们在原有模型中引入收入分配和经济增长的交叉项 $\ln Gini \times \ln GDP$，探讨它们之间的相互关系。回归结果见表6。

表6　　　　　　　　　　扩展模型的计量结果

	lnH	lnPG	lnSPG
lnGDP	− 12. 18686 *** (− 4. 563948)	− 3. 520328 *** (− 3. 734629)	6. 437138 ** (2. 565298)
lnGini	− 26. 65531 *** (− 4. 753284)	− 8. 209517 *** (− 4. 085452)	12. 60302 * (2. 395542)
lnFED	− 0. 887681 *** (− 5. 593388)	− 0. 966646 *** (− 14. 80390)	− 1. 097775 *** (− 6. 162424)
lnGini * lnGDP	3. 670690 *** (4. 647459)	1. 148926 *** (4. 043514)	− 1. 720855 (0. 742854)
C	96. 39476	32. 08448	− 40. 24940

续表

	lnH	lnPG	lnSPG
观测值个数	40	40	40
F 检测值	30.30839	167.8261	42.79157
R²	0.905976	0.950446	0.830234
D.W	1.510509	1.549432	1.747905

注：①＊、＊＊、＊＊＊分别表示在10%、5%、1%的显著水平下通过检验；②（ ）内的数据表示 t 值。

从表6回归结果来看，经济增长（lnGDP）和收入分配（lnGini）两个变量在有些模型中出现系数符号改变现象，这主要是由于引入交叉项产生的多重共线性造成的。观察交叉项 lnGini × lnGDP 前系数，其中有两个模型为正，而且模型拟合度比较高；有一个模型为负，模型拟合度偏低。这足以说明，经济增长和收入分配两者是一种正向关系。经济增长确实拉大了城镇居民贫富差距，造成收入分配不均。同时也能说明，公平的缺失在一定程度上换来了效率的提高。而且我们观察交叉项系数大小后发现这种关系非常强烈。

这就为我国西北地区的减贫工作敲响了警钟。在减贫过程中，我们不能一味地追求经济效益，不能以牺牲公平为代价。尤其是对西北地区而言，贫困人口中少数民族比重高，如果一味地追求经济增长，不但会拉大贫富差距还会拉大民族差距，进而造成社会的不安和动荡。在建设社会主义和谐社会的大背景下，西北地区减贫不仅要考虑经济的增长，更要考虑到收入分配的公平性。这事关我国西北边疆的安全与稳定。

三、结论及建议

从 FGT 贫困指数的计算结果来看，西北地区城镇居民的贫困程度要高于全国水平。其中，青海成为贫困程度最严重的省份；新疆由于减贫效果不明显，也成为贫困程度比较严重的省份；宁夏和甘肃减贫效果显著，贫困程度大幅下降，宁夏成为贫困深度最小的省份，甘肃成为贫困强度最小的省份，而且 2009 年宁夏和甘肃的贫困强度要低于全国水平，这也是西北五省区中唯一出现贫困指标低于全国的情况；陕西在西北五省中减贫效果最明显，减贫幅度最大，贫困程度得到全方面的改善，尤其是贫困广度已经成为西北地区最小的省份。

从实证分析结果来看，经济增长的减贫作用最明显，财政支出也具备一定的减贫作用，收入分配不均则会使贫困程度加深。随后通过扩展模型进一步分析了效率与公平之间的相互关系。研究后发现经济增长确实拉大了收入差距，也就是说，效率的提高往往以公平缺失为代价，两者具有比较明显的替代关系。结合西北地区实际，我们认为西北地区减贫主要是通过经济的增长，但在这个过程中应更加强调收入分配的公平性，不能以牺牲公平为代价，这事关西北地区的民族团结和祖国的安全稳定。基于以上结论，我们提出以下政策建议：

首先，西北地区城镇减贫主要依靠经济的快速发展，这主要通过本地传统产业结构优化升级和优势产业比较优势的发挥来实现；其次，应加强宏观调控，这包括加大财政支出力度，尤其是提高教育科技、公共服务等非生产性财政支出的比重，完善和增强转移支付体系，提高向贫困居民转移的效率和准确性；再次，加快制度建设，建立和完善社会保障体系，加快建立和完善所得税、二次分配等相关制度，改善收入分配状况。特别对西北地区而言，完善的社会保障制度有利于社会的稳定和经济的发展。为城镇贫困居民提高基本生活保障和基本医疗保障，即救助了贫困居民又缓和了社会矛盾。此外，对城镇贫困居民中的少数民族人口应该重点对待，通过技能培训和劳动力输出等方式，开拓其就业渠道，提高其融入现代社会的能力。在发展过程中还应注意对生态环境的保护和自然资源合理开发利用。总之，解决西北地区城镇贫困问题应该从能力补偿和权利还原两个方面来进行，既要针对贫困人口的实际情况制定一些有利于弥补其能力不足的优惠和倾斜政策，又要构建一个能够使贫困群体分享各种权利的公平的社会环境。[7]西北地区贫困问题的解决任重而道远，本文仅进行了基础性的研究，还有很多问题有待于进一步更加深入的研究和实践。

参 考 文 献

[1] 童玉芬，易德挺. 西北地区贫困人口研究 [J]. 人口学刊，2009 (2)：10 - 15.

[2] Sen. Poverty：an Ordinal Approach to Measurement [J]. Econometrica，1976，44 (2)：219 - 231.

[3] Foster J.，Greer J.，Erik Thorbecke. A Class of Decomposable Poverty Measures [J]. Journal of Econometrics，1984，52 (2)：227 - 321.

[4] Villasenor J.，Arnold B. C. Elliptical Lorenz curves [J]. Journal of Econometrics，1989，40 (2)：327 - 338.

[5] Kakwani N. On a Class of Poverty Measures [J]. Econometrica，1980，48 (2)：437 - 446.

[6] 高铁梅. 计量经济分析方法与建模：EVIEWS 应用及实例 [M]. 北京：清华大学出版社，2006.

[7] 李刚，周加来. 中国的城市贫困与治理——基于能力与权力视角的分析 [J]. 城市问题，2009 (11)：55 - 59.

第二部分

扶贫资金投入与使用

扶贫资金投入与减贫：来自新疆农村地区数据的分析

摘要： 新疆的贫困问题不仅是一项经济社会课题，更是一项事关西北边疆安全与稳定的政治课题。该问题的有效解决很大程度上取决于新疆农村地区扶贫资金的使用效率。基于新疆农村居民家庭人均纯收入分组数据，采用 SVAR 模型及脉冲响应函数，测算了 1988 ~ 2012 年新疆农村地区的 FGT 贫困指数，分析扶贫资金投入对新疆农村地区的减贫作用。结果表明，新疆农村地区贫困程度波动明显，2012 年新疆农村贫困广度为 13.9%、贫困深度为 6.7%、贫困强度为 7.4%；贫困人口"被脱贫"现象仍然存在，贫困标准有待进一步提高；新疆农村 Gini 系数已达 0.49，收入分配状况不容乐观；扶贫资金的投入对降低新疆农村地区贫困广度和贫困深度作用较为明显，而对贫困强度的改善作用比较微弱。今后扶贫工作中，更加注重精准扶贫和最贫困人口状况是提高扶贫资金减贫效果的关键所在。

关键词：扶贫资金　FGT 贫困指数　SVAR 模型　动态影响

新疆是我国西北的战略屏障，是我国实施西部大开发战略的重点地区。但是，长期以来"贫困"是制约新疆稳定与发展的一大顽疾。妥善解决新疆的贫困问题不仅是一项经济社会课题，更是一项事关西北边疆安全与稳定的政治课题。新疆贫困问题是实现新疆地区稳定的"着力点",而扶贫资金的有效使用则是解决该地区贫困问题的关键所在。

以往学者在这方面的研究,如蔡昉等[1]认为实现消除绝对贫困的战略目标关键的问题是必须进一步提高扶贫资金的使用效率。陈凡和杨越[2]研究发现,扶贫资金投资率对贫困地区缓解贫困并没有显著的影响,因此说明从资金总量上,投资效率尚待进一步提高。朱乾宇[3]对我国政府扶贫资金投入的减贫效果进行了回归分析,发现扶贫资金的总投入对农民脱贫致富具有非常明显的积极作用。李万明等[4]对国家近年来对兵团边境贫困农场的投入情况和兵团边境贫困农场扶贫成绩作了客观评价。张全红[5]研究了农村地区扶贫资金投入与贫困减少的长、短期关系,Granger 因果检验结果显示扶贫资金投入对农村减贫具有短期的促进作用,但效果并不显著,长期两者之间不存在 Granger 因果关系。刘汉成和夏亚华[6]建议要适时调整支农方式,创新支农机制,提高支农资金使用效率。王贤斌[7]认为扶贫资金分配中政府处于绝对主导地位是影响扶贫资金投入效果和扶贫资源优化配置的主要原因之一。潘经韬[8]采用灰色关联分析了我国不同来源和不同投向的扶贫资金与扶贫效果的关联度。李盛基等[9]运用脉冲响应函数对我国扶贫资金支出结构的动态效果进行了实证分析,提出了改善扶贫资金支出结构的政策建议。胡祥勇和范永忠[10]对我国农村扶贫资金的使用效率进行了实证分析,结论是调整现有资金来源及使用方向,加大对农村扶贫资金投入对农村扶贫减贫工作具有积极作用。赖玥和成天柱[11]运用县级面板数据证明贫困县财政激励效应低,反映了财政扶贫的效率损失。可见,以往研究多从全国范围研究扶贫资金投入与贫困减少的关系,很少学者关注于新疆这一特殊的边疆民族区域的扶贫资金效率问题,但恰恰这类贫困地区是我国扶贫攻坚战的"主战场"和

"硬骨头"。因此，本文以新疆贫困地区为研究对象，基于以往学者的研究成果，采用 FGT 贫困指数和 SVAR 模型，分析新疆贫困地区贫困程度的变动趋势，探讨扶贫资金投入对贫困程度的影响程度，为相关部门施政提供理论依据。

一、研 究 方 法

（一）FGT 贫困指数

运用福斯特等（Foster et al.）[12] 提出的 FGT 贫困指数测算贫困程度。FGT 贫困指数不但能够反映所研究区域的贫困发生率情况，还能通过调整模型参数以达到分析贫困人口收入与贫困线相对距离以及贫困人口内部收入分配状况的目的。FGT 贫困指数的连续形式为：

$$P_\alpha = \int_0^z \left(\frac{z-x}{z}\right)^\alpha f(x)\,dx \quad \alpha \geq 0$$

式中：z 为贫困标准；x 为收入水平；f(x) 为收入水平的密度函数；α 为非负参数，且 α 的取值越大意味着贫困指标对贫困人口收入不平等程度越敏感。测算中，由于非负参数 α 取值不同，FGT 贫困指数将会有三个贫困指标，可以反映三个层面的贫困问题：当 α = 0 时，FGT 贫困指数为贫困发生率，是贫困广度指标，用 H 表示，反映贫困人口占总人口的比例；当 α = 1 时，FGT 贫困指数为贫困距指数，是贫困深度指标，用 PG 表示，反映贫困人口收入与贫困线之间的相对距离；当 α = 2 时，FGT 贫困指数为平方贫困距指数，是贫困强度指标，用 SPG 表示，反映贫困人口内部的收入分配状况。

（二）SVAR 模型

为分析扶贫资金投入对新疆农村地区的减贫作用，我们将使用 SVAR 模型对此进行实证分析。SVAR 模型与 VAR 模型相比，最大的优势在于 SVAR 模型考虑了经济理论约束，可以得到唯一的方差分解及脉冲响应函数，具有较高的可靠性。结合本文的研究目的和以往的研究经验，构建了包含新疆农村贫困程度、扶贫资金投入、地方经济增长和收入分配状况在内的四元 SVAR 模型：

$$
lpoor = c + \sum_{i=1}^{p} b_{11}^i lpoor_{t-i} + \sum_{i=0}^{p} b_{12}^i lfunds_{t-i} + \sum_{i=0}^{p} b_{13}^i lgdp_{t-i}
$$
$$
+ \sum_{i=0}^{p} b_{14}^i lgini_{t-i} + \varepsilon_t^{lpoor}
$$

$$
lfunds = c + \sum_{i=0}^{p} b_{21}^i lpoor_{t-i} + \sum_{i=1}^{p} + b_{22}^i lfunds_{t-i} + \sum_{i=0}^{p} b_{23}^i lgdp_{t-i}
$$
$$
+ \sum_{i=0}^{p} b_{24}^i lgini_{t-i} + \varepsilon_t^{lfunds}
$$

$$
lgdp = c + \sum_{i=0}^{p} b_{31}^i lpoor_{t-i} + \sum_{i=0}^{p} b_{32}^i lfunds_{t-1} + \sum_{i=1}^{p} b_{33}^i lgdp_{t-i}
$$
$$
+ \sum_{i=0}^{p} b_{34}^i lgini_{t-i} + \varepsilon_t^{lgdp}
$$

$$
lgini = c + \sum_{i=0}^{p} b_{41}^i lpoor_{t-i} + \sum_{i=0}^{p} b_{42}^i lfunds_{t-i} + \sum_{i=1}^{p} b_{43}^i lgdp_{t-i}
$$
$$
+ \sum_{i=1}^{p} b_{44}^i lgini_{t-i} + \varepsilon_t^{lgini}
$$

式中：lpoor 为贫困程度的三个指标，即贫困广度、贫困深度和贫困强度；lfunds、lgdp 和 lgini 分别为扶贫资金、GDP 和 Gini 系数的对数序列。ε 为结构残差，为单位矩阵的白噪声向量。在此基础上，我们可以推导出一个变量对一个结构的累积冲击反应函数。在分析各内生变量的动态冲击效应前，需要对变量间同期关系的系数矩阵 B 的各参数进行识别和估计。

（三）模型识别

为了得到矩阵 B 唯一的估计值，需对其参数进行约束。针对 k 元 p 阶 SVAR 模型，需对矩阵 B 施加 $k(k-1)/2$ 个约束条件。由于本文中 k = 4（对贫困程度的三个指标分别考察），所以我们需要设定 6 个以上的约束条件。对于施加约束条件的方法最常用的是零约束法，即假定各内生变量同期之间不存在累计的冲击效应，令其参数为零。

结合相关经济理论，提出以下假设：（1）经济增长对同期贫困程度和扶贫资金投入的影响具有滞后性，即经济增长对同时期的贫困程度和扶贫资金投入没有显著影响（$b_{13} = b_{23} = 0$）；（2）经济增长对收入分配状况有影响，但收入分配状况对经济增长水平没有显著影响（$b_{34} = 0$）；（3）扶贫资金投入对同时期的收入分配状况和经济增长水平没有显著影响（$b_{32} = b_{42} = 0$）；（4）贫困程度对当期收入分配状况无影响（$b_{41} = 0$）。根据上述假设，可以得到以下矩阵 B，模型恰好可识别。

$$B = \begin{bmatrix} 1 & b_{12} & 0 & b_{14} \\ b_{21} & 1 & 0 & b_{24} \\ b_{31} & 0 & 1 & 0 \\ 0 & 0 & b_{43} & 1 \end{bmatrix}$$

（四）数据来源

FGT 贫困指数测算采用的数据来自于 1989～2013 年《新疆统

计年鉴》中农村居民家庭人均纯收入分组数据。该分组数据是由国家统计局新疆调查总队对新疆农户抽样调查得来，按照农民收入情况划分为不同的收入分组，每一个分组包括该组农民的人均年纯收入（元）和该组农民所占的人口比例（％）两部分内容。测算过程中所需贫困线数据采用国家扶贫办公布的数据。扶贫资金投入数据来自历年《新疆年鉴》和《新疆通志—扶贫开发志》中相关数据的统计整理。扶贫资金投入主要包括三项：一是财政部负责的财政扶贫资金，二是发改委负责的以工代赈资金，三是中国农业银行负责的信贷扶贫资金[13]。另外，总产值数据来源于历年《新疆统计年鉴》，而 Gini 系数则通过 FGT 的测算模型计算获得。

二、结果与分析

（一）新疆农村地区扶贫资金投入的趋势分析

分析新疆农村地区扶贫资金投入情况，呈现有明显的阶段性波动，可以分为三个阶段。

第一阶段（1988～1993 年）。该时期是投入趋势最为平缓的，投入到新疆农村地区的扶贫资金基本都维持在 1 亿元以下，只有 1991 年略高达到 1.2 亿元，其他年份扶贫资金投入金额基本持平，六年间年均投入金额仅为 0.72 亿元。这个时期，新疆扶贫资金投入的第一要务是解决贫困农牧民温饱问题。扶贫资金在使用上主要用于减轻贫困户负担（减免农业税、购粮、公积金、公益金、欠款、水电费、草场管理费、牲畜防疫费、医疗费、学杂费）、扶持扶贫经济实体、基础设施建设等方面。在扶贫资金分配上已经体现出向南疆地区（喀什地区、和田地区、阿克苏地区）倾斜的趋势。1993 年 2 月自治区党委专门召开了加快南疆四地州经济发展座谈会，主要议题就是扶贫资金和优惠政策等向南疆地区倾斜，这一政策倾斜一直延续至今。

第二阶段（1994 ~ 2006 年）。与之前相比这一阶段扶贫资金投入趋势明显更加陡峭，虽有波动但基本维持上升态势，每年投入水平在 4 亿 ~ 15 亿元之间，年均投入量约为 9.28 亿元。这一个投入期产生了我国扶贫史上两个最重要的文件，《国家八七扶贫攻坚计划（1994 ~ 2000 年)》和《中国农村扶贫开发纲要（2001 ~ 2010 年)》，两个文件都将解决贫困人口温饱问题作为首要目标。1994 年自治区按照国家扶贫开发总体战略和规划印发了《新疆维吾尔自治区百万人温饱工程计划》，计划用 7 年时间（1994 ~ 2000 年）基本解决全区农牧区 20 万户、107 万贫困人口的温饱问题。到 2000 年底，新疆实际解决了 132 万贫困人口的温饱问题，完成计划的 75%，全区尚有 44 万贫困人口没有解决温饱问题，直到 2003 年温饱计划基本实现，此后进入温饱巩固阶段。该时期自治区主要采用"一体两翼"的扶贫战略，"一体"是指整村推进，"两翼"是指产业化扶贫和劳动力培训转移，同时还引入了社会扶贫、外资援助、对口支援等多种力量，使扶贫形式更加多元化。这一时期最主要的成绩是实现了由解决温饱向巩固温饱的转变，由救济式扶贫向开放式扶贫的转变。

第三阶段（2007 ~ 2012 年）。该时期扶贫资金投入量激增，是目前投入增长速度最快、投入量最大的一个时期，资金投入水平年均增长速度达到 43.1%，2012 年扶贫资金投入金额比 1988 ~ 2000 年 13 年投入量总和还要多。这一时期是新疆地区扶贫开发政策实施以来的"黄金六年"。同时，又是承上启下的 6 年，《中国农村扶贫开发纲要（2001 ~ 2010)》到期验收，《中国农村扶贫开发纲要（2011～2020年）》开启实施。在《中国农村扶贫开发纲要（2001～2010年）》实施10年间，新疆累计284万人越过当年低收入贫困线，稳定解决温饱问题；30个扶贫开发重点县农牧民人均纯收入由2000年的980元提高到2010年的3 426元，年均增长13%，比全区平均增速高3个百分点；贫困地区农村居民恩格尔系数由2001年的0.67下降到0.50，下降近17个百分点。在下一个10年，将以进一步加快贫困地区发展，促进共同富裕，实现2020年全面建成小康社会为奋斗目标，这将是在农村居民生存和温饱问题基本解决基础上提出的更高要求。2012年新疆维吾尔自治区根据中央相关文件精神编制了一系列扶贫规划，如《自治区"十二五"农村扶贫开发规划》总体规划、《自治区"十二五"整村推进扶贫开发规划》、《南疆三地州集中连片特殊困难地区区域发展与扶贫攻坚规划》、《自治区边境地区农村扶贫开发规划》、《自治区299个特困山区村扶贫攻坚规划》和《自治区"十二五"扶贫培训规划》等，扶贫开发重点扶持范围从30个重点县扩大到集中连片特困地区和所有重点县[14]。

（二）新疆农村地区贫困程度分析

FGT贫困指数的测算基于两种模型，分别是韦拉赛诺和阿诺德斯[15]提出的广义二次（GQ）模型和卡瓦尼[16]提出的Beta模型。为了保证研究结论的科学性和严谨性，在研究过程中分别使用两种模型逐一测算历年新疆农村地区贫困指数以及Gini系数。然后，通过比较参数的t值和调整的可决系数，以决定选用哪个模型的计算结果，从而达到更准确反映贫困程度的目的。分析计算结果（见图1）发现几个特点：

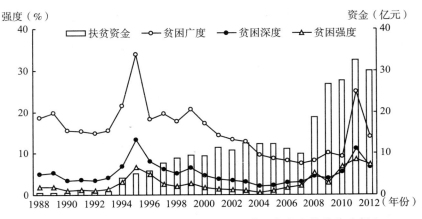

图1　1988～2012年新疆农村地区FGT贫困指数和扶贫资金投入

一是贫困广度（H）、贫困深度（PG）和贫困强度（SPG）变化趋势相似，但波动幅度存在差异。贫困广度的波动幅度较大，有两个明显的峰值，分别是1995年的33.9%和2011年的24.8%。贫困深度波动相对较为平缓，峰值同样出现在1995年和2011年，分别为13.2%和11%，其他年份都维持在8%以下。贫困强度指标维持在较低数据水平波动，波动区间都在10%以下，最大值是2011年的8.45%，最小值则为2004年的0.54%。贫困强度指标虽然数值较低，但波动幅度却比贫困深度大，甚至从近几年指标值的绝对大小来看，贫困强度指标值大有超过贫困深度指标值的趋势，如2012年贫困强度为7.4%大于贫困深度指标值6.7%，意味着贫困强度指标有向更高区间波动的趋势。

二是贫困人口"被脱贫"现象仍然存在，实际收入水平增长情况存疑。二十多年来，我国的贫困标准从1988年的年人均纯收入236元提高到2012年的2 300元，增长了近10倍，而贫困人口的收入与贫困线的相对距离却没有明显被拉开。这说明贫困人口的名义收入确实有了大幅度的增长。但是，相比于贫困线的提高，新疆自治区 GDP 由 1988 年的 192.72 亿元增长到 2012 年的 7 505.31 亿元，增长了近 39 倍，远大于贫困线的提高幅度。这意味着目前的贫困标准仍然偏低，使一部分贫困人口"被脱贫"。如果再考虑到物价水平等因素，贫困人口的实际收入水平增长程度就更加有限了。

三是农村地区贫困发生率下降与贫困人口内部收入差距恶化并存。新疆农村地区贫困广度总体呈下降趋势，尤其是 1999 ~ 2007 年连续 8 年贫困广度指标减小，平均降幅达到 13.36%。但是，近几年贫困强度指标和 Gini 系数却逆势而上。1988 年贫困强度指标仅为 1.87%，绝大多数年份该指标也都在 3% 以下，但是进入 2010 年后连续 3 年该项指标达到历史最高，意味着贫困人口内部的收入分配状况在加速恶化，最贫困人口的处境堪忧。2009 年以前新疆农村地区 Gini 系数基本都维持在 0.3 ~ 0.4 的收入相对合理区，同样是进入 2010 年后 Gini 系数迅速攀升，达到 0.4 ~ 0.5 的收入差距较大区间，并已接近 0.5 以上收入差距悬殊的范畴。收入差距问题是一个地区不稳定的最大诱因，尤其像新疆这样的特殊地区，更应该引起相关部门的重视。

（三）扶贫资金投入对新疆农村地区贫困程度的影响

为了保证模型的有效性，利用 ADF 检验对各变量进行单位根检验。检验过程中，通过观察变量和一阶差分变量的趋势图来选择设定模型（见表 1）。检验结果显示，原序列以较大的 P 值接受原假设，即原序列存在单位根，是非平稳序列。将原序列做一阶差分后，再进行 ADF 检验，四个序列均在 5% 的显著性水平下拒接原假设，接受不存在单位根的结论。因此，可以判断上述变量是一阶单整序列。

表1   ADF 检验结果

变量	检验形式 （C，T，L）	ADF 值	概率值 （p 值）	变量	检验形式 （C，T，L）	ADF 值	概率值 （p 值）
lnH	（C，T，5）	−2.482	0.333	ΔlnH	（C，T，5）	−6.306	0.000
lnPG	（C，T，5）	−1.752	0.696	ΔlnPG	（C，T，5）	−4.256	0.014
lnSPG	（C，T，5）	−1.535	0.788	ΔlnSPG	（C，T，5）	−4.391	0.011
lnfunds	（C，T，5）	−2.018	0.563	Δlnfunds	（C，T，5）	−4.816	0.004
lngdp	（C，T，5）	−3.468	0.069	Δlngdp	（C，T，5）	−3.804	0.035
lngini	（C，T，5）	−3.047	0.141	Δlngini	（C，T，5）	−7.239	0.000

注：Δ 表示各变量的一阶差分值；检验形式（C，T，L）中的 C，T 表示模型设定含有常数项和线性趋势项，滞后阶数 L 由 SIC 准则确定。

　　经过上述检验后，用完全信息极大似然法（FLML）对三个模型下矩阵 B 的参数进行了估计（见表2）。矩阵各参数符合经济意义，且均能通过显著性检验。其中，三个模型中 b_{12} 参数的估计值依次为 −3.402、−2.379 和 2.384，这表明扶贫资金的投入对贫困广度和贫困深度的影响为负，对贫困强度的影响为正，也就是说，扶贫资金投入可以有效降低贫困广度和贫困深度，却对贫困强度存在不利影响。

表2   B 矩阵参数估计

模型	矩阵参数	估计值	标准差	z 统计量	显著程度
模型一 贫困广度 SVAR 模型	b_{12}	−3.402	0.532	−6.398	0.000
	b_{14}	8.725	3.909	2.232	0.026
	b_{21}	5.209	1.116	4.669	0.000
	b_{24}	−31.395	4.938	−6.358	0.000
	b_{31}	−3.736	0.552	−6.771	0.000
	b_{43}	16.141	2.385	6.769	0.000

续表

模型	矩阵参数	估计值	标准差	z统计量	显著程度
模型二 贫困深度 SVAR 模型	b_{12}	−2.379	0.408	−5.825	0.000
	b_{14}	10.820	3.574	3.028	0.003
	b_{21}	2.078	0.722	2.877	0.004
	b_{24}	−19.244	3.460	−5.561	0.000
	b_{31}	3.000	0.443	6.774	0.000
	b_{43}	−16.371	2.417	−6.773	0.000
模型三 贫困强度 SVAR 模型	b_{12}	2.384	0.411	5.804	0.000
	b_{14}	7.503	3.799	1.975	0.048
	b_{21}	−0.633	0.459	−1.581	0.067
	b_{24}	18.012	3.109	5.793	0.000
	b_{31}	2.075	0.306	6.779	0.000
	b_{43}	−16.254	2.398	−6.778	0.000

根据上述结果，进一步利用 SVAR 模型的脉冲响应函数分析扶贫资金投入对贫困广度、贫困深度及贫困强度的动态影响。图 2 给出了扶贫资金投入对新疆农村地区贫困广度（H）、贫困深度（PG）、贫困强度（SPG）的累积冲击响应过程。从图中我们可以看出，扶贫资金的投入对新疆农村地区贫困广度、贫困深度和贫困强度都存在不同程度的负效应。相比之下，扶贫资金投入对降低新疆农村地区贫困广度和贫困深度作用较为明显，而对贫困强度的改善作用比较微弱。

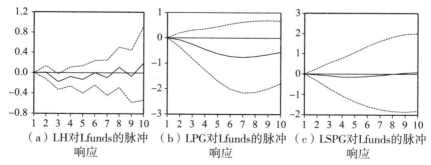

（a）LH对Lfunds的脉冲　　（b）LPG对Lfunds的脉冲　　（c）LSPG对Lfunds的脉冲
　　　响应　　　　　　　　　　　响应　　　　　　　　　　　响应

图 2　扶贫资金投入增长对贫困广度、贫困深度和贫困强度的动态影响

三、结论与建议

研究表明，目前新疆农村地区扶贫资金投入经历了三个时期，分别是平缓期、加速期和激增期。FGT 贫困指数和 Gini 系数测算表明，贫困广度、贫困深度和贫困强度波动明显，贫困人口"被脱贫"现象仍然存在，贫困人口内部收入分配状况有进一步恶化的趋势。SVAR 模型及脉冲响应结果说明扶贫资金的投入对降低新疆农村地区贫困广度和贫困深度作用较为明显，而对贫困强度的改善作用比较微弱。

结合研究结论提出以下建议：第一，处理好连片开发与精准扶贫的关系。目前，新疆南疆三地州是我国 14 个集中连片特困地区之一，实施连片特困地区扶贫攻坚工程。宏观上贫困区域的统一绝不能造成微观上扶贫资金使用的失准。随着贫困人口的逐渐减少，贫困人口分布必然发生变化，如果扶贫机制不能做出有效调整，势必会造成扶贫资金的"漏出"，降低扶贫资金的使用效率。所以，在实施连片扶贫开发的同时，一定要做到将有限的资源最大限度地用于贫困人口，即谁贫困就扶持谁，谁的贫困程度越深对谁的扶持就越多。第二，处理好经济发展与公平正义的关系。贫困区域在推动经济发展的同时一定要兼顾公平正义，尤其像新疆这样的特殊地区，更应该将关注点放在最贫困人口的身上，防止在扶贫开发过程中贫困人口内部出现"二次分化"。

参 考 文 献

［1］蔡昉，陈凡，张车伟. 政府开发式扶贫资金政策与投资效率［J］. 中国青年政治学院学报，2001（3）：60－66.

［2］陈凡，杨越. 中国扶贫资金投入对缓解贫困的作用［J］. 农业技术经

济，2003（6）：1－5.

[3] 朱乾宇. 政府扶贫资金投入方式与扶贫绩效的多元回归分析 [J]. 中央财经大学学报，2004（7）：11－15.

[4] 李万明，王太祥，胡宜挺. 新疆兵团边境贫困农场现状及扶贫效应分析 [J]. 石河子大学学报：哲学社会科学版，2005（3）：1－5.

[5] 张全红. 中国农村扶贫资金投入与贫困减少的经验分析 [J]. 经济评论，2010（2）：42－50.

[6] 刘汉成，夏亚华. 当前我国农村贫困状况的基本特征和经济学解释及政策建议 [J]. 农业现代化研究，2013，34（3）：284－287.

[7] 王贤斌. 我国扶贫开发面临的新形势与机制探讨 [J]. 农业现代化研究，2013，34（4）：394－397.

[8] 潘经韬. 农村扶贫资金投入及其扶贫效果优化探讨 [J]. 农村经济与科技，2014（6）：64－66.

[9] 李盛基，吕康银，孙晔. 中国扶贫资金支出结构的动态减贫效果研究 [J]. 技术经济与管理研究，2014（8）：117－120.

[10] 胡祥勇，范永忠. 中国农村扶贫资金使用效率实证分析 [J]. 中南林业科技大学学报：社会科学版，2014（3）：76－80.

[11] 赖玥，成天柱. 财政扶贫的效率损失——基于财政激励视角的县级面板数据分析 [J]. 经济问题，2014（5）：33－37.

[12] Foster J., Greer J., Thorbecke E. A class of decomposable poverty measures [J]. Journal of Econometrics，1984，52（3）：227－321.

[13] 刘林，李翠锦. 新疆农村贫困程度测度与扶贫资金动态绩效分析 [J]. 西北人口，2012（3）：27－32.

[14] 新疆维吾尔自治区地方志编纂委员会. 新疆年鉴 [J]. 新疆：新疆年鉴社，1989－2013.

[15] Villasenor J., Arnold B. C. Elliptical Lorenz curves [J]. Journal of Econometrics，1989，40（2）：327－338.

[16] Kakwani N. On a Class of Poverty Measures [J]. Econometrica，1980，48（2）：437－446.

新疆农村贫困程度测度与
扶贫资金动态绩效分析

摘要：新疆作为一个多民族、多宗教、多文化、多语言共存的特殊地区，扎实应对和稳步解决新疆贫困问题，事关祖国边疆的安全与稳定。首先，通过测算 1994～2009 年 FGT 贫困指数后发现：新疆农村的贫困广度、贫困深度和贫困强度的变化趋势具有波动性和阶段性特征，而且近几年减贫速度明显放缓，甚至有趋于加重的趋势；新疆农村居民的收入差距状况也不容乐观，正处于危险的边缘。然后，利用状态空间模型分析扶贫资金对贫困程度的动态扶贫绩效，得出以下结论：信贷扶贫资金的整体表现最佳，财政扶贫资金作用居中，以工代赈资金则在降低贫困强度方面表现较好；同时，总结出以下规律：当贫困程度较深时，具有较强盈利性的信贷扶贫资金和较强扩散性的财政扶贫资金更为有效；当由大范围贫困转为少数人贫困时，具有较强针对性的以工代赈资金更为有效。

关键词：新疆 农村 FGT 贫困指数 状态空间模型

一、引 言

贫困是一个全球性问题，再富有的国家或者地区也需要应对这一难题。新疆作为一个多民族、多宗教、多文化、多语言共存的特殊地区，扎实应对和稳步解决新疆贫困问题，直接关系到基本消除绝对贫困现象目标的实现，关系到稳疆兴疆、富民固边战略的实施，关系到改革发展稳定大局，关系到跨越式发展和长治久安。[1]新疆贫困地区包括 27 个国家级扶贫开发重点县和 3 个自治区扶贫开发工作重点县。同时，自治区还设立了 276 个扶贫开发重点乡和 3 606 个扶贫开发重点村。在地域上看，新疆的贫困问题尤以南疆三地州、北疆高寒牧区和边境地区贫困问题最为严重。仅南疆三地州（和田、喀什、克孜勒苏州）的特困人口就占全区的 85.15%。贫困问题俨然成为新疆经济社会发展面临的重大问题之一，是推进跨越式发展、实现全面建设小康社会的巨大障碍。1994 年《八七扶贫攻坚计划》实施以来，新疆为了应对贫困，积极加大工作力度，改善贫困乡村的生产生活条件，开发主导产业和特色产业，培训转移劳动力，强力推进产业化扶贫，到 2009 年底，全区累计稳定解决了 257 万贫困人口温饱问题，其中 30 个扶贫重点县为 175 万人，农牧民贫困程度得到极大的缓解。取得这样的成就，离不开国家政策的倾斜、地方政府的努力以及兄弟省份的帮助，更重要的是来自中央拨付和地方配套的扶贫资金持续不断地投入到新疆扶贫开发事业中去。

目前，有关新疆农村贫困程度和扶贫资金绩效的研究非常少，基本上处于浅层次的探讨阶段。玛依拉·米吉提、阿依吐逊·玉素甫（2010）[2]测算了 2003~2007 年新疆农村的 FGT 贫困指数，并通过指数分解分析认为经济增长降低了新疆农村的贫困程度，而收入分配状况恶化产生了消极作用；李翠锦（2010）[3]在测算 1995~2007 年新疆农村 FGT 贫困指数的基础上，分析了新疆农民贫困程度的变化及其原因。郭晖、刘芳等（2004）[4]以新疆以工代赈扶贫资金为例，分析了在经济效益、社会效益、生态效益等方面以工代赈工作所取得的成效；李万明、王太祥、胡宜挺（2005）[5]以新疆兵团边境团场为例，对国家近年来对兵团边境贫困农场的投入情况和兵团边境贫困农场扶贫成绩作了客观的评价；赵珍、石延玲（2006）[6]通过对新疆扶贫资金及其具体投向对农业总产值、农村贫困人口和农民人均纯收入的回归分析，来考察新疆扶贫资金使用的绩效。

可见，目前的研究仅限于对新疆 FGT 贫困指数的测算，以及对扶贫资金效率的简单分析，缺乏深度和针对性，并没有将贫困指数这一核心指标作为考量扶贫资金效率的标准来研究。基于此，本文将首先测算《八七扶贫攻坚计划》实施至今新疆农村的 FGT 贫困指数，分析新疆农村贫困程度的变动趋势和收入差距情况；然后利用状态空间模型，以 FGT 贫困指数为因变量，研究扶贫资金的动态扶贫绩效。像这样的研究方式，在新疆尚属首次，在全国也不多见。

二、新疆农村贫困程度的测度

（一）贫困测度的方法

贫困的测度方法有贫困发生率、收入缺口率、森贫困指数等。其中，最有影响力的是福斯特、格林尔和索贝克[7]（Foster，Greer & Thorbecke，1984）提出的 FGT 指数。FGT 贫困指数，一方面可以全面反映贫困状况，另一方面通过对该指数的分解可度量经济增长和收入分配等因素对贫困变动的影响。FGT 贫困指数的连续形式为：

$$P_\alpha = \int_0^z \left(\frac{z-x}{z}\right)^\alpha f(x)\,dx \qquad \alpha \geqslant 0$$

式中，x 表示农民收入或消费水平；f(x) 代表农民收入或消费水平的密度函数；z 代表贫困标准；α 是非负参数。若 α 的取值越大，则贫困指标对贫困人口不平等程度越敏感。特殊地，当 α = 0 时，p_0 为贫困发生率，是贫困广度指标，反映贫困人口占总人口的比例，用 H 表示；当 α = 1 时，p_1 为贫困距指数，是贫困深度指标，反映贫困人口的收入与贫困线之间的相对距离，用 PG 表示；当 α = 2 时，p_2 为平方贫困距指数，是贫困强度指标，反映贫困人口内部的收入分配状况，用 SPG 表示。

FGT 指数的具体计算主要有两种，一是韦拉赛诺和阿诺德斯[8]（1984，1989）提出的广义二次（GQ）模型；二是卡瓦尼[9]（1980）提出的 Beta 模型。基于此，本文将分别采用这两种方法计算新疆农村的 FGT 贫困指数，并通过比较两种模型参数的 t 值和调整的可决系数等，选取最佳模型更准确地反映新疆农村的贫困状况，而贫困线标准则采用国务院扶贫办每年公布的国家农村绝对贫困线标准。两种模型具体形式如下：

1. GQ 模型

表达式为：$L(1-L) = a(p^2 - L) + bL(p-1) + c(p-L)$

利用 GQ 模型计算 FGT 贫困指数的具体公式为：

$$L(p) = -\frac{1}{2}\left(bp + e + \sqrt{mp^2 + np + e^2}\right)$$

$$H = -\frac{1}{2m}\left(n + r \frac{\left(b + 2\frac{z}{\mu}\right)}{\sqrt{\left(b + 2\frac{z}{\mu}\right)^2 - m}}\right)$$

$$PG = H - \frac{\mu}{z}L(H)$$

$$SPG = 2PG - H - \left(\frac{\mu}{z}\right)^2 \left[aH + bL(H) - \frac{r}{16}\ln\left(\frac{1 - \dfrac{H}{s_1}}{1 - \dfrac{H}{s_2}}\right) \right]$$

$$Giniindex = \frac{e}{2} - \frac{n(b+2)}{4m} + \frac{r^2}{8m\sqrt{-m}}\left[\sin^{-1}\frac{(2m+n)}{r} - \sin^{-1}\frac{n}{r}\right] \text{if} m < 0$$

$$= \frac{e}{2} - \frac{n(b+2)}{4m} - \frac{r^2}{8m\sqrt{m}}\ln\left|\frac{2m+n+2\sqrt{m}(a+c-1)}{n-2e\sqrt{m}}\right| \text{if} m > 0$$

其中，L 表示累计收入比例，P 表示累计人口比例，z 为贫困线，μ 为农村居民的人均收入水平。$e = -(a + b + c + 1)$；$m = b^2 - 4a$；$n = 2be - 4c$；$r = (n^2 - 4me^2)^{1/2}$；$s_1 = (r - n)/(2m)$；$s_2 = -(r + n)/(2m)$。

2. Beta 模型

表达式为：$L(p) = p - \theta p^\gamma (1 - p)^\delta$

利用 Beta 模型计算 FGT 贫困指数的具体公式为：

$$\theta H^\gamma (1 - H)^\delta \left[\frac{\gamma}{H} - \frac{\delta}{1 - H}\right] = 1 - \frac{z}{\mu}$$

$$PG = H - \left(\frac{\mu}{z}\right)L(H)$$

$$SPG = \left(1 - \frac{\mu}{z}\right)\left[2PG - \left(1 - \frac{\mu}{z}\right)H\right]$$

$$+ \theta^2\left(\frac{\mu}{z}\right)^2 \left[\begin{array}{c} \gamma^2 B(H, 2\gamma - 1, 2\delta + 1) \\ -2\gamma\delta B(H, 2\gamma, 2\delta) \\ +\delta^2 B(H, 2\gamma + 1, 2\delta - 1) \end{array}\right]$$

$$Giniindex = 2\theta B(1, 1 + \gamma, 1 + \delta)$$

其中，$B(k, r, s) = \int_0^k p^{r-1}(1 - p)^{s-1}dp$

（二）数据来源与测算结果

本文所采用的数据来自于 1995～2010 年《新疆统计年鉴》农村居民家庭人均纯收入分组数据。数据是通过国家统计局新疆调查总队对新疆农户抽样调查得来，按照农民收入情况划分为不同的收入分组，每一个分组包括该组农民的人均年纯收入（元）和该组农民所占的人口比重（%）两部分内容。

结合新疆农村 1994～2009 年的相关数据，分别采用 GQ 模型和 Beta 模型测算新疆农村的 FGT 指数，根据各年数据与洛伦兹曲线的拟合情况以及比较两种模型参数的 t 值和调整的可决系数，本文发现 1994 年、1995 年、2005～2009 年更适合采用 Beta 模型测算，而 1996～2004 年更适合采用 GQ 模型进行测算。测算结果如表 1 所示。

表 1　　　　　　　　　贫困程度测算结果与模型选择　　　　　单位：%

年份	贫困线（Z）	贫困发生率（H）	贫困深度（PG）	贫困强度（SPG）	选用的模型
1994	440	21.4974	6.7430	3.1184	Beta
1995	530	33.8769	13.1950	6.6385	Beta
1996	640	18.1390	7.9572	4.9954	GQ
1997	635	19.5198	6.1465	2.6351	GQ
1998	625	17.6223	5.1749	2.0657	GQ
1999	625	20.6490	6.4838	2.7616	GQ
2000	625	17.1911	4.6170	1.6757	GQ
2001	630	14.3555	3.6991	1.2923	GQ
2002	627	13.3351	3.4177	1.1804	GQ
2003	637	12.7521	3.1079	1.0139	GQ
2004	668	9.5654	1.9615	0.5403	GQ
2005	683	8.6484	2.2859	0.9457	Beta
2006	693	8.1813	2.8778	1.7090	Beta

年份	贫困线（Z）	贫困发生率（H）	贫困深度（PG）	贫困强度（SPG）	选用的模型
2007	786	7.5719	3.0789	2.2338	Beta
2008	1 067	8.1707	4.4348	5.2586	Beta
2009	1 196	10.0529	3.9461	2.8659	Beta

注：贫困线的单位为元/人/年。

由表1可知，新疆农村贫困发生率、贫困距指数和平方贫困距指数的变化趋势具有明显的阶段性特点，大体可以分为四个阶段：1994～1999、2000～2004年、2005～2007年和2008～2009年。

第一阶段：1994～1999年。这个时间段内贫困发生率、贫困距指数和平方贫困距指数都具有较为明显的波动性，呈现出一年高、一年低的特征，总体下降趋势不明显。1995年，贫困程度最为严峻，贫困发生率、贫困距指数和平方贫困距指数分别达到33.88%、13.2%、6.64%。到1996年贫困程度有一个较大程度的缓解，分别下降到18.14%、7.96%和5%。而1998年是该时间段内相对较好的一年，FGT贫困指数依次为17.62%、5.17%、2.07%。

第二阶段：2000～2004年。这个阶段，FGT贫困指数全面下降，新疆农村的贫困状况得到了较好的改善。其中，贫困发生率从17.19%下降到9.57%，下降幅度将近8个百分点；贫困距指数下降同样明显，从4.62%下降到1.96%，表示贫困农户距离贫困线的相对距离明显缩小；平方贫困距指数也由1.68%下降到0.54%，意味着贫困人口内部的收入分配状况有所改善。

第三阶段：2005～2007年。在这个阶段，FGT贫困指数的变化趋势并不一致。贫困发生率仍呈下降趋势，但减贫速度明显放缓，仅从8.65%下降到7.57%；贫困距指数和平方贫困距指数都有所上升，分别从2.29%上升到3.08%、0.95%上升到2.23%，说明贫困农户距贫困线的相对距离在拉大，同时贫困人口内部的收入状况在恶化。

第四阶段：2008～2009 年。这个阶段，FGT 贫困指数的变化趋势同样各有不同。贫困发生率开始上升，由 8.17% 上升到 10.05%，贫困面扩大了 1.88%；贫困距指数由 4.43% 降为 3.95%，平方贫困距指数由 5.26% 降为 2.87%，这两个指数都有不同程度的下降，但是却都高于上一阶段的水平。所以，总体来看新疆农村的贫困状况不容乐观，有进一步加重的趋势。

在计算 FGT 贫困指数的过程中，我们还可以利用相关参数计算新疆农村的基尼系数（Gini index）。基尼系数是根据洛伦兹曲线所定义的判断收入分配公平程度的指标。本文用该指标来综合考察新疆农牧民内部收入分配差异状况。将计算结果绘制成折线图，如表 2 所示。

表 2　　　　　　　**1994～2009 年新疆农村历年基尼系数**

年份	1994	1995	1996	1997	1998	1999	2000	2001
Gini 系数	0.362	0.421	0.350	0.372	0.383	0.387	0.391	0.374
年份	2002	2003	2004	2005	2006	2007	2008	2009
Gini 系数	0.381	0.406	0.382	0.392	0.402	0.398	0.393	0.406

从表 2 可以看出，这 16 年来新疆农村的基尼系数波动不大，大体上维持在 0.4 左右。根据国际标准通常将 0.4 作为收入分配差距的"警戒线"，而更准确的值应为 0.382，一旦超过这一数值就认为该地区的收入差距较大。在这 16 年间，新疆农村基尼系数有 12 年超过了这一数值，只有 4 年略低于该值。其中，最大值为 0.421，最小值为 0.35，最近一年为 0.406。可见，新疆农村的收入分配状况不容乐观，正处在一个危险的边缘。通常认为收入分配状况的恶化是社会动荡的一个非常重要的诱因，尤其是对新疆这样一个多民族、多宗教、多文化共存的特殊地区而言更为关键，这一问题的妥善解决将直接关系到祖国边疆的安全与稳定。

三、扶贫资金动态绩效分析

（一）扶贫资金的总量变化和结构变化

扶贫资金按照传递方式的不同可以进一步分为三类，分别是财政部负责的财政扶贫资金（含地方配套资金）、国家发改委负责的以工代赈扶贫资金和中国农业银行负责的扶贫贴息贷款。其中，财政扶贫资金主要用于改善贫困地区的生产生活条件、发展经营、修建乡村道路、普及教育、对贫困农户进行技术培训、防治地方病等；以工代赈扶贫资金专门用于贫困地区的基础设施建设，由以修建各级道路、建设基本农田、兴修农田水利等为主；扶贫贴息贷款则主要投放于种植业、林果业、养殖业以及当地具有较好还款能力的农产品加工项目。三项扶贫资金投入数据来源于对《新疆通志——扶贫开发志》和历年《新疆年鉴》相关数据的整理。

1. 三项扶贫资金的总量变化

从总量变化情况来看，三项扶贫资金的总量基本上呈现上升趋势。其中，信贷扶贫资金的上升速度最为明显，由1994年的0.936亿元上升到2009年的13.92亿元，年均增长率达到了19.7%，尤其是2006年以后年均增长率更是达到了极高的72.8%；以工代赈投入变化较为缓慢，16年来年均增长率为9%，且投入的绝对数量在三项扶贫资金中最小，1994年仅为0.48亿元，2009年也只有1.76亿元；财政扶贫资金变化趋势最为平缓，1994年为近2亿元，2009年上升到了5.672亿元，年均增长率仅为7.6%，绝对投入量在 1994~1996 年是投入最高的扶贫资金形式，随后基本上介于中间水平。

2. 三项扶贫资金的结构变化

从结构变化情况来看，大致上财政扶贫资金的比例在下降、信贷扶贫资金的比例在上升、以工代赈资金比例起伏较多。1994~1996 年，这个时间段里三项扶贫资金中比例最高的是财政扶贫资金，其次是信贷扶贫资金，最低的是以工代赈；1997~1999 年，占比例最高的是信贷扶贫资金，其次是以工代赈和财政扶贫资金；2000~2007 年，三项扶贫资金各自所占的比例交互上升，总体来说信贷扶贫资金所占的平均比例要高一些；2007 年以后，进入一个快速变化期，信贷扶贫资金的比例迅速上升，财政扶贫资金的比例也有较大幅度的上升，以工代赈的比例加速下降，到 2009 年信贷扶贫资金占的比例为 65%、财政扶贫资金占 27%、以工代赈仅占 8%。

（二）可变参数状态空间模型

1994 年《八七扶贫攻坚计划》实施以后，新疆农村贫困程度呈现出阶段性和波动性的特点，产生这些变化的其中一个非常重要的原因就是当年投入的扶贫资金的扶贫效率。以往采用回归方法研究这类问题时，无论是普通最小二乘法、工具变量法还是其他回归方法，产生的参数在样本区间内都是固定的，无法反映外界冲击所带来的时变影响和动态变化。然而，扶贫资金往往因受到来自经济改革、结构调整、政策变化等因素的影响，其扶贫效果也势必会受到外界冲击，使得各年的情况不尽相同。基于此，本文将采用时变参数状态空间模型来研究扶贫资金的动态扶贫效果。可变参数状态空间模型的一般表示如下：

量测方程：$y_t = \alpha z_t + \beta_t x_t + \mu_t$

状态方程：$\beta_t = \theta \beta_{t-1} + \varepsilon_t$

$$(\mu_t, \varepsilon_t)' \sim N\left(\begin{pmatrix} 0 \\ 0 \end{pmatrix}, \begin{pmatrix} \sigma^2 & 0 \\ 0 & R \end{pmatrix}\right), \ t = 1, 2, \cdots, T$$

量测方程中 x_t 是具有随机系数 β_t 的解释变量集合，z_t 是具有固定系数 α 的解释变量集合。状态方程是假定参数 β_t 的变动服从于 AR(1) 模型（可扩展为 AR(p) 模型）。其中，β_t 是状态向量，又称为可变参数，是不可观测变量，必须利用可观测变量 y_t 和 x_t 来估计。此外，假定量测方程和状态方程各自的扰动向量 μ_t 和 ε_t 是相互独立的，服从均值为 0、方程为 σ^2、协方差矩阵为 R 的正态分布。[10-12]

（三）三项扶贫资金扶贫效果的动态分析

为了深入研究三项扶贫资金各自在不同时点的动态扶贫效果，分别选择贫困广度（H）、贫困深度（PG）和贫困强度（SPG）作为因变量，财政扶贫资金、以工代赈资金、信贷扶贫资金作为量测方程的解释变量，并且取各变量的对数形式，利用状态空间模型进行分析。设定的状态空间模型具体形式如下：

量测方程：$\ln y_t = c + \eta_t \ln(fed_t) + \lambda_t \ln(lab_t) + \omega_t \ln(cre_t) + \mu_t$

状态方程：$\eta_t = \gamma_1 \eta_{t-1} + \varepsilon_t$

$\lambda_t = \gamma_2 \lambda_{t-1} + \xi_t$

$\omega_t = \gamma_3 \omega_{t-1} + \zeta_t$

其中，y_t 代表了三个被解释变量，分别是贫困广度（H）、贫困深度（PG）、贫困强度（SPG）；解释变量中 fed 表示财政扶贫资金、lab 表示以工代赈资金、cre 表示信贷扶贫资金；η_t、λ_t、ω_t 分

别表示各解释变量的时变参数序列，并假设可变参数服从 AR（1）
模型；μ_t、ε_t、ξ_t、ζ_t 为扰动向量。

在计量前，先对各变量之间的协整关系进行检验，以防止伪回
归现象的出现，采取的方法是 ADF 单位根检验。检验结果见表3。

表3 　　　　　　　　　　ADF 单位根检验

变量	检验形式（C，T，L）	ADF 值	概率值（p 值）	结论
lnH	（C，0，3）	−1.1760	0.6553	是
ΔlnH	（C，T，3）	−7.6545	0.0002	否
lnPG	（C，T，3）	−1.6158	0.7368	是
ΔlnPG	（C，T，3）	−6.4000	0.0009	否
lnSPG	（C，T，3）	−1.2469	0.8608	是
ΔlnSPG	（C，T，3）	−4.1735	0.0273	否
lnFED	（C，T，3）	0.0425	0.9478	是
ΔlnFED	（C，T，3）	−7.3307	0.0002	否
lnLAB	（C，T，3）	−2.2804	0.4181	是
ΔlnLAB	（C，T，3）	−7.7061	0.0001	否
lnCRE	（C，T，3）	−1.9270	0.5915	是
ΔlnCRE	（C，T，3）	−3.8393	0.0464	否

以上检验结果显示，所有变量均在5%的置信水平下拒绝原假
设，所以它们都是一阶单整序列，从而保证了变量间协整关系的存
在。然后，利用卡尔曼滤波（Kalman Filtering）算法得到状态空间
模型的估计结果，并利用 EViews 6.0 的绘图功能将变系数状态空间
模型的估计结果绘制成曲线图，这样将更有助于直观的观察不同扶
贫资金对各因变量的动态影响。

1. 三项扶贫资金对贫困广度（H）的动态影响（见图1）

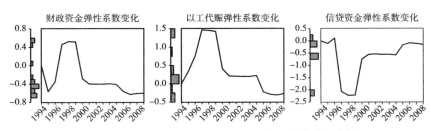

图1　三项扶贫资金对贫困广度弹性影响的动态变化

三项扶贫资金的弹性系数都存在较大的波动性。其中，财政扶贫资金和以工代赈资金的弹性系数变化趋势十分相似，但是影响程度各有不同。财政扶贫资金的扶贫效果从 2000 年才开始显现，弹性系数分布最广的区间约为 -0.3 ~ -0.4，2007 年出现了最强值 -0.63；以工代赈扶贫效果出现得更晚，到 2006 年后才出现，弹性系数分布最广的区间位于 0 ~ 0.25，最强的减贫效果出现在 2008 年为 -0.312；信贷扶贫资金弹性系数的变化趋势与前两者差距较大，1997 ~ 1999 年间具有极强的减贫效果，最强达到 -2.229，随后减贫效果迅速回落，弹性系数分布最广的区间位于 -0.5 ~ 0。

2. 三项扶贫资金对贫困深度（PG）的动态影响（见图2）

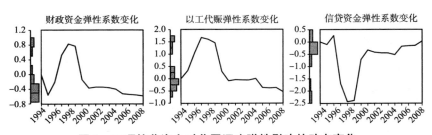

图2　三项扶贫资金对贫困深度弹性影响的动态变化

从图上观察发现，三项扶贫资金弹性系数波动性也较大。从2000年开始财政扶贫资金具有连续降低贫困深度的扶贫效果，最强时出现在2009年为 -0.588，其弹性系数分布最广的区间是 -0.6 ~ -0.25，近几年作用有逐渐加强的趋势；以工代赈资金的效果出现在2001年，最强的表现为2009年的 -0.537，弹性系数分布最广的区间位于 -0.25 ~ 0；信贷扶贫资金在降低贫困深度方面综合表现最为突出，最强值达到了 -2.441，分布最广的区间是 -0.5 ~ 0，但是最近效果却明显弱化，2009年甚至出现了正影响。

3. 三项扶贫资金对贫困强度（SPG）的动态影响（见图3）

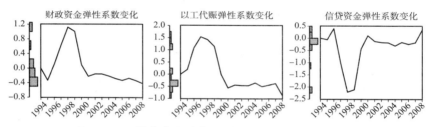

图3 三项扶贫资金对贫困强度弹性影响的动态变化

同样，三项扶贫资金的弹性系数也都具有较大的波动性。财政扶贫资金的连续扶贫效果出现在2000年以后，并且还有进一步加强的趋势，最优的表现为2009年的 -0.42，弹性系数分布最广的区间为 -0.25 ~ -0.5；以工代赈近几年在降低贫困强度方面的表现越加突出，2009年弹性系数达到了 -0.872，要优于其他两项资金的表现，弹性系数集中分布在 -0.25 ~ -0.5 区间内，并且还有进一步增强的趋势；信贷扶贫资金在降低贫困强度上的表现同样经历了先有效后逐渐失效的过程，2009年同样出现了正影响，弹性系数分布最广的区间是 -0.25 ~ 0，最好的表现出现在1998年为 -2.209。

四、结　　论

1994 年《八七扶贫攻坚计划》实施以来，新疆农村的贫困程度总体呈下降趋势。根据 1994 ~ 2009 年 FGT 贫困指数的测算结果，新疆农村的贫困广度、贫困深度、贫困强度具有波动性和阶段性特征，而近几年减贫速度明显放缓，甚至有趋于加重的趋势，必须引起足够的重视。对新疆农村基尼系数的计算结果表明，新疆农村的收入分配状况不容乐观，正处在一个危险的边缘，需要尽快采取措施扎实应对和稳步解决这一社会动荡的隐患。

从状态空间模型的计量结果来看，三项扶贫资金基本上可以实现降低新疆农村贫困程度的扶贫效果。其中，信贷扶贫资金的整体表现最佳，财政扶贫资金作用居中，以工代赈资金则在降低贫困强度方面表现较好。对于不同扶贫资金扶贫效果的强弱以及出现的波动性，与三项扶贫资金的使用原则、方式以及新疆贫困地区贫困情况的自身变化密切相关。财政扶贫资金主要用来改善贫困地区的生产生活条件，贫困农户和非贫困农户都能够从财政扶贫资金的投入中获得利益，作用往往具有很强的广泛性和扩散性；以工代赈资金仅针对于贫困地区的贫困农户，其目的是满足贫困农户基本的物质需要；信贷资金发放给贫困农户后，按照使用原则将被用于效益较好的种植业、林果业、养殖业以及当地具有较好发展前景的农产品加工项目。正是由于这样的制度设置，再结合计量结果和新疆农村贫困程度的变化情况，可以发现三项扶贫资金的扶贫效果往往会存在下面的规律：当贫困程度较深时，具有较强盈利性的信贷扶贫资金和较强扩散性的财政扶贫资金更为有效；当由大范围贫困转为少数人贫困时，具有较强针对性的以工代赈资金更为有效。可见，三项扶贫资金在其各自的制度设置下，它们各有侧重、各有优势、互为补充，共同服务于新疆农村的扶贫开发事业。

附表1　　1994~2009 年新疆农村 Lorenz 曲线的参数估计值

年份	模型	参数	估计值	标准差	t 值
1994	Beta	lnθ	− 0. 33309	0. 013177	− 25. 2786
		γ	0. 943904	0. 004246	222. 308
		δ	0. 590841	0. 007934	74. 46666
1995	Beta	a	− 0. 12742	0. 071272	− 1. 78773
		b	1. 008229	0. 029732	33. 91055
		c	0. 599874	0. 024112	24. 87854
1996	GQ	a	1. 192351	0. 123118	9. 684647
		b	− 1. 5793	0. 163788	− 9. 64236
		c	− 0. 00511	0. 082482	− 0. 06199
1997	GQ	a	1. 085464	0. 006409	169. 3611
		b	− 1. 12646	0. 021982	− 51. 2454
		c	0. 162352	0. 010167	15. 96908
1998	GQ	a	1. 00171	0. 005911	169. 4755
		b	− 1. 08845	0. 023129	− 47. 0606
		c	0. 1659	0. 010522	15. 76754
1999	GQ	a	1. 032018	0. 007705	133. 933
		b	− 1. 03213	0. 02902	− 35. 5665
		c	0. 172652	0. 012818	13. 46939
2000	GQ	a	0. 944068	0. 010326	91. 4296
		b	− 0. 97751	0. 042525	− 22. 9865
		c	0. 201501	0. 019136	10. 53022
2001	GQ	a	0. 994031	0. 012966	76. 66246
		b	− 1. 09554	0. 050853	− 21. 5434
		c	0. 186151	0. 024053	7. 739196
2002	GQ	a	1. 07246	0. 008552	125. 401
		b	− 0. 96275	0. 039175	− 24. 5757
		c	0. 211342	0. 017243	12. 25641

续表

年份	模型	参数	估计值	标准差	t 值
2003	GQ	a	1.054944	0.007355	143.4343
		b	− 0.68969	0.040844	− 16.8861
		c	0.247882	0.01578	15.70811
2004	GQ	a	1.038864	0.006234	166.6433
		b	− 0.91746	0.031588	− 29.0451
		c	0.231845	0.013677	16.95163
2005	Beta	$\ln\theta$	− 0.26809	0.014519	− 18.4652
		γ	0.96209	0.005772	166.6848
		δ	0.562793	0.008915	63.1271
2006	Beta	$\ln\theta$	− 0.27839	0.016743	− 16.6274
		γ	0.941874	0.006625	142.1777
		δ	0.543123	0.011007	49.34447
2007	Beta	$\ln\theta$	− 0.30682	0.010841	− 28.3018
		γ	0.926182	0.004075	227.2571
		δ	0.535436	0.00804	66.59312
2008	Beta	$\ln\theta$	− 0.50369	0.048801	− 10.3213
		γ	0.844705	0.014886	56.74475
		δ	0.413607	0.042813	9.660791
2009	Beta	$\ln\theta$	− 0.38143	0.013415	− 28.4331
		γ	0.90289	0.004452	202.7853
		δ	0.460956	0.011933	38.6291

附表 2 时变参数 η_t、λ_t、ω_t 的估计值

年份	贫困广度（H）			贫困深度（PG）			贫困强度（SPG）		
	η_t	λ_t	ω_t	η_t	λ_t	ω_t	η_t	λ_t	ω_t
1995	− 0.567	0.335	− 0.103	− 0.562	0.332	− 0.102	− 0.335	0.198	− 0.061
1996	− 0.356	0.758	0.113	− 0.209	1.039	0.259	0.106	1.083	0.391
1997	0.459	1.467	− 2.067	0.522	1.675	− 1.697	0.628	1.537	− 1.005
1998	0.525	1.451	− 2.229	0.826	1.603	− 2.441	1.119	1.422	− 2.209
1999	0.515	1.425	− 2.220	0.767	1.459	− 2.392	1.006	1.145	− 2.115
2000	− 0.286	0.405	− 0.746	− 0.144	0.300	− 0.715	0.097	− 0.012	− 0.441

续表

年份	贫困广度（H）			贫困深度（PG）			贫困强度（SPG）		
	η_t	λ_t	ω_t	η_t	λ_t	ω_t	η_t	λ_t	ω_t
2001	−0.400	0.210	−0.552	−0.371	−0.089	−0.331	−0.224	−0.562	0.102
2002	−0.404	0.203	−0.539	−0.345	−0.043	−0.420	−0.158	−0.444	−0.129
2003	−0.404	0.198	−0.552	−0.346	−0.055	−0.447	−0.159	−0.464	−0.174
2004	−0.397	0.198	−0.551	−0.363	−0.056	−0.451	−0.215	−0.467	−0.185
2005	−0.411	0.221	−0.577	−0.402	0.006	−0.520	−0.285	−0.355	−0.311
2006	−0.563	−0.223	−0.172	−0.530	−0.367	−0.181	−0.337	−0.508	−0.171
2007	−0.630	−0.290	−0.088	−0.547	−0.384	−0.159	−0.277	−0.447	−0.247
2008	−0.609	−0.312	−0.109	−0.561	−0.370	−0.146	−0.341	−0.381	−0.185
2009	−0.602	−0.271	−0.152	−0.588	−0.537	0.031	−0.420	−0.872	0.334

参 考 文 献

［1］厉声，马大正，秦其名等．新疆贫困状况及扶贫开发［M］．乌鲁木齐：新疆人民出版社，2010．

［2］玛依拉·米吉提，阿依吐逊·玉素甫．经济增长、收入分配与贫困——对新疆农村居民贫困变动的实证分析［J］．经济问题，2010（1）：69－72．

［3］李翠锦．新疆农村贫困的测度及其变动原因分析［J］．安徽农业科学，2010（11）：5956－5959．

［4］郭晖，刘芳，柴军，赵明亮．扶贫模式的作用机理与评析——以新疆以工代赈为例［J］．农业现代化研究，2004（6）：429－433．

［5］李万明，王太祥，胡宜挺．新疆兵团边境贫困农场现状及扶贫效应分析［J］．石河子大学学报（哲学社会科学版），2005（3）：1－5．

［6］赵珍，石延玲．新疆扶贫资金投入及使用的绩效分析［J］．新疆财经，2006（4）：9－13．

［7］Foster J．，Greer J．& Erik Thorbecke．A Class of Decomposable Poverty Measures［J］．Journal of Econometrics，1984，52（3）：227－321．

［8］Villasenor J．，Arnold B．C．Elliptical Lorenz curves［J］．Journal of Econometrics，1989，40（2）：327－338．

〔9〕 Kakwani N. On a Class of Poverty Measures〔J〕. Econometrica, 1980, 48 (2): 437 – 446.

〔10〕 Harry. Foresting Structural Time Series Models and the Kalman Filter〔M〕. New York: Cambridge University Press, 1999.

〔11〕 Hamilton. Time Series Analysis〔M〕. New Jersey: Princeton University Press, 1994.

〔12〕 高铁梅. 计量经济分析方法与建模: EVIEWS 应用及实例〔M〕. 北京: 清华大学出版社, 2006.

第三部分

扶贫机制与扶贫制度

"FRP"研究框架与扶贫
开发机制重构

摘要：机制这个经济学的"舶来词"受到很多专家和学者的青睐。目前，研究经济领域的机制问题成为了一种普遍现象。但是，对机制一词的使用并不都十分规范，对机制问题的研究也缺乏系统的体系，基本上处于各抒己见的状态。基于此，笔者梳理了对机制问题的相关研究，对机制的概念和内涵进行了重新阐述和说明，进一步提出了"FRP"机制研究框架，以期能够在机制问题研究上有所突破。最后，以我国扶贫开发机制为研究对象，对我国扶贫开发机制进行了重构，并深入分析了扶贫开发机制的体系构成及其内部关联性。

关键词：机制　"FRP"研究框架　扶贫开发

一、文 献 回 顾

国外对扶贫开发机制的研究并未形成一个独立的研究体系，这主要是源于扶贫开发及相关内容很多是在国外研究的基础上我国根据本国国情和反贫困历程中不断积累的经验建立和发展起来的，而国外学者普遍使用另外一个更加宽泛的概念"反贫困"（anti-poverty），因此国外学者的研究往往仅是从某一个点或某一个方面涉及了扶贫开发机制的相关内容。费尔南多（Fernando，2011）等对智利的反贫困计划进行了为期三年的评估，提出了一个方案的说明，在这个方案中强调调查对象的瞄准机制，并讨论其有效性，研究结果表明该方案确实发挥了积极的作用，但是由于缺乏基础数据的支撑，还专门建立了一个数据库用以克服研究的不足[1]。阿克特尔·艾哈迈德（Akhter Ahmed，2011）和艾格尼丝·基松宾（Agnes Quisumbing，2011）以农业技术措施变迁为背景，研究了孟加拉国的食品及现金激励方案，对目标瞄准机制表现及性能进行了评价，在分析不同反贫困措施相似和差异的基础上，提出应优先考虑穷人，并且强调应关注性别问题，注重可持续发展[2]。

国内关于扶贫开发机制的研究始于1994年《八七扶贫攻坚计划》实施以后，而研究的高峰期则出现在新千年之后，研究的内容大体包括三个方面的内容：一是对我国扶贫开发机制整体进行研究，多是分析我国扶贫开发机制的现状、存在的问题及成因，从而在此基础上对扶贫开发机制有所创新，如樊彩英（2006）[3]、吴洪彪（2007）[4]、冯孔茂（2007）[5]等；二是研究我国扶贫开发机制某一方面的内容或者某种扶贫模式的内部运行机制，如扶贫资金投入机制、整村推进扶贫开发机制等，如吕书奇（2004）[6]、乔万金（2007）[7]等；三是以某省市地方为研究对象，或整体或部分地对扶贫开发机制展开研究，如袁天鹏（2007）[8]、刘国勇（2009）[9]、雨松（2011）[10]。

纵观国内外研究，笔者发现国内外学者对扶贫开发机制问题的研究并未形成统一的共识，对扶贫开发机制的内涵及所涉及的内容还相对模糊。正是出于这方面的考虑，笔者在大量学者研究成果的基础上，试图抽象和概括出我国扶贫开发机制的研究框架，明确扶贫开发机制内涵，为以后相关研究提供借鉴。

二、"FRP" 机制研究框架

（一）机制

机制一词来源于希腊文，意指机器制动的原理及机器内部各机件互为因果或相互作用的关系，并通过机器的运转实现一定的功能。《辞海》（夏征农，1989）的定义是："机制原指机器的构造和动作原理，生物学和医学通过类比借用此词。生物学和医学在研究一种生物的功能（例如光合作用或肌肉收缩）时，常说分析它的机制，这就是说要了解它的内在工作方式，包括有关生物结构组成部分的相互关系，以及其间发生的各种变化过程的物理、化学性质和相互关系。阐明一种生物功能的机制，意味着对它的认识从现象描述进到本质说明。"机制引申到经济学领域，泛指一个工作系统的组织或部分之间相互作用的过程和方式，如市场机制、竞争机制。刘俊浩（2006）从因果观的角度，将上述含义加以引申，认为机制就是指两个事物间的可能存在的因果关系。这种因果关系是"经常发生的、易于辨识的因果关系"（Elster，1998）。例如，价格机制揭示的就是价格变动与经济主体行为（生产和消费）之间的可能因果关系。不同于自然科学研究中的"拉普拉斯决定论"，这种因果关系不是一种机械决定论的、必然的因果关系。

综上所述，笔者认为机制研究的是某种关系以及这种关系所带来的某种状态或者表象，这种关系往往既包含互动关系又包含约束关系，这些关系的总和将最终决定所研究事物的状态和表象。

（二）"FRP"机制研究框架的提出

从上述有关机制的研究中，笔者发现不论是机制本身的含义还是后来的引申义，不管是从机械学、医学、生物学还是经济学角度对机制下的定义，虽然研究内容和侧重点不同，但一般机制研究中都会涉及以下几个方面，笔者将它归纳总结出来，称为机制研究的"FRP"框架。

F－Factors，指机制的构成要素、组成部分、基本结构或者组织等，它往往是机制中实际参与者或者功能的体现者，如机器的部件、生物体承担不同功能的部分等。在经济学范畴中，它应该泛指经济社会事务中某个机制运行中的实际参与成分或者不同功能部分。

R－Relationship，指机制中各成分或者组织间的相互关系。这种关系的产生可能是某种机械设置的效果，如机器各部件间的相互协作；也可能是由于某种化学反应，如光合作用；还可能是某种制度安排的结果，如竞争机制等。

P－Performance，则是指机制最终的运行效果，是一种外在表象。比如，机械可能表现为运转情况或者产品的生产情况；光合作用就表现为吸入二氧化碳呼出氧气；市场机制就可能表现为企业的优胜劣汰等。

三者构成了机制研究的整体框架。从短期来看，参与成分（F－Factors）的存在体现为它们间的相互关系或者相互作用（R－Relationship），而这种关系就会决定机制运行的表现（P－Performance）。但是，从长期来看，三者应该是相互影响的。比如，不同的制度安排（R－Relationship）可能就会有不同的参与者（F－Factors），产生不同的表现（P－Performance）；同样，机制运行的表现（P－Performance）同样可能会使参与成分（F－Factors）改变，进而引起相互间关系的改变（P－Performance）。还需要说明的是，机制是可分的，也就是说，一个机制中可以有多个"FRP"，而每一个这样的"FRP"又可以看成是一个更大的参与成分（F - Factors），它们之间又会有不同的相互关系或者作用（R - Relationship），最终会形成整体的表现（P - Performance）。比如说，一个纵向的完整的扶贫工作流程中含有"FRP"，而在中央、自治区、县、乡等横向的工作体系中同样存在各自的"FRP"，其中后者是前者职能分化的结果。

三、扶贫开发机制的重构

（一）扶贫开发机制

基于扶贫开发的概念和"FRP"机制研究框架，本文将扶贫开发机制概念定义为：扶贫开发机制存在于扶贫开发的整个过程中，是扶贫开发的实际体现者和作用者。扶贫开发机制大体包括四个主要部分，一是扶贫开发的相关投入主体；二是扶贫开发的目标群体；三是由投入主体向目标群体转移资源和承接资源的部分；四是对整个扶贫开发过程起监督约束作用的部分。扶贫开发机制实际上是研究的这四个主要部分各自在扶贫开发过程中的定位及功能，以及它们之间相互作用、相互联系、相互制约的关系及方式，同时还包括指导、调节、推动扶贫开发机制有效运行而伴生的一系列制度设置、调控手段、管理办法和政策措施等。

（二）扶贫开发机制的重构及其内部关联性

根据"FRP"机制研究框架的相关内容，结合我国贫困地区扶贫开发的实际情况，从逻辑和功能上我国扶贫开发机制应包括启动系、导向系、动力系和约束系四个组织结构或者称为子系统。

1. 启动系

启动系是指由扶贫开发的主要发起者、援助主体、参与者组成的，一般包括政府、社会成员、国际组织和农户四个最主要的启动主体。其中，政府是扶贫开发最主要的发起者和投入者；社会扶贫则越发重要，尤其是针对欠发达地区所采取的对口支援、东西扶贫协作很多都是由社会成员（如企业）承担，但是社会扶贫中救济式或者叫做输血式扶贫的比重仍然非常高，这种扶贫方式的效果是暂时的、有限的，无法使贫困地区具备再生能力，无法从根本上帮助贫困地区摆脱贫困；国际组织参与扶贫开发无论是从规模还是从数量上都相对较小，而国际援助对整个中国而言，更多的是带来了很多扶贫开发方面宝贵的经验，我们可以在此基础上归纳和总结出很多对我国扶贫开发来说行之有效的方法和手段，但是想依靠国际援助摆脱贫困不太现实；农户特指被扶持户，则是扶贫开发的目标对象，同时又是扶贫开发成果的最终体现者。

启动系中政府在扶贫开发中的作用和功能比较特殊，它既是扶贫开发最主要的参与者和投入者又是扶贫开发规划和扶贫开发目标等的制定者和协调者。就整个中国的扶贫现状而言，政府仍然是扶贫主体，扶贫战略和扶贫目标都由政府来制定，相配套的制度环境和政策措施也都由政府来提供，同时政府还要负责协调、组织、管理社会扶贫和国际扶贫工作。可见，在中国扶贫开发中政府扮演着多重角色，它是参与者、管理者、协调者、决策者等多重身份的合身。政府在扶贫开发中作用和职能的发挥情况直接关系到扶贫开发机制的运行状况，进而影响扶贫效果。所以，政府的作用和职能在扶贫开发机制中贯穿始终，本文也主要是研究以政府为核心的扶贫开发机制的相关问题。

2. 导向系

导向系，又可称为瞄准机制或者甄别机制，它是扶贫开发又一个重要的子系统或次机制，主要功能是通过设定某一客观标准将扶贫开发的重点区域和扶贫目标群体甄别出来，为扶贫资源的流向和分配服务。甄别标准往往是经济收入指标或者贫困线，而甄别的内容可以是单个的贫困人口，也可以是贫困户或者贫困人口聚居的贫困地区，比如贫困县、贫困乡等。为了进一步明晰研究内容，笔者将导向系所涉及的研究内容分为对贫困地区的瞄准和对贫困人口的甄别两个层次。其中，对贫困人口的甄别是导向系的最核心功能，贫困人口是扶贫开发机制作用的实际对象，他们应该是扶贫项目的帮扶对象和主要参与者，也应该是扶贫开发成果的主要享受者和得益者。一旦目标群体瞄准失准，就意味着与扶贫目的发生了偏差，甚至会导致扶贫开发机制彻底失效，最终造成扶贫开发规划和战略失败。从贫困成因上进一步分析，贫困人口又可细分成因缺少资源、技术或者具有贫困文化，身体上没有问题而陷入贫困的；再就是因为身体残疾、重大疾病等原因不具备自理能力而陷入贫困的。扶贫开发的对象主要是针对贫困人口中的第一种，也可以把他们叫做"可扶之人"，而第二种贫困人口国家有其他的具体措施进行救济，如农村低保等。不得不提的是，导向系职能完成很大程度上又是一种政府行为。虽然世界银行等组织对各国贫困状况会进行监测，但就我国而言，贫困人口主要是通过中央和各级政府专门的职能部门（如扶贫办、农调队等）确定贫困标准，然后瞄准和甄别出来的。所以，导向系的有效性又可以归结为中央和地方政府职能部门的效率和功能等问题。

3. 动力系

动力系是整个扶贫开发机制最核心的部分，是扶贫开发机制实际的功能部分。它包含四个方面的内容，一是扶贫开发的各种扶贫资源，分为外来资源和固有资源两部分，简称动力源；二是扶贫资源的传递方式，尤其是外来资源的传递过程和传递方式；三是扶贫资源的投向，即扶贫资源在不同扶贫项目间分配等方面的问题；四是扶贫效果，就是指扶贫资源投入后所产生的直接扶贫效果。下面简单介绍这四部分各自所涉及的内容。

扶贫资源的概念相对宽泛，本文认为一切可供扶贫开发使用的都可称为扶贫资源。从来源角度，大体可以分为两类：一类是外来投入资源；另一类是本地固有资源。外来投入资源多是指资金、技术、人员、信息等，还包括与之相对应的扶贫政策和制度安排等；本地固有资源除包括本地扶贫资金等投入外，还应包括当地的生态环境和自然资源，比如特色林果、矿产资源、自然风光等。就外来资源来说，很大程度上取决于启动主体的投入程度和支持力度，这又与国家相关政策的制定和重视程度有关。而扶贫资源的数量、性质和质量直接影响了扶贫措施的选择以及可扶持对象的规模和力度。

扶贫资源明确后，下面就是要选择适当的传递方式。扶贫资源的传递过程介于扶贫资源筹集和扶贫资源投入之间，起到了连接和纽带的作用。其主要职能是将启动主体提供的资金、技术、信息等扶贫资源准确、有效地传递给接受环节，这里同样主要指对扶贫资金的传递。在整个扶贫开发机制的运行过程中，传递方式的选择和表现将会对最终的扶贫成果产生很大影响。就目前而言，传统的传递方式都是有某些国家职能部门和国有银行等负责，主要有三种形式：一是财政部负责的转移支付；二是发改委负责的以工代赈；三是中国农业银行负责的小额贴息贷款。

　　动力系的下一个环节就是扶贫资源的具体投向，它决定的是扶贫资源到底以何种方式发挥作用的问题，是对扶贫资源的承接和使用。首先，我们必须清楚这样一个问题，扶贫开发同简单的救助式扶贫不同，扶贫资源并不是直接发放到贫困人口手中，而是通过选择具体的扶贫项目接受扶贫资源，从而最大程度的放大扶贫资源的功效，然后将产生的效益扩散到目标群体中。扶贫投向就是解决扶贫资源投入到何种扶贫项目中的问题，内容涉及到扶贫资源的分配和使用方面。作为扶贫开发最主要的投入形式，扶贫项目介于传递环节和目标群体之间，是传递方式的继续和延伸，是整个扶贫开发机制的终端。同时，扶贫项目并不是单纯的承接扶贫资源，而是通过具体的生产活动消化、吸收和转换传递的扶贫资源，并将产生的效益扩散到目标群体中。在这个过程中，目标群体并不是效益的被动接受者，其应该积极地参与其中，并在这个过程中努力整合和消化相关资源，最终将其转化为自身收入水平的提高和自我发展能力的增强。如前所述，动力系是整个扶贫开发机制的核心系统，而扶贫项目则是动力系的核心内容。扶贫资源的提供和有效传递都是为扶贫投向服务的，扶贫投向的正确选择和有效运转决定了扶贫开发的成败。

　　动力系的最后一个环节是对扶贫资源投入效果的体现，这里的扶贫效果并不是指通常所说的收入增长、贫困发生率下降等间接效果，而是指扶贫资源投入后的直接效果，比如扶持了多少种植业、修建了多少道路等。通过对扶贫效果的评价，可以在一定程度上反映扶贫投入和产出的效率问题。

4. 约束系

　　扶贫开发机制的有效运行还必须在一定的约束下才能够实现，这就形成了扶贫开发机制的约束系。约束系的主要功能是对整个扶贫开发过程进行监督，对其中的不规范行为进行纠偏，对最后的扶贫效果进行评价，并将这些信息反馈给政府相关决策部门，供其作为下一步扶贫规划和制定相关扶贫政策的依据。同时，约束系通过对扶贫效果的考察，间接的评价了政府决策部门的效率。相比其他扶贫开发机制的功能部分来说，约束系应该相对独立，并对整个的扶贫开发机制进行监督和评价。但是，现实中却存在执行主体和监督主体身份重叠的问题，势必影响效率。一般来说，约束系主要包括三个方面：监测、监督、规章规范。这三个方面分别将政府职能部门、社会组织、法律的力量引入到扶贫开发过程中，确保扶贫开发机制的有效运行。每年国家统计局都会委托相关出版社公开发行《中国农村贫困监测报告》《贫困监测报告》等，这种监测不仅仅让我们可以了解到各地贫困的变动情况，更重要的是为我们对扶贫资源的有效使用指明了方向。实际上，我国从 2001 年起对贫困地区情况开始实施动态监测。基于动态监测，理论上应该当发现某一个贫困县的发展水平已经突破了贫困县的标准，就应该适时地将投入到这个"贫困县"的资源用到真正需要的其他地方。也就是说，在动态监测的约束下，扶贫资源的配置变得更加有效，更加合理。监督，除政府相关部门要恪尽职守外，我们还可以引入社会力量对扶贫开发的资金使用、扶贫开发的效果等方面进行评价和监督，尤其是要利用好现代媒体（如电脑网络）的力量。同时，还应加强相关扶贫政策的宣传力度，增强扶贫开发过程的透明度和公众的参与程度，让扶贫开发接受全社会的检验。此外，任何一项政策的实施如果没有法律规章作为保障，将如无源之水、无本之木，无法长久。所以，我们应该极力推进扶贫开发的法制化、制度化，这不仅是对扶贫开发强有力的保障，同时也是对扶贫开发最有力的约束。以监测、监督和规则规范构成的立体约束体系，将为扶贫开发的有效运行保驾护航。

5. 各子系统间的内部关联性及其运行机制

扶贫开发机制各子系统并不是相互孤立的，而是彼此相互联系、相互作用、相互制约的，共同形成了各司其职的扶贫开发运行机制。简言之，启动系形成了整个扶贫机制的基本框架，主要肩负决策职能，同时它还是动力系的动力来源，导向系功能的发挥也主要靠启动系中政府来实现，约束系也需要政府和农户等启动主体的参与；导向系和动力系关系密切，动力效果的好坏很大程度上取决于导向系功能发挥的好坏，导向系在很大程度上是为动力系服务的，目的是使动力系发挥有的放矢；动力系除负责扶贫资源的组织、传递和投入外，由此产生的扶贫效果不单是动力系的功绩，而应看作是各子系统相互作用的结果，动力效果受其他子系统表现的制约；约束系则贯彻整个机制系统，既要监督、规范启动主体行为，又要对导向系的准确性、动力系的运行状况进行评价和监督，也就是说，约束系对整个机制系统起到监督、评价、纠偏、信息反馈等重要职能，与各子系统关系十分密切（各系统关系见图 1）。

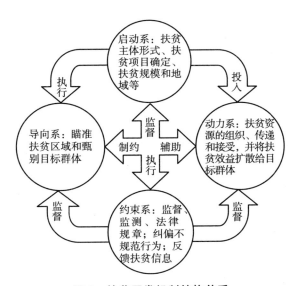

图1　扶贫开发机制结构关系

参 考 文 献

［1］Fernando，Andrés & Osvaldo. Evaluating the Chile Solidario program：results using the Chile Solidario panel and the administrative databases［J］. Estudios de Economia，2011（1）：129 – 168.

［2］Akhter Ahmed，Mubina Khondkar & Agnes Quisumbing. Understanding the context of institutions and policy processes for selected anti – poverty interventions in Bangladesh［J］. Journal of Development Effectiveness，2011（2）：175 – 192.

［3］樊彩英. 关于创新扶贫开发机制的几点思考［J］. 山西农经，2006（2）：36 – 37.

［4］吴洪彪. 创新八项帮扶机制提高扶贫开发成效［J］. 江苏农村经济，2007（6）：7 – 9.

［5］冯孔茂. 努力创新扶贫开发机制［J］. 老区建设，2007（11）：13 – 14.

［6］吕书奇. 对进一步完善扶贫开发机制的思考［J］. 农村财政与财务，2004（3）：30 – 32.

［7］乔万金. 刍议扶贫开发机制的有效运行［J］. 农业科技与信息，2007（12）：62 – 64.

［8］袁天鹏. 扶贫开发的信息传导机制研究——以贵州农经网运营实践为个案［J］. 理论与当代，2007（4）：17 – 20.

［9］刘国勇. 新阶段新疆整村推进扶贫开发面临的形势与机制创新［J］. 新疆财经，2009（4）：21 – 24.

［10］雨松. 着力构建江苏农村扶贫开发长效机制［J］. 江苏政协，2011（1）：23 – 26.

少数民族贫困地区扶贫制度
变迁的特殊性与优化

摘要： 我国扶贫开发体系的形成与发展并不是随机的，而是涵盖了很强的制度因素，尤其是少数民族地区。正是由于制度因素的干预，才最终形成了扶贫体系内部错综复杂的权责分工和相互关系。从制度角度审视，发现制度的路径依赖很好地解释了现行扶贫体系形成的原因，而形成的以政府为核心的扶贫体系中委托代理制度成为最核心、也是最普遍的一种制度形式，随之产生的政府失效问题则成为该体系中最大顽疾。对于少数民族贫困地区而言，相比于其他贫困地区过多的强制性制度变迁造成的地方不适应成为其所要面临的特殊制度困境，同时少数民族贫困地区还要应对正式制度与非正式制度之间的摩擦，因此，对于少数民族贫困地区而言必须要打破制度性的"贫困枷锁"，选择更加灵活和有效的制度设置方式。

关键词：制度 扶贫开发 少数民族 贫困农户

一、扶贫开发体系形成与制度路径依赖

从整个扶贫制度的变迁过程来看，在不同的发展阶段有不同的关注焦点。救济式扶贫阶段是政府唱独角戏；开发式扶贫阶段中企

业等非政府组织以及市场功能得到重视；参与式扶贫阶段和多元化扶贫阶段中借鉴国际经验和调动农户参与积极性则成为了重点。[1]但是，从总体来看我国一直都是沿用以政府力量为核心的扶贫体系，几乎所有的扶贫行为都与政府有关。从制度角度解释，既存在制度变迁又存在制度的路径依赖，而且往往制度的变迁是以制度依赖为前提的。

所谓制度依赖就是指初始的制度选择会强化现存制度的刺激和惯性，沿着原有制度变迁的路径和既定方向前进。[2]新中国成立初期采取的是计划经济体制，农村实施人民公社制度。在人民公社制度下，产权是一种共有产权形式，农民在名义上是集体经济的主人。因此，一旦农民生存出现问题，理所当然的应由政府提供帮助和救济。这就是我国以政府为核心的扶贫体系产生的制度根源，以后的制度变迁都是在此基础上演变的。

对于少数民族贫困地区而言，由于其在地理位置、生态环境、人口结构、宗教信仰、经济基础等方面与其他贫困地区有所不同，造成少数民族贫困地区在扶贫制度变迁方面就与其他地区有所差异。这种差异主要表现在扶贫制度变迁的速度、程度，以及政府地位等方面。几乎所有少数民族贫困地区农村的制度变迁在家庭联产承包责任制以后停滞，一些必要的制度设置，如财产制度、市场交易制度缺失。还有，与其他贫困地区逐步让位于社会扶贫力量不同，少数民族贫困地区政府的控制力进一步提高，很多少数民族贫困农民要按照当地政府要求的品种、数量生产农产品，并由政府负责销售，计划经济色彩浓厚。可见，计划经济制度残余伴随现行制度的不断强化直接影响到新制度的安排能力，原有制度迟迟不能退出舞台，制度创新又裹足不前，新旧制度产生了强烈的制度摩擦，最终损害了扶贫效率。因此，在原有制度不断强化和少数民族贫困地区特殊性的双重作用下，扶贫制度变迁缓慢，制度的路径依赖非常明显，政府的力量在这个过程中不断加强，有别于其他贫困地区的制度变迁过程。

二、委托代理制度与政府失效

在形成的以政府为核心的我国扶贫开发体系中委托代理制度是其中存在的最为重要的一种制度形式，由此在不同的扶贫主体之间存在显著的委托代理关系。这种委托代理关系既存在于横向的不同扶贫部门之间，如发改委、农业部、财政部之间，又存在于纵向的扶贫体系之中，如中央、省、贫困县、贫困村之间。介于我国扶贫开发的政府特性，系统中的委托代理关系具有两个主要特征：一是存在多个委托人，且委托人都具有一定的决策权和监督权；二是委托人和代理人身份重叠，出现了既是政策制定者同时又是政策实施者的情况。

从公共选择学派的利益集团理论考虑我国扶贫开发体系中存在的委托代理关系，我们认为每个扶贫主体也都符合"经济人理性"假设，都有在既定框架下追求自身利益最大化的倾向。不同的扶贫主体以及各自内部的不同机构构成了不同的利益集团，利益集团间具备博弈的动机。无行为主体的公共利益是不存在的。委托代理关系和利益集团的存在势必会对扶贫开发进程产生影响。如果委托代理关系没有得到妥善的处理、利益集团的利益诉求没有得到适当的满足，将会对扶贫开发工作带来最少三方面的不利影响：一是扶贫资金的漏出；二是存在协商成本；三是监控失效。如果这三个方面的不利影响发挥到一定程度将最终导致政府扶贫职能失效。下面笔者以无偿使用的财政扶贫资金来说明这个问题。

在中央一级，财政扶贫资金的使用存在财政部、发改委等多个委托人，每个委托人又都具备一定的决策权，不同部门间利益取向的不同将最终导致决策矛盾，而且这种摩擦将通过行政级别传递给委托人的代理人，也就是各委托人的下级部门，摩擦的存在和解决都将意味着扶贫效率的降低。此外，政府部门在制定决策的同时还要履行扶贫资金的传递职责，既是委托人又是代理人，这就导致对代理人表现的评估变成了自我评价。在存在自身利益诉求的情况下，这种监督形式很难有效。可见，纵向一体化的委托代理关系使得监督变成了一种内部事务，而各部门出于自身利益和职能的考虑往往对监督采取消极态度，这无形中就加大了监督成本，严重时将最终导致监控失效。

在少数民族贫困地区政府一级，财政扶贫资金由上级主管部门传递到下级相关部门（如省级扶贫办、省级发改委等），由这些部门共同协商使用。首先，从代理人激励角度来看，作为代理人的下级部门行政职责并不仅限于扶贫开发，其存在多项职能的激励约束，尤其是将扶贫资金投入到见效快、收益高的领域比投入到贫困地区或者贫困农户中更能激发地方施政者的积极性，很容易出现扶贫资金被挪用和漏出现象；其次，除中央政府确定的专项任务以外，各部门对扶贫资金都具有相当的控制力，它们都会从本部门的利益出发去安排扶贫资金的使用，统一协商实际上变成了多方利益妥协的产物，这种内耗势必会影响扶贫效率，而且下级代理人同样可以通过纵向关系向上传递，影响决策者的政策制定，由部门间利益冲突造成的效率损失将会直接表现出来；最后，负责监督的部门同样也是政府部门，与扶贫部门没有行政隶属关系，也不存在上下级关系，有些扶贫相关部门的职责权限甚至会对监督部门有所节制，比如财政部门掌握着对监督部门的工作经费划拨，正是由于监督部门和扶贫资金的使用部门存在这样或者那样的关系，监督的效果势必会大打折扣，监督也变成了部门间妥协的产物。

此外，少数民族贫困地区的扶贫工作除了需要应对委托代理关系带来的一般问题以外，还将面临更加严峻的现实问题。第一，由于少数民族贫困地区的特殊性，具有明显政治意图的扶贫项目在这些地区就会非常普遍，往往都是由中央政府直接制订扶贫计划和扶贫目标，而贫困地区对扶贫资金等扶贫资源的直接控制力则相对较低，这就会造成地方政府扶贫积极性不高、参与程度不够等问题，还会出现由于中央对地方不够了解，因此制订的扶贫计划与现实情况不适应等情况；第二，少数民族贫困地区由于其特殊地位，争取来了比其他贫困地区更优惠的扶贫政策和更多的扶贫资金，但是由于自身监督机制不完善，缺乏纠偏和调控，使监督信息既不能上传也不能下达，造成扶贫开发机制运行中各系统脱节，扶贫资金的漏出和被挪用现象出现的概率就会远高于其他地区，严重影响了扶贫效率。所有这些问题我们仅是从部门角度去分析，还没有考虑个人因素的影响。如果考虑个人理性，则由委托代理关系所造成的政府扶贫失效的问题将更加复杂。正是由于以政府为核心的扶贫体系存在这么多的问题，非政府组织和国际扶贫机构的作用才更加引起我们的重视，尤其是在弥补扶贫效率损失方面的贡献。

三、强制性制度变迁与少数民族贫困地区适用性

在少数民族贫困地区调研过程中了解到这样两种情况：一种情况是很多靠放牧为生的少数民族不愿意住进政府给提供的安居房里；另一种情况是每年 10 元钱的农村社保，很多人不愿意缴纳，他们的回答是："我给你 10 元钱，你给我什么啊？"从这两种出现的情况来看，某些制度的设置和政策的实施在少数民族贫困地区开展困难。这就有一个疑问，为什么制度是好的、政策是好的，但在

少数民族贫困地区却经常会遇到这样或者那样的阻力？为什么其他地区，尤其是发达的东部省份这种情况很少出现？从制度角度分析，少数民族贫困地区的扶贫制度变迁多是强制性变迁，而东部省份则把强制性变迁和诱致性变迁很好地结合，其中强制性变迁很容易造成制度设置在地方不适用的情况，从而招致矛盾产生。制度的诱致性变迁和强制性变迁顾名思义，由自然演进产生的制度变迁为诱致性变迁，而属于设计演进的则是强制性变迁，只有当两者较好的结合时，才能有效地降低交易成本，家庭联产承包责任制的产生和实施就是一个很好的例子。[3]

　　计划经济时期在僵化的体制下少数民族贫困地区与其他地区在制度安排上没有什么区别。改革开放后，随着一系列政策的出台和新制度的建立，地方政府都有寻求潜在制度收益的动机。东部省份凭借其较好的经济基础和地理位置，率先取得先机，很多诱致性变迁在得到中央政府的认可后转化为强制性变迁。东部正是利用先期建立的制度优势，取得了率先发展的机会。时至今日，少数民族贫困地区若想通过相同的方式崛起必须依靠制度的不断创新，从而抓住新制度建立所带来的契机。[4]但是，这种制度的创新和变迁在少数民族贫困地区多表现为强制性的制度变迁，并没有经过从诱致性到强制性转变的过程，造成很多制度在少数民族贫困地区难以展开。

　　强制性制度变迁的危害不仅在于其造成现实经济效率的损失，并且还在于其对诱致性制度变迁的抑制。由于制度与意识形态之间的相互作用，强制性制度变迁势必将产生挤出效应，通过对意识形态的抑制进而抑制诱致性制度变迁的发生。尤其值得注意的是，强制性制度变迁在长期滞后于意识形态的情况下，会抑制意识形态向降低交易成本方向改善，甚至二者之间陷入相互抑制的恶性循环。[5]从少数民族贫困地区实际情况看，这些地区基层组织落后，乡村扶贫专员等执行人员素质不高,对政策的领悟能力偏低,组织实施不力;村民的学习能力又低,自我发展能力非常欠缺,觉悟和意识严重落后,制度很难得到目标对象的认可;自上而下的制度传承环节多,信息不畅、程序复杂,各级处于自身利益考虑还存在制度的逆向选择。因此,诱致性的制度变迁在少数民族贫困地区很难发生,从而制度安排多来源于上级意识,形式上多是东部制度的简单嫁接和转移,而非本地农民在生产实践中自发创造。但是,这种被动的制度安排很难适用于少数民族贫困地区的所有情况。由于机械地照搬硬套所带来的地方不适应现象非常普遍,制度供给与制度需求的偏差最终导致制度效力的渗漏多、时滞长、效力低。可见,少数民族贫困地区扶贫开发制度变迁主要是强制性变迁,缺乏一种激励性制度安排,缺乏一种强制性和诱致性相结合的区域制度体系。

总之,改革开放以来中央对地方采取了一系列放权让利的举措,各省在行动和意识上得到了相当的独立。相比于其他贫困地区,少数民族贫困地区同样肩负起了执行者的职责,但更多的意识来源于中央决策层。从这个层面上,少数民族贫困地区与中央的沟通就变得尤为重要。

四、政府正式制度与少数民族非正式制度摩擦

笔者在实际调研过程中还发现这样一类现象,很多贫困农户,尤其是少数民族贫困农户将获得的种子、牲畜、农具等援助品换成烟酒等物品,还有一些贫困农户宁愿去找个地方晒太阳也不愿意参加村里组织的生产活动。从表面上看,这类现象的出现是由于少数民族贫困农户生产积极性不高,贪图享受的结果。实际上是落后的

意识酝酿形成了贫困文化，使得相对先进的制度在基层受到了抵制。进一步讲，往往表现为政府的正式制度与少数民族贫困地区存在的非正式制度之间的摩擦。

根据林毅夫的阐述，正式制度是指在这种制度安排中规则的变动或修改，需要得到其行为受这一制度安排管束的一群（个）人的准许；非正规制度是指在这种制度安排中规则的变动和修改纯粹由个人完成，它用不着也不可能由群体行动完成。[6]正式制度总是与国家权力或某个组织相连，是指这样一些行为规范，它们以某种明确的形式被确定下来，并且由行为人所在的组织进行监督和用强制力保证实施，如各种成文的法律、法规、政策、规章、契约等。非正式制度是指对人的行为不成文的限制，是与法律等正式制度相对的概念，包括价值信念、伦理规范、道德观念、风俗习惯和意识形态等。[7]

少数民族贫困地区由于其特殊的历史文化背景，贫困人口中有宗教信仰的占绝大多数，价值信念、风俗习惯、意识形态的不同势必会造成非正式制度不同于其他地区。而正式制度实际上是政府意志的传递，只有当两者高度融合时正式制度才能达到它的既定目标。[8]虽然政府与各种民间机构投入了大量的扶贫资金，但是收效甚微，正是由于在对贫困人口本身缺乏认识的情况下，无意识中盲目实施各种文化同化的结果。经过几年的发展，少数民族贫困地区基本上摆脱了正式制度缺失的问题，但是正式制度与非正式制度摩擦的现象时有发生。这就要求正式制度制定者要走到群众中去，正式制度的执行者要清晰、准确、及时地将非正式制度的情况传递上去，应该摆脱过去一味地恩赐式行为，将文化的分歧与社会经济制度的不同融入到他们的政策制定当中。贫困文化的解决需要正式制度的制约和非正式制度的变迁，问题在于我们应该改变原先正式制度的制定策略，在结合地方具体情况的基础上由硬性、强制转为旁敲侧引、循序诱导，由贫困农户自己逐渐意识到什么是好、什么是坏，逐步让人们接受新的人生观和价值观，实现非正式制度的变迁。虽然，这种方式不会立即见效，需要一个思想转变的过程，但是却减少了正式制度与非正式制度的摩擦，提高了扶贫效率，最关键的是从根本上杜绝了这类现象的存在。这些都需要正式制度的制定者和执行者有清晰的头脑和长远的眼光。

五、结　论

我国扶贫开发体系的形成与发展并不是随机的，而是涵盖了很强的制度因素，尤其是少数民族地区。正是由于制度因素的干预，才最终形成了扶贫体系内部错综复杂的权责分工和相互关系。从制度角度审视，发现制度的路径依赖很好地解释了现行扶贫体系形成的原因，而形成的以政府为核心的扶贫体系中委托代理制度成为最核心、也是最普遍的一种制度形式，随之产生的委托代理关系所带来的政府失效问题则成为该体系中的最大顽疾。对于少数民族贫困地区而言，相比于其他贫困地区过多的强制性制度变迁造成的地方不适应成为其所要面临的特殊制度困境，同时少数民族贫困地区还要应对正式制度与非正式制度之间的摩擦，因此，笔者认为对于少数民族贫困地区而言必须要打破制度性的"贫困枷锁"，加快少数民族贫困地区扶贫开发制度的变迁速度；明确各级政府职责，尽可能实现"权责利"统一，强化基层政府组织，提高基层工作人员素质；探寻少数民族贫困地区扶贫制度创新之路，选择更加灵活和有效的制度设置方式，增强制度诱致性变迁与强制性变迁的结合，引导与鼓励诱致性制度变迁，削弱地方不适应性；加强部门与部门之间、部门与少数民族贫困农户之间、上级部门与下级部门之间、部门与少数民族贫困农户之间的沟通，建立"上传下达"的渠道和机制，通过政府自身转变和全面提高少数民族贫困农户的认识水平来降低正式制度与非正式制度的摩擦。

参 考 文 献

［1］张巍．中国农村反贫困制度变迁研究［M］．北京：中国政法大学出版社，2008.

［2］史漫飞，柯武刚．制度经济学［M］．北京：商务印书馆，2000.

［3］诺思．制度、制度变迁与经济绩效［M］．上海：三联书店，1994：179－192.

［4］金雪军，章华．制度兼容与经济绩效［J］．经济学家，2001（3）：99－104.

［5］林毅夫．关于制度变迁的经济学理论：诱致性变迁与强制性变迁［A］．见陈昕主编．财产权利与制度变迁——产权学派与新制度学派译文集［C］．上海：三联书店，2002.

［6］崔万田，周晔馨．正式制度与非正式制度的关系探析［J］．教学与研究，2006（8）：42－47.

［7］马智胜，马勇．试论正式制度和非正式制度的关系［J］．江西社会科学，2004（7）：121－123.

［8］张华初，李永杰．正式制度与经济发展［J］．南方经济，2004（4）：27－29.

第四部分

扶贫影响因素研究

新疆贫困地区农户参与扶贫
活动的影响因素分析
——基于 3 000 农户问卷调查的实证分析

摘要：本文利用新疆 30 个扶贫重点县的 3 000 农户的调查数据，对影响农户参与扶贫活动的因素进行了计量经济分析。分析结果表明：从农户所在社区情况、农户基本特征和具备的能力来看，总体反映出社区情况越恶劣、农户各方面条件和能力越差，越有可能参与扶贫活动的规律，从而验证了扶贫开发所具有的"趋害疏利"的特性；从农户的参与意愿来看，农户对扶贫活动或扶贫项目的了解程度显著影响其参与活动，同时还体现出农户参与愿望与扶贫资源相对有限的矛盾，这也是扶贫开发过程中存在的很多问题的根本原因所在。

关键词：扶贫开发　农户　扶贫项目　影响因素　新疆

一、引　　言

贫困是一个全球性问题，再富有的国家或者地区也需要应对这一难题。新疆作为一个多民族、多宗教、多文化、多语言共存的特殊地区，扎实应对和稳步解决新疆贫困问题，直接关系到基本消除绝对贫困现象目标的实现，关系到稳疆兴疆、富民固边战略的实施，关系到改革发展稳定大局，关系到跨越式发展和长治久安。[1]新疆贫困地区包括有 27 个国家级扶贫开发重点县和 3 个自治区扶贫开发工作重点县。同时，自治区还设立了 276 个扶贫开发重点乡和 3 606 个扶贫开发重点村。在地域上看，新疆的贫困问题尤以南疆三地州、北疆高寒牧区和边境地区贫困问题最为严重。仅南疆三地州（和田、喀什、克孜勒苏州）的特困人口就占全区的 85.15%。贫困问题俨然成为新疆经济社会发展面临的重大问题之一，是推进跨越式发展、实现全面建设小康社会的巨大障碍。1994 年《八七扶贫攻坚计划》实施以来，新疆为了应对贫困，积极加大工作力度，改善贫困乡村的生产生活条件，开发主导产业和特色产业，培训转移劳动力，强力推进产业化扶贫，到 2009 年底，全区累计稳定解决了 257 万贫困人口温饱问题，其中 30 个扶贫重点县累积人数达 175 万人，贫困程度得到极大的缓解。[2]取得这样的成就，离不开国家政策的倾斜、地方政府的努力以及兄弟省份的帮助，更重要的是以扶贫项目为主要内容的多元化扶贫方式的全面展开。

　　理论上，农户参与扶贫开发活动起码要满足两个条件，一是属于贫困农户，二是有能力承接扶贫项目。如果国家和地方在资金、技术、能力等方面充分满足，那么只要符合这两个条件的农户就应该享受扶贫开发政策所带来的一系列优惠，但是显然以现在的国力水平无法满足这样的最优情况。既然无法达到最优，也就是说，不是所有贫困农户都可以参与扶贫活动，那么是那些因素影响了扶贫项目在农户间的分配，这些因素又是如何影响的，将通过农户参与扶贫开发影响因素分析予以解答。

二、影响农户参与扶贫活动因素的选择

（一）社区基本情况

社区的基本情况主要包括是否为平原、是否为陆地边境县、是否为革命老区县、是否为少数民族聚居村、本村到最近县城的距离、使用节水栽培技术、有塑料大棚或温室、举办过专业技术培训、当年遭遇严重的自然灾害、本村是否地方病病（疫）区等。社区的地形特征直接影响到扶贫项目的选择与实施，一般认为，平原更利于扶贫项目开展，而且项目选择的范围也更广一些，但是丘陵地区和山区却往往是扶贫开发的重点区域；如果所在的社区是陆地边境县、革命老区县或者民族聚居村往往由于其特殊的地理位置、重大的历史贡献、独特的人口环境等获得更多的政策支持，因此，农户参与扶贫开发的机会就会越多、可能性就会越大，同时，这些地区与其他地区相比往往也是贫困程度较严重的地区，于情于理都应重点对待；使用节水栽培技术的村为扶贫项目的实施奠定了较好的基础，然而也正是由于这些村采取了这些措施往往比其他村更富有，贫困农户较其他村也会相对较少，反而扶贫活动发生在这些村的比重要更小一些；当年遭遇严重自然灾害的村和是地方病病（疫）区的村往往是扶贫开发的重点区域。

（二）农户的基本特征

农户基本特征包括从业类型、劳动力人数、土地使用情况、劳动产出和收入等。一般认为，农业户更容易获得扶贫项目，这是因为一方面扶贫项目多与农业生产密切相关，农业户更适合，另一方面非农户的收入水平一般要高于农业户，往往不是被扶持对象；劳动力人数越少，越有可能参与扶贫活动，参与扶贫项目可以获得资金和技术支持，弥补由于劳动力不足所带来的收入差距，尤其是对劳动密集型农业产业而言；土地使用情况是指农户所拥有的耕地面积、林地面积等，所拥有的面积越大，家庭条件一般越好，参与扶贫活动的机会相对减少；农户的劳动产出包括谷物产量、棉花产量、瓜果类产量、农作物副产品产量、畜肉产量、奶类产量等，产量越大一般说明该户生活水平越高，农户参与扶贫项目的可能性越小；务工收入越高、在外从事行业人数越多，农户的参与积极性就会越高；农户的总收入、总支出、在外务工收入，一般来说，这三个指标往往越大，农户参与的可能性越低。

（三）农户自身的参与意愿

农户参与意愿是自身主观能动性的表现，如果参与意愿越强烈，同时期望参与的项目与国家政策越符合，就越容易参与到扶贫活动中来。能够体现农户参与意愿的指标包括村里落实了新的项目本户知道、最希望得到的扶贫项目、本年本户的固定资产投资额等。如果村里落实了新的项目本户知道，不管是主动的，还是被动的，都能反映一定的参与意愿；根据国家和地方的有关政策，结合新疆贫困地区的实际情况，种植业等生产性行业项目较容易获得扶贫资助，如果农户最希望得到扶贫项目与之吻合，就越有可能参与到扶贫活动中来；本户当年的固定资产投资额越高，农户的投资意识越强，参与扶贫活动的积极性也越高。

（四）农户自身的参与能力

农户自身的参与能力包括在没有救济的情况下文化程度、基本生活条件、曾受过技能培训人数、是否农牧业新技术示范户、是否参加专业性合作经济组织、是否参加合作医疗基金、是否参加过保险等。文化程度是农户参与能力的一个重要体现，文化程度高的农户学习新技术、新生产方式的能力较强，参与扶贫活动的能力就越强；基本生活条件涵盖了农户的住房状况、卫生条件、饮用水情况、取暖、生活能源获得情况等，只有基本生活条件获得满足，农户才能谈得上进行生产和参与扶贫活动；受过技能培训的人数越多，表明该户整体的参与能力越强，但同时也说明该户很有可能由于生产技能的优势不是扶贫开发的对象；作为农牧业新技术示范户往往具有较强的生产技术水平，参与能力就相对较高；参加专业性合作经济组织的农户一般同时具有较强的参与意愿和参与能力；参加过医疗基金和保险的农户一般来说要比其他农户拥有更强的参与能力，而这类农户却通常不是贫困农户，一般家庭条件较好的农户才会参加医疗基金或者保险；借贷款余额中逾期未还的金额越大，农户的压力就越大，如果资金缺口太大，农户无法对生产进一步投入，将直接影响到农户的参与能力。

三、研 究 方 法

（一）模型设定

从研究的问题来看，农户是否参与扶贫开发活动的反应只有两种，即要么选择参与，要么选择不参与。因此，本文采用二元选择模型来进行具体研究。二元选择模型（Binary Choice Model）是离散模型的一种，用以研究在两个可供选择的方案中选择其一的情形，此时被解释变量只取两个值（0 和 1），目的是研究具有给定特征的个体作某种而不作另一种选择的概率。[3]一般形式如下：

$$y_t = \begin{cases} 1 & \text{一种选择} \\ 0 & \text{另一种选择} \end{cases} \tag{1}$$

进一步，用概率形式表示为：

$$P_i = F(Z_i) = F(\alpha + \beta X_i) = \frac{1}{1 + e^{-Z_i}} = \frac{1}{1 + e^{-(\alpha + \beta X_i)}} \tag{2}$$

对于给定 X_i，P_i 是个体做出某一特别选择的概率，由上式得到：

$$\ln \frac{P_i}{1 - P_i} = Z_i = \alpha + \beta X_i \tag{3}$$

具体模型构建如下：

$$\ln \frac{P_i}{1 - P_i} = \beta_0 + \beta_1 X_1 + \beta_2 X_2 + \cdots + \beta_i X_i + \mu \tag{4}$$

式（4）中，β 为待估参数。[4]各解释变量具体说明如表 1 所示。

表 1　　　　农户是否参与扶贫开发活动的模型解释变量说明

变量名称	变量定义
平原地区（X_1）	平原 = 1；其他 = 0
陆地边境县（X_2）	陆地边境县 = 1；其他 = 0
革命老区县（X_3）	革命老区县 = 1；其他 = 0
少数民族聚居村（X_4）	少数民族聚居村 = 1；其他 = 0
使用节水栽培技术（X_5）	使用 = 1；不使用 = 0
没有灾害发生（X_6）	没有灾害 = 1；发生灾害 = 0
不是地方病病（疫）区（X_7）	不是 = 1；是 = 0

变量名称	变量定义
从业类型为农业户（X_8）	是 = 1；其他 = 0
劳动力人数（X_9）	家庭实际劳动力人数
耕地总资源（X_{10}）	按农户实际拥有的耕地面积统计
林地面积（X_{11}）	按农户实际拥有的林地面积统计
谷物产量（X_{12}）	按当年实际产量计算
棉花产量（X_{13}）	按当年实际产量计算
瓜果类产量（X_{14}）	按当年实际产量计算
农作物副产品产量（X_{15}）	按当年实际产量计算
畜肉产量（X_{16}）	按当年实际产量计算
奶类产量（X_{17}）	按当年实际产量计算
总收入（X_{18}）	农户实际家庭总收入
总支出（X_{19}）	农户实际家庭总支出
在外务工总收入（X_{20}）	按在外务工实际收入统计
如果村里落实了新的项目本户知道（X_{21}）	知道 = 1；不知道 = 0
最希望获得的扶贫项目是种植业（X_{22}）	最希望获得种植业 = 1；其他 = 0
最希望获得的扶贫项目是其他生产行业（X_{23}）	最希望获得其他生产行业 = 1；其他 = 0
最希望获得的扶贫项目是退耕还林（X_{24}）	最希望获得退耕还林 = 1；其他 = 0
本户当年固定资产投资完成额（X_{25}）	按本户当年实际固定资产投资总额计算
初中文化程度（X_{26}）	初中文化 = 1；其他 = 0
小学及以下（X_{27}）	小学及以下 = 1；其他 = 0
具备基本生活条件（X_{28}）	具备 = 1；没有具备 = 0
接受过第一产业技能培训（X_{29}）	接受过第一产业技能培训的人数
接受过第二产业技能培训（X_{30}）	接受过第二产业技能培训的人数
接受过第三产业技能培训（X_{31}）	接受过第三产业技能培训的人数
是农牧业新技术示范户（X_{32}）	是 = 1；否 = 0
是否参加专业性合作经济组织（X_{33}）	是 = 1；否 = 0
参加合作医疗基金（X_{34}）	参加 = 1；未参加 = 0
参加过商业保险（X_{35}）	参加 = 1；未参加 = 0

（二）数据来源和样本分布

本节内容的完成是建立在国家统计局新疆调查总队强大数据支撑的基础上。从 2001 年开始，国家统计局新疆调查总队（原"自治区农村社会经济调查队"）每年对 27 个国家扶贫开发工作重点县（市）和 3 个自治区扶贫开发工作重点县的 300 个行政村、3 000 户农户进行贫困监测，监测方式为问卷调查，问卷的填写坚持农户根据自身情况自行填写和专业工作人员指导相结合的方式，重点对自治区贫困人口和低收入人口，扶贫重点县的基础设施、社会服务、人口情况、灾害和社会保障、扶贫情况和分配资金落实情况、农民收入和生活情况等方面进行监测。[5]

本部分的研究采用了 2010 年国家统计局新疆调查总队的贫困监测数据，样本空间为 3 000 户农户（2 759 户少数民族农户），覆盖了自治区 30 个贫困县（27 个国家级和 3 个自治区级）和 300 个行政村（扶贫开发重点村有 215 个，占 71.67%）。其中，南疆调查户数为 2 150 户，占总数的 71.7%；北疆调查户数为 850 户，占总数的 28.3%。此外，边境地区作为一类特殊的贫困地区，共包括 17 个扶贫重点县（市），其调查户数为 1 630 户，占总数的 54.3%。每个贫困县的具体情况和总体情况见表 2。

表 2　　　　　　　　贫困监测的地区及农户分布情况

序号	县（市）名	每个贫困县调查的村数（个）	每个村调查的农户数（户）	每个贫困县调查的农户总数（户）	备注
南疆（21 各县市）		215	10	2 150（1 904）	
一、和田地区					
1	和田县	10	10	100（84）	边境县

续表

序号	县（市）名	每个贫困县调查的村数（个）	每个村调查的农户数（户）	每个贫困县调查的农户总数（户）	备注
2	墨玉县	13	10	130（122）	
3	皮山县	10	10	100（85）	边境县
4	洛浦县	10	10	100（94）	
5	策勒县	10	10	100（97）	
6	于田县	10	10	100（84）	
7	民丰县	10	10	100（77）	
二、喀什地区					
1	疏附县	11	10	110（100）	
2	疏勒县	10	10	100（97）	
3	英吉沙县	10	10	100（93）	
4	莎车县	13	10	130（118）	
5	叶城县	10	10	100（82）	边境县
6	岳普湖县	10	10	100（65）	
7	伽师县	10	10	100（79）	
8	塔什库尔干县	8	10	80（76）	边境县
三、克孜勒苏柯尔克孜自治州					
1	阿图什市	10	10	100（93）	边境县
2	阿克陶县	10	10	100（95）	边境县
3	阿合奇县	10	10	100（92）	边境县
4	乌恰县	10	10	100（92）	边境县
四、阿克苏地区					
1	乌什县	10	10	100（94）	边境县
2	柯坪县	10	10	100（85）	
北疆（9个县）		85	10	850（633）	
五、伊犁州					
1	察布查尔县	9	10	90（70）	边境县
2	尼勒克县	10	10	100（78）	
六、阿勒泰地区					
1	青河县	10	10	100（86）	边境县
2	吉木乃县	8	10	80（71）	边境县

序号	县（市）名	每个贫困县调查的村数（个）	每个村调查的农户数（户）	每个贫困县调查的农户总数（户）	备注
七、塔城地区					
1	托里县	10	10	100（87）	边境县
2	裕民县	10	10	100（63）	边境县
3	和布克赛尔县	10	10	100（55）	边境县
八、哈密地区					
1	巴里坤县	10	10	100（83）	边境县
2	伊吾县	8	10	80（40）	边境县
全部总计		300	10	3 000（2 537）	
南疆总计		215	10	2 150（1 904）	
北疆总计		85	10	850（633）	
边境县总计		163	10	1 630（1 348）	

注：括号内为贫困农户数。

2010 年监测指标共有 4 500 个，涵盖了农户家庭基本情况、扶贫情况、生产经营情况、收入和支出情况等若干方面。结合本文的研究目的，在此主要回答两个方面的问题：一是，农户参与扶贫开发的影响因素有哪些及其影响程度；二是，对于农户而言，扶贫开发机制的各部分运行效果如何。所以，笔者对 4 500 个指标进行了筛选，在保证研究需要的基础上，尽可能地包含更多的指标数据，以期能够更全面、更客观地反映问题。

（三）样本统计分析

从参与农户和非参与农户各样本指标的统计分析来看，情况较为复杂，有些指标存在较大的差异，有些则无明显不同。

从社区情况来看，参与农户多分布在陆地边境县和少数民族聚居村，分布在革命老区县的比例也要高于非参与农户，而分布在平原地区的比例相对较小，这种情况符合扶贫开发重点区域的选取原则；非参与农户多分布在使用节水栽培技术、没有灾害发生和不是地方病病（疫）区的地方，这是由于使用节水栽培技术的村较为先进，贫困农户相对较少，而没有灾害发生和不是病（疫）区的村也不是扶贫开发的重点区域。

从农户的基本特征来看，参与农户为农业户的比重较高；同时参与农户拥有的平均的耕地面积、林地面积也要高于非参与农户。农户产出指标显示出参与农户的产量低于非参与农户，只有农作物副产品产量、畜肉产量和奶类产量相对较高。参与农户的总收入和总开支则都小于非参与农户，而外出务工的收入要高于非参与农户。

从农户参与意愿反映出来的情况来看，参与农户与非参与农户在是否知道村里落实了新的项目方面存在明显的差异，知道的农户在参与农户中达到了93.9%，而在非参与农户中仅占34.1%；在最希望得到的扶贫项目方面，参与农户和非参与农户的情况没有明显的差异；参与农户固定资产投资额的平均水平要高于非参与农户，在这方面表现出了更高的积极性。

在参与能力方面，情况比较复杂，合理的解释是扶贫开发作为一种准公共物品，往往不是"趋利"，而是"趋害"，也就是说，扶贫开发的参与农户很多是能力较弱的农户，而其他农户由于相对较强的能力，家庭条件更优越，并不是扶贫开发的参与对象。从实际的样本统计信息来看，大部分指标没有明显差异，比例指标中差异在5个百分点以上的指标有农牧业新技术示范户、参加合作医疗基金、参加过商业保险，前一个指标是参与农户高于非参与农户，后两个指标则正好相反。对以上情况的解释是，参与农户多为农牧业新技术示范户的原因在于新技术推广时在政策上也倾向于选择贫困农户作为推广对象；参加合作医疗基金和参加过商业保险的多为非参与农户，这是因为参与这两个事项的农户家庭一般相对富裕，通常不是扶贫对象。具体样本统计信息见表3。

表3　　　　　　　　参与农户与非参与农户的基本特征

项目名称	单位	参与农户	非参与农户
平原地区	%	39.27	76.39
陆地边境县	%	46.15	34.36
革命老区县	%	7.29	0.44
少数民族聚居村	%	95.95	94.19
使用节水栽培技术	%	40.49	55.21
没有灾害发生	%	53.85	58.01
不是地方病病（疫）区	%	78.95	87.00
从业类型为农业户	%	49.39	42.61
劳动力人数	人	2.91	3.22
耕地总资源	亩	1 477.13	1 409.18
林地面积	亩	129.19	58.29
谷物产量	公斤	3 088.12	3 706.29
棉花产量	公斤	171.94	336.41
瓜果类产量	公斤	142.27	300.16
农作物副产品产量	公斤	258.14	111.59
畜肉产量	公斤	231.96	218.07
奶类产量	公斤	301.65	63.56
总收入	元	22 841.63	23 653.93
总支出	元	16 771.17	19 134.01
在外务工总收入	元	1 868.02	1 131.70
如果村里落实了新的项目本户知道	%	93.93	34.07
最希望获得的扶贫项目是种植业	%	30.77	33.85
最希望获得的扶贫项目是其他生产行业	%	1.62	0.36
最希望获得的扶贫项目是退耕还林	%	1.21	0.58
本户当年固定资产投资完成额	元	2 182.31	1 167.25
初中文化程度	%	47.37	51.80

项目名称	单位	参与农户	非参与农户
小学及以下	%	25.51	22.81
具备基本生活条件	%	78.54	75.59
接受过第一产业技能培训	人	0.61	1.34
接受过第二产业技能培训	人	0.03	0.02
接受过第三产业技能培	人	0.07	0.05
是农牧业新技术示范	%	85.02	72.28
是否参加专业性合作经济组织	%	10.12	5.38
参加合作医疗基金	%	85.83	92.63
参加过商业保险	%	4.45	10.82

四、实证分析结果

(一) 计量模型估计结果

运用 EViews 6.0 软件对 3 000 个农户样本进行 Logit 回归，分析不同因素对农户参与扶贫活动的影响情况。在处理过程中，由于变量较多，数据波动性较大，将采用后筛选法剔除不显著变量，具体操作过程如下：首先，导入全部变量，并进行回归；然后，根据 Z 统计值的大小，逐个剔除不显著变量，再重新回归，直到所有变量基本显著为止。为了达到计量目的，共进行了 11 次回归，相应得到了 11 种计量结果，且每次回归的结果基本稳定。受篇幅限制，仅在此列出包含全部变量的回归结果和变量都显著的回归结果，见表 4。计量结果包含了各解释变量的参数估计值和 Z 统计值，以及该模型下的预测准确率 (C = 0.5)、LR 统计值和 McFadden R^2 等信息。其中，预测准确率 (C = 0.5) 表示截断概率值 C 等于 0.5 时，模型对观察值预测的准确率，而 LR 统计值和 McFadden R^2 等同于最小二乘法下的 F 统计量和拟合优度 R^2。

表 4   **Logit 模型回归结果**

解释变量	模型一		模型二	
	参数	Z 统计值	参数	Z 统计值
常数项	− 3.65760 ***	− 4.28282	− 3.18010 ***	− 5.59088
平原地区（X_1）	− 1.73037 ***	− 6.76752	− 1.71644 ***	− 7.28446
陆地边境县（X_2）	0.61362 **	2.37516	0.68715 ***	2.97394
革命老区县（X_3）	2.02728 **	2.50510	1.86033 **	2.50013
少数民族聚居村（X_4）	0.61571	1.00657	—	—
使用节水栽培技术（X_5）	− 0.66927 **	− 2.51445	− 0.56634 **	− 2.37662
没有灾害发生（X_6）	0.04413	0.17863	—	—
不是地方病病（疫）区（X_7）	− 0.48821	− 1.29293	− 0.56976 *	− 1.78505
从业类型为农业户（X_8）	0.65195 ***	2.98242	0.61382 ***	3.05250
劳动力人数（X_9）	− 0.15365 **	− 2.21594	− 0.11723 *	− 1.73631
耕地总资源（X_{10}）	− 0.000005	− 0.05580	—	—
林地面积（X_{11}）	− 0.00032 **	− 2.15965	− 0.00027 *	− 1.82463
谷物产量（X_{12}）	− 0.00001	− 0.16474	—	—
棉花产量（X_{13}）	− 0.00012	− 0.63470	—	—
瓜果类产量（X_{14}）	− 0.00016 **	− 2.22317	− 0.00015 **	− 2.31826
农作物副产品产量（X_{15}）	0.00048 ***	4.95847	0.00044 ***	4.68377
畜肉产量（X_{16}）	− 0.00096 *	− 1.82457	− 0.00082 **	− 2.01248
奶类产量（X_{17}）	0.00039 **	2.34892	0.00038 **	2.36636
总收入（X_{18}）	− 0.00004 ***	− 3.18026	− 0.00004 ***	− 3.96476
总支出（X_{19}）	− 0.00007 ***	− 4.57291	− 0.00008 ***	− 5.17952
在外务工总收入（X_{20}）	0.00006 *	1.93906	0.00006 **	1.90993
如果村里落实了新的项目本户知道（X_{21}）	4.07355 ***	11.92618	4.12772 ***	12.51382
最希望获得的扶贫项目是种植业（X_{22}）	0.19522	0.89244	—	—
最希望获得的扶贫项目是其他生产行业（X_{23}）	2.58346 ***	2.66558	2.41433 **	2.51466

解释变量	模型一		模型二	
	参数	Z 统计值	参数	Z 统计值
最希望获得的扶贫项目是退耕还林（X_{24}）	-1.33600 *	-1.81439	-1.46117 **	-2.00497
本户当年固定资产投资完成额（X_{25}）	0.00008 ***	3.60298	0.00009 ***	4.34004
初中文化程度（X_{26}）	-0.00726	-0.03059	—	—
小学及以下（X_{27}）	-0.16254	-0.56245	—	—
具备基本生活条件（X_{28}）	0.69298 ***	2.65396	0.69684 ***	2.71245
接受过第一产业技能培训（X_{29}）	-0.55165 ***	-2.77199	-0.17754 **	-2.11955
接受过第二产业技能培训（X_{30}）	-0.85382	-0.82410	—	—
接受过第三产业技能培训（X_{31}）	0.35988	0.85934	—	—
是农牧业新技术示范户（X_{32}）	0.76495 **	2.31936	0.74248 **	2.34338
是否参加专业性合作经济组织（X_{33}）	2.31653 ***	5.22577	2.27216 ***	5.09534
参加合作医疗基金（X_{34}）	-1.49439 ***	-4.41585	-1.53171 ***	-4.83412
参加过商业保险（X_{35}）	-2.13172 ***	-4.67093	-2.11780 ***	-4.78050
预测准确率（C=0.5）	0.875		0.872	
LR 统计值	797.42 ***		788.64 ***	
McFadden R^2	0.467		0.462	

注：* 、** 、*** 分别表示在10% 、5% 、1%的显著水平下通过检验。

从模型一和模型二的估计结果来看，回归结果基本保持稳定，较大的区别在于"不是地方病病（疫）区、从业类型为农业户、劳动力人数、最希望获得的扶贫项目是退耕还林、接受过第一产业技能培训、奶类产量、在外务工总收入"等七个指标在模型二中表现为显著，这很有可能是由于原系统中变量间相互影响造成的，剔除干扰变量后才显现为显著。两个模型的 LR 统计值分别为 797.42 和 788.64，考虑到模型二是模型一的嵌套模型，在剔除了 10 个不显著指标后变化不大，说明被剔除指标对农户是否参与扶贫活动影响不大。此外，两个模型的 McFadden R^2 值分别为 0.467 和 0.462，由于样本为截面数据，所以这样的估计结果也是可以接受的。

（二）对估计结果的解释

（1）社区情况。调查农户所在的村地处平原地区与农户是否参与扶贫活动显著为负，与理论分析相一致，说明平原地区并不是扶贫开发的重点区域。同时，调查农户所在地为陆地边境县或者革命老区县都与农户是否参与扶贫活动显著为正，再次印证了以上结论，即如果农户所在的社区为边境县或者革命老区县，农户就越有可能参加扶贫活动，在这里还要说明的是虽然少数民族聚居村并未通过显著性检验，但是边境县和革命老区县等地区往往就是少数民族聚居的地方，按照实际情况，少数民族聚居村同样是扶贫开发的重点区域，未通过检验很有可能是变量间相互影响造成的。使用节水栽培技术与农户参与扶贫活动显著负相关，使用该技术的村一般整体生产水平相对较高，作为发展较好的地区参与扶贫活动的机会就会减少，与理论分析一致。同样的道理，如果农户所在地不是地方病病（疫）区，也具备了较好的发展环境，相比较是地方病病（疫）区的村参加扶贫活动的可能性相对小一些，计量结果也显示不是地方病病（疫）区与农户是否参与扶贫活动负相关，理论分析和计量结果相一致。

（2）农户基本特征。农户从业类型为农业户与农户是否参与扶贫活动显著正相关，与理论分析一致，扶贫活动多为在农村实施的与农业相关的扶贫项目，如果农户主要从事农业生产就更有可能参与扶贫活动。农户家庭劳动力人数通过了显著性检验且为负，表明农户家庭劳动力人数越多，参与扶贫活动的机会就越少，原因可能在于对于属于劳动密集型的农业生产来说，劳动力越多相对越有优势，劳动力多的家庭就会相对富裕，从而并不是扶贫开发的目标对象，自然参与机会就少，这与理论分析一致。通过显著性检验的指标还有林地面积（负影响）、瓜果类产量（负影响）、农作物副产品产量（正影响）、畜肉产量（负影响）、奶类产量（正影响）、总收入（负影响）、总支出（负影响）、在外务工总收入（正影响），不管是正影响还是负影响回归系数都非常小。究其原因，可能是由于这些指标既反映了非参与农户凭借自己的能力生产的结果，又包括了参与农户受扶贫项目帮扶的结果，两者无明显的区别，造成影响效果不突出。总起来看，负影响指标多于正影响指标，这说明尽管参与农户受到了帮扶，但是非参与农户不管是产出量还是收入水平都要优于参与农户，这也与实际情况相符。

（3）农户的参与意愿。如果村里落实了新的项目本户知道与农户是否参与扶贫活动显著相关，从回归系数来看，这种相关程度非常强烈，也就是说，农户是否知道村里落实了新的扶贫项目与是否参与密切相关，知道的农户越多，参与的农户就会越多，这与前文理论分析一致。农户最希望获得的扶贫项目中只有其他生产行业和退耕还林通过了显著性检验，其他指标均为通过检验。毋庸置疑的是指标中所列项目都是扶贫开发的重点发展项目，之所以出现这样的情况很有可能是由于填写这些项目的农户大部分并没有真正获得该项目，所以才会成为"最希望"，这就导致与农户参与扶贫活动的相关性很低，因此大部分没有通过检验。这与前文的分析有所出入，并不是"希望"就能够"获得"，恰恰体现出了农户日益强烈的参与愿望与扶贫资源有限的矛盾。本户当年固定资产投资完成额通过检验且为正，说明固定资产投资越多的农户，参与的可能性越大，这很有可能是参与扶贫项目所产生的效果，但是系数显示影响很小。

（4）农户的参与能力。在通过检验的指标中，农户基本生活条件与是否参与扶贫活动显著正相关，而且系数相对较大，说明影响程度较大，与理论分析一致。接受过第一产业技能培训与农户参与扶贫活动显著负相关，这是由于接受过培训的农户凭借其较高的生产技能，生活相对富足，往往不是特困户，自然参与的机会就相对较少，这与理论分析相一致。是否参加专业性合作经济组织与农户是否参与扶贫开发活动显著正相关，专业性合作经济组织是建立在家庭承包经营基础上，不改变现有的生产关系，不触及农民的财产关系，由从事同类产品生产经营的农户（专业户）自愿组织起来，在技术、资金、信息、购销、加工、储运等环节实行自我管理、自我服务、自我发展，以提高竞争能力、增加成员收入为目的的专业性合作组织。在新疆贫困地区也存在各式各样的专业性合作经济组织，与其他地区不同的是这些组织的形成往往带有较明显的政策信号，掺入了政府干预的力量，一般通过村级基层组织形成，目的是通过专业合作组织的形式提高贫困农牧民的收入水平。所以，参与该类组织的农户大部分都是贫困农户，而且通常都是承接了扶贫项目的农户。如果，其中某些农户都在一个地区，该组织往往围绕某一扶贫项目展开运作。可见，参加专业性合作经济组织的农户同时参与扶贫活动就一点都不为怪了，而且这些农户一般都具有较强的参与意愿和一定的参与能力，与理论分析一致。参加合作医疗基金和参加过商业保险与是否参与扶贫活动显著负相关，这是因为参与以上两项活动的农户家庭大部分都具有一定的经济基础，尤其是商业保险，在基层实际情况中也是家庭条件较好、有储蓄、又具备一定的风险意识和投资意识的农户愿意参加合作医疗基金和商业保险。因此，即参与这两个事项又同时参与扶贫活动的概率就较低。

五、结论与建议

第一，社区情况反映出的问题。农户所在社区与农户参与情况密切相关，如果农户所在地为革命老区县、陆地边境县则越有可能参与扶贫活动。这些地区显然不如平原地区或者城市周边地区在发展经济生产时更有优势，但是考虑到扶贫开发的属性，这些现象都是可以理解的。同时，一定程度上再次印证了政府在确定扶贫重点区域时考虑了某些非经济因素。还有，如果农户所在社区基础设施越完善、生产条件越好，反而参与扶贫活动的机会越小，比如使用节水栽培技术村的农户参与扶贫活动小于其他地区，而是地方病病（疫）区的农户参与概率则高于其他地区。对于这个问题，我们只能从扶贫开发的特殊性去理解，同时也体现了扶贫资源的相对稀缺，只能提供给更加困难的地区，而那些"非困难地区"贫困农户的利益就得不到很好的保障。

第二，农户基本特征和参与能力反映出来的问题。从农户基本特征和农户参与能力的分析来看，我们可以得出以下结论：越是参与能力强、自身条件好的农户，参与扶贫活动的机会就越小。这样的结论肯定是与扶贫开发帮穷济贫的根本宗旨相一致的，即越是条件差的农户，就越应该获益于扶贫开发。在这里，农户的参与能力更应该理解为农户的自我发展能力，而不应该是字面意义上农户参与扶贫活动的能力。从这个角度思考，恰恰证明了农户自身能力对扶贫开发的重要性。如果农户具有很好的自我发展能力，他陷入贫困的可能性就会非常小，自然受扶贫帮扶的概率就会非常小，也就是说，农户自身能力越强，越不容易贫困。这是笔者对农户这两方面因素分析后得出的一个重要结论。既然这样，那么如何培养和塑造贫困农户的自我发展能力，同时保持和增强非贫困农户的自我发展能力，成为扶贫开发能否真正成功的一个关键性问题。

第三，农户参与意愿反映出来的问题。对农户参与意愿对参与扶贫活动的影响研究后发现，有两个突出的问题应该引起我们足够的重视：一是，农户对扶贫活动或扶贫项目的了解程度显著影响其参与活动；二是，农户强烈的参与愿望与扶贫资源相对有限的矛盾日益突出。前者需要基层工作人员做好扶贫开发的宣传和推广工作，激发农户参与热情，宣传扶贫政策，让农户深切地体会到参与扶贫活动所带来的好处。后者问题的解决相对复杂，第一步要持续加大扶贫投入，尽量满足贫困农户需求，缓解供需矛盾；第二步要根据农户自身的条件和所在地区的特点开展相适应的扶贫项目，对扶贫项目的选择应该更加灵活和更具合理性，从而使扶贫资源得到更好的配置；第三步对农户进行必要的政策引导和观念输入，改变农户原有落后的投资和生产意识，最终使农户具备一定的现代市场观念。

参 考 文 献

[1] 厉声，马大正，秦其名等. 新疆贫困状况及扶贫开发 [M]. 乌鲁木齐：新疆人民出版社，2010.

[2] 刘林，龚新蜀，李翠锦. 边疆地区农村贫困程度的测度与模拟分析：2000～2009——以新疆自治区为例 [J]. 统计与信息论坛，2011 (8)：83-88.

[3] 高铁梅. 计量经济分析方法与建模：EViews 应用及实例 [M]. 北京：清华大学出版社. 2006.

[4] 祝宏辉，王秀清. 新疆番茄产业中农户参与订单农业的影响因素分析 [J]. 中国农村经济，2007 (7)：67-75.

[5] 赵国明等. 新疆通志——扶贫开发志 [M]. 乌鲁木齐：新疆人民出版社，2009.

新疆农村"效率与公平"的
贫困变动效应分析

摘要： 新疆作为我国少数民族聚集的边疆省份，贫困问题的妥善解决至关重要。通过测试新疆农村地区 1988～2012 年间 FGT 贫困指数发现，新疆农村地区贫困程度呈现阶段性波动，而近几年贫困人口内部收入分配状况有恶化趋势。新疆农村地区经济增长水平较高，但同时收入分配状况却不容乐观。状态空间模型的计量结果显示，经济增长具有贫困变动负效应，可以降低贫困，而收入分配状况具有贫困变动正效应，加重了新疆农村贫困程度。相比之下，经济增长的不断提效虽然有助于改善地区发展状况，但是随之带来的收入分配问题却使新疆农村居民收入差距拉大，大大降低了经济增长的减贫作用。在此结论基础上，提出了相应建议。

关键词： 贫困　FGT 贫困指数　经济增长　收入分配　农村

一、新疆农村地区贫困程度的测度

（一）FGT 贫困指数

运用福斯特、格林尔和索贝克（Foster, Greer & Thorbecke,

1984）提出的 FGT 贫困指数测算贫困程度[1]。FGT 贫困指数不但能够反映所研究区域的贫困发生率情况，还能通过调整模型参数以达到分析贫困人口收入与贫困线相对距离以及贫困人口内部收入分配状况的目的。FGT 贫困指数的连续形式如下：

$$P_\alpha = \int_0^z \left(\frac{z-x}{z}\right)^\alpha f(x)\,dx \quad \alpha \geqslant 0$$

式中，z 为贫困标准；x 为收入水平；f(x) 为收入水平的密度函数；α 为非负参数，且 α 的取值越大意味着贫困指标对贫困人口收入不平等程度越敏感。测算中，由于非负参数 α 取值不同，FGT 贫困指数将会有三个贫困指标，可以反映三个层面的贫困问题：当 α = 0 时，FGT 贫困指数为贫困发生率，是贫困广度指标，用 H 表示，反映贫困人口占总人口的比例；当 α = 1 时，FGT 贫困指数为贫困距指数，是贫困深度指标，用 PG 表示，反映贫困人口收入与贫困线之间的相对距离；当 α = 2 时，FGT 贫困指数为平方贫困距指数，是贫困强度指标，用 SPG 表示，反映贫困人口内部的收入分配状况。

（二）数据来源与测度结果分析

采用的数据来自于 1989 ~ 2013 年《新疆统计年鉴》中农村居民家庭人均纯收入分组数据。该数据按照农民收入情况划分为 12 组，每一个分组包括该组农民的人均年纯收入（元）和该组农民所占的人口比例（%）两部分。模型计算过程中所需贫困线数据采用国家扶贫办公布的数据。测算结果如表 1 所示。

表 1   1988～2012 年新疆农村 FGT 贫困指数

年份	贫困广度（H%）	贫困深度（PG%）	贫困强度（SPG%）	贫困线
1988	18.4739	5.0138	1.8727	236
1989	19.6848	5.2516	1.9171	259
1990	15.5568	3.437	1.0271	300
1991	15.3005	3.646	1.1827	300
1992	14.8714	3.411	1.066	317
1993	15.433	4.0277	1.4346	318
1994	21.4974	6.743	3.1184	440
1995	33.8769	13.195	6.6385	530
1996	18.139	7.9572	4.9954	531
1997	19.5198	6.1465	2.6351	640
1998	17.6223	5.1749	2.0657	635
1999	20.649	6.4838	2.7616	625
2000	17.1911	4.617	1.6757	625
2001	14.3555	3.6991	1.2923	630
2002	13.3351	3.4177	1.1804	627
2003	12.7521	3.1079	1.0139	637
2004	9.5654	1.9615	0.5403	668
2005	8.6484	2.2859	0.9457	683
2006	8.1813	2.8778	1.709	693
2007	7.5719	3.0789	2.2338	786
2008	8.1707	4.4348	5.2586	1 067
2009	10.0529	3.9461	2.8659	1 196
2010	9.188	5.3884	6.7602	1 274
2011	24.8123	11.0326	8.4469	2 300
2012	13.948	6.6795	7.3754	2 300

　　观察测度结果发现，贫困广度的波动幅度较大，总体呈下降趋势，尤其是 1999～2007 年连续 8 年贫困广度指标减小，平均降幅达到 13.36%，期间有两个明显的峰值，分别是 1995 年的 33.9% 和 2011 年的 24.8%。贫困深度波动相对较为平缓，峰值同样出现

在 1995 年和 2011 年，分别为 13.2% 和 11%，其他年份都维持在 8% 以下。贫困强度指标则维持在较低数据水平波动，波动区间都在 10% 以下，绝大多数年份该指标都在 3% 以下，最大值是 2011 年的 8.45%，最小值则为 2004 年的 0.54%。需要注意的是，近几年贫困强度指标上扬趋势明显，尤其是 2010 年后连续三年指标值达到历史高位，甚至超过了贫困深度指标值，意味着贫困人口内部的收入分配状况在加速恶化，最贫困人口的处境堪忧。

二、新疆农村地区的"效率与公平"

（一）新疆农村经济增长效率

新疆农村地区经济增长效率用新疆农村各年农林牧渔总产值来反映。数据显示，1988 年新疆农村农林牧渔总产值为 108.5 亿元，到 2012 年增长为 2 275.7 亿元，增长了近 21 倍，年均增长率达 13.5%。观察新疆农村农林牧渔总产值曲线图 1，可将经济增长趋势变化划分为以下几个阶段：1988～1993 年，年均增长率为 12.5%，低于研究区间年均增长率一个百分点；1994～1997 年，年均增长率为 15.7%，略高于研究区间年均增长率两个百分点；1998～2002 年，年均增长率为 1.2%，为该研究区间增长效率最低值，远低于研究区间年均增长率；2003～2008 年，年均增长率为 11.3%，低于研究区间年均增长率两个百分点；2009～2012 年年均增长率为 20.5%，高于研究区间年均增长率七个百分点，为该研究区间效率最大值。综上，新疆农村经济增长效率呈现阶段性变化，除个别区间外（1998～2002 年），无论是总体考察，还是分阶段考察，新疆农村经济增长效率都维持在10%以上，保持了较高的经济增长效率，尤其是近些年有进一步提速的趋势。

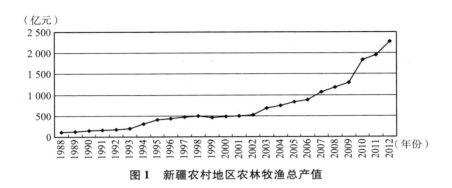

图1　新疆农村地区农林牧渔总产值

（二）新疆农村收入分配公平程度

新疆农村地区的"公平程度"用基尼系数来反映。基尼系数，是20世纪初意大利经济学家基尼，根据洛伦兹曲线所定义的判断收入分配公平程度的指标。基尼系数的计算，本文采用基于Beta模型[2]和GQ模型[3]的Gini系数计算公式。

Gini系数的计算结果如图2所示，2009年以前新疆农村地区基尼系数基本都维持在0.3~0.4的收入相对合理区，进入2010年后基尼系数迅速攀升，达到0.4~0.5的收入差距较大区间，并已接近0.5以上收入差距悬殊的范畴。收入差距问题是引起社会不稳定的最大诱因之一，尤其像新疆这样的特殊地区，应该引起相关部门的高度重视。

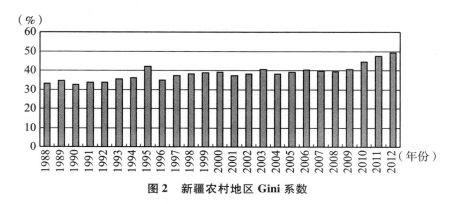

图 2　新疆农村地区 **Gini** 系数

三、"效率与公平"的贫困变动效应分析

（一）状态空间模型

本文将采用时变参数状态空间模型来研究新疆农村地区经济增长效率、收入分配公平程度的贫困变动效应。状态空间模型可以反映经济改革、结构调整、政策变化等外界冲击所带来的时变影响和动态变化，可变参数状态空间模型的一般形式如下：

量测方程：$y_t = \alpha z_t + \beta_t x_t + \mu_t$

状态方程：$\beta_t = \theta \beta_{t-1} + \varepsilon_t$

$$(\mu_t, \varepsilon_t)' \sim N\left(\begin{pmatrix} 0 \\ 0 \end{pmatrix}, \begin{pmatrix} \sigma^2 & 0 \\ 0 & R \end{pmatrix}\right), \ t = 1, 2, \cdots, T$$

量测方程中 x_t 是具有随机系数 β_t 的解释变量集合，z_t 是具有固定系数 α 的解释变量集合。状态方程是假定参数 β_t 的变动服从于 AR(1) 模型（可扩展为 AR(p) 模型）。其中，β_t 是状态向量，又称为可变参数，是不可观测变量，必须利用可观测变量 y_t 和 x_t 来估计。此外，假定量测方程和状态方程各自的扰动向量 μ_t 和 ε_t 是相互独立的，服从均值为 0、方程为 σ^2、协方差矩阵为 R 的正态分布。[4][5][6]

（二）模型设定

选择贫困广度（H）、贫困深度（PG）和贫困强度（SPG）分别作为因变量，农林牧渔总产值、Gini 系数作为量测方程的解释变量，研究经济增长、收入差距对新疆农村地区贫困程度的动态影响。并且，模型取各变量的对数形式，从而消除时间序列中的异方差现象，达到趋势线性化，同时又不改变原有数列可能存在的协整关系。设定的状态空间模型具体形式如下：

量测方程：$\ln poor_t = c + \eta_t \ln(gdp_t) + \lambda_t \ln(gini_t) + \mu_t$

状态方程：$\eta_t = \gamma_1 \eta_{t-1} + \varepsilon_t$

$\qquad\qquad \lambda_t = \gamma_2 \lambda_{t-1} + \xi_t$

其中，$poor_t$ 分别表示贫困广度（H）、贫困深度（PG）、贫困强度（SPG）三个被解释变量；解释变量中 gdp_t 表示农林牧渔总产值、$gini_t$ 表示以 Gini 系数；η_t、λ_t 分别表示各解释变量的时变参数序列，并假设可变参数服从 AR（1）模型；μ_t、ε_t、ξ_t 为扰动向量。

（三）单位根检验

采用 ADF 单位根检验，先对各变量之间的协整关系进行检验，以防止伪回归现象的出现。检验结果如表 2 所示。

表2   ADF 单位根检验

变量	检验形式 （C，T，L）	ADF 值	概率值（p 值）	原假设
lnH	（C，T，5）	− 2.4821	0.3329	接受
ΔlnH	（C，T，5）	− 6.3058	0.0002	拒绝
lnPG	（C，T，5）	− 1.7523	0.6957	接受
ΔlnPG	（C，T，5）	− 4.2560	0.0140	拒绝
lnSPG	（C，T，5）	− 1.5354	0.7880	接受
ΔlnSPG	（C，T，5）	− 4.3911	0.0105	拒绝
lngdp	（C，T，5）	1.2128	0.9999	接受
Δlngdp	（C，T，5）	− 4.9752	0.0030	拒绝
lngini	（C，T，5）	− 2.5699	0.2955	接受
Δlngini	（C，T，5）	− 6.9269	0.0000	拒绝

以上检验结果显示，各变量的原序列均接受原假设，即存在单位根。将原序列做一阶差分后，各变量均在5%的置信水平下拒绝原假设。因此，可以判断各变量都是一阶单整序列，即 I（1）序列，从而保证了变量间协整关系的存在。

（四）计量结果与分析

利用卡尔曼滤波（Kalman Filtering）算法得到状态空间模型的估计结果，如表3所示。通过分析计量结果，笔者发现新疆农村"效率与公平"的贫困变动效应呈现正负相反的两种状态。新疆农村收入分配公平程度的持续恶化对贫困广度、贫困深度和贫困强度都存在不同程度的贫困变动正效应。其中，对贫困强度的影响相对较大，弹性系数近十年都在6以上，意味着新疆农村收入分配公平程度持续恶化严重影响了最贫困人口的生活状况。此外，收入分配公平程度对贫困广度和贫困深度的正效应也较为显著，近几年弹性系数均维持在 5 以上。而经济增长确实能够起到全面降低贫困程度的作用，即经济增长效率与贫困指数变动间为负效应。对比发现，经济增长对降低贫困广度最为有效，弹性系数能够达到 - 0.7 以上，对贫困强度也具有一定的降低作用，近几年弹性系数基本维持在 - 0.6 左右的水平，而对贫困强度的负效应相对较弱，说明经济增长效率提高并不一定能非常有效地改善最贫困人口的生活状态。综合考虑，收入分配公平程度对贫困程度具有正效应，经济增长效率对贫困程度具有负效应，但是相比之下前者所产生的正效应明显强于后者所带来的负效应，也就是说，新疆农村经济增长的持续增效确实一定程度上可以缓解贫困问题，但是由于随之带来的收入分配公平程度的持续恶化则减弱了其减贫作用，甚至在"公平"得不到有力保障的情况下反而加重了新疆农村地区的贫困程度，使得在贫困问题上经济增长的"效率"显得不是那么有效了。这就要求必须采用专门的减贫措施，才能够弥补"效率与公平"间的贫困变动效应悖论。

表3　　　　　　　　　　　卡尔曼滤波估计结果

年份	贫困广度（H）		贫困深度（PG）		贫困强度（SPG）	
	收入分配	经济增长	收入分配	经济增长	收入分配	经济增长
1989	1.441	1.928	1.768	2.364	2.139	2.861
1990	5.768	- 1.308	7.729	- 2.093	10.030	- 3.038
1991	4.303	- 0.219	5.991	- 0.802	7.857	- 1.423
1992	4.657	- 0.480	6.145	- 0.916	7.798	- 1.380
1993	4.704	- 0.515	6.136	- 0.909	7.722	- 1.324
1994	4.938	- 0.686	6.200	- 0.956	7.618	- 1.248
1995	4.348	- 0.265	5.136	- 0.197	5.967	- 0.071
1996	4.331	- 0.252	4.955	- 0.068	5.729	0.098
1997	4.184	- 0.150	4.572	0.200	5.065	0.562
1998	4.218	- 0.173	4.712	0.102	5.324	0.381

续表

年份	贫困广度（H）		贫困深度（PG）		贫困强度（SPG）	
	收入分配	经济增长	收入分配	经济增长	收入分配	经济增长
1999	4.310	− 0.238	4.893	− 0.024	5.602	0.187
2000	4.335	− 0.256	4.943	− 0.061	5.684	0.129
2001	4.404	− 0.304	5.072	− 0.151	5.877	− 0.007
2002	4.457	− 0.341	5.179	− 0.225	6.041	− 0.120
2003	4.526	− 0.388	5.295	− 0.305	6.206	− 0.234
2004	4.646	− 0.470	5.489	− 0.436	6.480	− 0.420
2005	4.745	− 0.535	5.684	− 0.566	6.774	− 0.615
2006	4.854	− 0.608	5.812	− 0.650	6.887	− 0.689
2007	4.960	− 0.677	5.878	− 0.694	6.876	− 0.682
2008	5.034	− 0.726	5.885	− 0.699	6.772	− 0.614
2009	5.052	− 0.737	5.792	− 0.638	6.495	− 0.436
2010	5.043	− 0.731	5.764	− 0.621	6.425	− 0.391
2011	5.088	− 0.760	5.741	− 0.606	6.296	− 0.309
2012	5.019	− 0.716	5.673	− 0.562	6.233	− 0.269

四、结　　论

本文通过测算新疆农村地区的 FGT 贫困指数，并利用状态空间模型对收入分配、经济增长对贫困程度的影响进行计量分析后得到以下结论：

第一，新疆农村 FGT 贫困指数测度结果显示，新疆农村地区贫困广度、贫困深度和贫困强度呈现阶段性波动，贫困广度波动幅度最大，但总体呈下降趋势，贫困深度则相对变化趋势较为平缓，无明显变化，贫困强度尤其要引起重视，近几年有走高趋势，意味着贫困人口内部收入分配状况在恶化，最贫困人口处境堪忧。

第二，新疆农村经济增长效率逐年不同，但都维持在较高的效率水平上，年均增长率达到10%以上。而新疆农村收入分配公平程度则不容乐观，已接近收入差距悬殊的状况，应该引起相关部门的高度重视，着力改善新疆农村收入差距问题。

第三，经济增长效率与收入分配公平程度的贫困变动效应计量结果显示，经济增长具有贫困变动负效应，可以降低贫困，而收入分配状况具有贫困变动正效应，加重了新疆农村贫困程度。相比之下，贫困变动正效应强于负效应，即经济增长的不断提效虽然有助于改善地区发展状况，但是随之带来的收入分配问题却使新疆农村居民收入差距拉大，大大降低了经济增长的减贫作用，甚至在收入分配公平程度持续恶化的情况下新疆农村地区的贫困程度反而有加重趋势，尤其是最贫困人口的生活状况迟迟得不到改善。

在此基础上，提一点建议。新疆作为多民族、多语言、多宗教、多文化共存的边疆地区，必须处理好经济发展与公平正义的关系。对于贫困问题，贫困区域在推动经济发展的同时一定要兼顾公平正义，尤其像新疆南疆三地州这样的连片特困地区，更应该将关注点放在最贫困人口的身上，在保证每年一定比例人口脱贫的基础上，更要确保最贫困人口的处境不会变得更糟，防止在扶贫开发过程中贫困人口内部进一步出现"二次分化"。

参 考 文 献

[1] Foster J., Greer J., Erik Thorbecke. A Class of Decomposable Poverty Measures [J]. Journal of Econometrics, 1984, 52 (3): 227–321.

[2] Villasenor J., Arnold B. C. Elliptical Lorenz curves [J]. Journal of Econometrics, 1989, 40 (2): 327–338.

[3] Kakwani N. On a Class of Poverty Measures [J]. Econometrica, 1980, 48 (2): 437–446.

［4］ Harry. Foresting Structural Time Series Models and the Kalman Filter ［M］. New York：Cambridge University Press，1999.

［5］ Hamilton. Time Series Analysis ［M］. New Jersey：Princeton University Press，1994.

［6］高铁梅．计量经济分析方法与建模：EVIEWS 应用及实例［M］.北京：清华大学出版社，2006.

第五部分

扶贫效率与瞄准精度评价

新疆贫困地区扶贫效率的
模糊综合评价分析

摘要：通过向新疆贫困地区发放调查问卷的方式，采用模糊综合评价法，分别从扶贫开发参与主体的表现、扶贫对象的瞄准与甄别、扶贫资金的使用与效果、扶贫进程的监督与管理四个方面系统评价了新疆贫困地区扶贫开发的效率情况。评价结果显示，参与主体的得分最低，突出表现为扶贫主体参与积极性不高，投资到位率低等问题；对扶贫对象的瞄准精度也不甚理想，表现为贫困农户收益率不高，导向存在一定的偏差；对扶贫资金的使用则差强人意，问题出在开发式资金比重偏低、扶贫效果持续性不强、返贫现象突出等方面；对扶贫进程的监督与管理基本到位，但仍需强有力的法律保障。此外，不同扶贫工作的相互制约，造成新疆贫困地区整体扶贫效率不高，还存在很大的改进空间。

关键词：新疆　贫困地区　农户　扶贫开发　模糊综合评价

一、方法选取和评价步骤

（一）方法选取

以往研究或者评价这类问题时多用回归分析、方差分析及主成分分析等。这些方法存在下列不足：一是需要大量数据，数据少就无法说明问题；二是要求样本服从某个典型的概率分布，同时数据间应呈线性关系且各变量间相互独立，这种要求现实中很难满足；三是计算量大，需要计算机软件辅助；四是经常出现计量结果与现实情况不符的现象，导致计量结果无法解释，甚至是谬论。为了避免以上问题的出现，同时更准确地反映现实情况，本文想通过发放调查问卷的方法获取第一手资料，进而对问卷内容分析达到评价的目的。对调查问卷的分析方法有很多，比较成熟的有 Logit 模型、Probit 模型等，本文选择模糊综合评价法作为本文的评价方法。

模糊集合理论最早由美国自动控制专家扎德（L. A. Zadeh，1965）提出，用以表达事物的不确定性。模糊综合评价法则是一种基于模糊数学的综合评价方法。该综合评价法根据模糊数学的隶属度理论把定性评价转化为定量评价，即用模糊数学对受到多种因素制约的事物或对象做出一个总体的评价。它具有结果清晰、系统性强的特点，能较好地解决模糊的、难以量化的问题，适合各种非确定性问题的解决。[1]

（二）评价步骤

模糊综合评价方法一般包括以下几个评价步骤：

第一步，确定因素集 U。

因素集一般包含两级：一级因素集 $U\{U_1, U_2, U_3, \cdots, U_n\}$，表明一级指标层共有 n 个指标需要评价，且一级因素对应的权重集为 $A\{A_1, A_2, A_3, \cdots, A_n\}$；二级因素集 $U_i\{x_1, x_2, x_3, \cdots, x_k\}$，其中 $i = 1, 2, 3, \cdots, n$，表明每一个一级因素包含 k 个二级指标需要评价，相对应的权重集为 $A_i\{a_1, a_2, a_3, \cdots, a_k\}$

第二步，设立评价集 V。

本文将评价集设定为 $V\{V_1, V_2, V_3, V_4\}$，其中 V_1 为优；V_2 为良；V_3 为中；V_4 为差。

第三步，确定 R 矩阵。

$$R_i = \begin{bmatrix} r_{11} & r_{12} & r_{13} & r_{14} \\ r_{21} & r_{22} & r_{23} & r_{24} \\ \cdots & \cdots & \cdots & \cdots \\ r_{k1} & r_{k2} & r_{k3} & r_{k4} \end{bmatrix}, \text{且 } r_{kj} = \frac{w_{kj}}{\sum\limits_{j=1}^{4} w_{kj}} (j = 1, 2, 3, 4)$$

其中，w_{kj} 代表每一个二级因素所含指标分别获得"优、良、中、差"的评语数。

第四步，模糊综合评价。

首先，先对每一个二级因素做综合评价；

$B_i = A_i \times R_i$，R_i 代表二级因素各自的 R 矩阵，A_i 为相对应的权重

当 $\sum\limits_{i=1}^{n} B_i \neq 1$，可归一化处理，即令 $B_i = \dfrac{B_i}{\sum\limits_{i=1}^{n} B_i}$

然后，再对第一级因素集做综合评价

模糊综合评价模型 $B = AB_i = A\begin{bmatrix} B_1 \\ B_2 \\ \vdots \\ B_i \end{bmatrix} = A\begin{bmatrix} A_1 \times R_1 \\ A_2 \times R_2 \\ \cdots \\ A_i \times R_i \end{bmatrix} = (\hat{B}_1, \hat{B}_2,$

$\hat{B}_3, \hat{B}_4)$

第五步，计算总分值。

用 F 权值反映各级评语的重要程度，$V\begin{cases} \text{优} \quad V_1 = 100 \\ \text{良} \quad V_2 = 85 \\ \text{中} \quad V_3 = 70 \\ \text{差} \quad V_4 = 55 \end{cases}$

$$V = \begin{bmatrix} B_1 \\ B_2 \\ \vdots \\ B_i \\ B \end{bmatrix} \times \begin{bmatrix} 100 \\ 85 \\ 70 \\ 55 \end{bmatrix} = \begin{bmatrix} b_{11} & \cdots & \cdots & b_{14} \\ \vdots & \ddots & & \vdots \\ b_{i1} & & \ddots & b_{i4} \\ \hat{B}_1 & \cdots & \cdots & \hat{B}_4 \end{bmatrix} \times \begin{bmatrix} 100 \\ 85 \\ 70 \\ 55 \end{bmatrix}$$

V 取值在 0～100 之间，分值越接近 100 意味着运行状况越好，分值越小则显示问题越多，一般而言 90 分以上为"好"。[2]

二、问卷设计和调查方法

（一）问卷设计

扶贫开发效率一般可以从四个方面进行考量，分别是参与主体的投入及参与情况，简称启动系；对扶贫开发对象的瞄准与甄别情况，简称导向系；扶贫资金使用与效果，简称动力系；对扶贫开发进程的监督与管理情况，简称约束系。本文将这四个方面作为评价的一级因素予以考虑。相对应的二级指标设计如下：

启动系包括 6 个二级指标：当年扶贫资金投入总额充足情况、中央投资到位率、地方投资到位率、地方配套投资到位率、社会组织参与情况、国际机构援助情况。

导向系包括 4 个二级指标：贫困人口占总人口的比例、收益贫困户占贫困人口的比例、当年扶贫项目覆盖贫困户数的比例、贫困户建档立卡完成率。

动力系包括 27 个二级指标：财政扶贫资金报账率、以工代赈资金报账率、培训资金报账率、财政扶贫资金项目竣工率、以工代赈项目竣工率、培训资金项目执行率、扶贫贴息贷款计划完成情况、三项扶贫资金用于整村推进情况、行业部门资金开发式项目资金比重、社会帮扶资金开发式项目资金比重、群众自筹资金开发式项目资金比重、其他资金开发式项目资金比重、部门包村定点帮扶情况、结对子帮扶落实情况、社会帮扶机制情况、帮扶措施落实情况、龙头企业带动贫困户表现情况、当年实施项目进展情况、当年稳定解决贫困人口温饱计划任务完成情况、当年完成整村推进验收计划任务、劳动力转移培训就业率、产业化扶贫覆盖率、扶贫抗震安居住房入住率、当年农牧民人均纯收入增幅情况、当年计划扶持贫困户收益率、返贫率、"五通""五有""五能"率。

约束系包括 9 个二级指标：项目库建设、三项扶贫资金审计情况、贫困村村委会对贫困户的管理情况、日常业务档案和网络建设、财政扶贫资金项目监测系统使用情况、扶贫调研和宣传、贫困监测部门职能发挥情况、监测部门的独立性、扶贫开发行政法规的配套情况。

对各级指标的评价分为两个部分：一个部分是对各指标的现实表现情况进行"优良中差"的评价，这一部分的填报情况用于模糊综合评价 R 矩阵的建立；另一个部分是对各指标的现实重要程度进行打分，分值为 1~5 分，分值越高表示该指标的现实意义越大，而各指标获得的总分值将用于指标权重的计算。[3]

（二）调查方法

新疆目前有贫困县 30 个，其中国定贫困县 27 个，省定贫困县 3 个。[4]这 30 个贫困县就构成了新疆扶贫开发的重点区域。各贫困县都设有县级扶贫办，具体负责该地区的扶贫事宜。本文主要是通过向 30 个县级扶贫办发放问卷，试图从政府具体工作人员的视角审视现行扶贫开发的运行状况。结合新疆扶贫开发的实际情况，笔者共向新疆 30 个贫困县的扶贫办发放了 30 份问卷，问卷由该贫困地区扶贫办从事扶贫工作多年的工作人员填写，从而保证填写人员对相关问题的了解程度和最终信息的准确性。实际调查结果为：共发放问卷 30 份，收回 28 份，可利用问卷 25 份（23 份完全信息、2 份不完全信息），无效问卷 3 份，信息覆盖率为 83.3%，足以支撑本文的研究需要。

三、模糊综合评价

（一）评价情况

对各级指标的评价分为两个部分：一个部分是对各指标的现实表现情况进行"优良中差"的评价，这一部分的填报情况用于模糊综合评价 R 矩阵的建立（见表 1）；另一个部分是对各指标的现实重要程度进行打分，分值为 1~5 分，分值越高表示该指标的现实意义越大，而各指标获得的总分值将用于指标权重的计算（见表 2）。

表1　　　　　　　　　各指标"优良中差"得票情况

内容	序号	指标	优	良	中	差
启动系	1	当年扶贫资金投入总额充足情况	10	9	6	0
	2	中央投资到位率	13	7	5	0
	3	地方投资到位率	9	8	5	3
	4	地方配套到位率	4	8	10	3
	5	社会组织参与情况	4	8	11	2
	6	国际社会援助	3	5	6	11

新疆贫困地区扶贫效率的模糊综合评价分析

续表

内容	序号	指标	优	良	中	差
导向系	7	贫困人口占总人口的比例	1	3	6	15
	8	收益贫困户占贫困人口的比例	9	11	5	0
	9	当年扶贫项目覆盖贫困农户数的比例	7	11	6	1
	10	贫困户建档立卡完成率	19	5	1	0
动力系	11	财政扶贫资金报账率	11	13	1	0
	12	财政扶贫资金项目竣工率	5	15	5	0
	13	以工代赈资金报账率	5	10	9	1
	14	以工代赈资金项目竣工率	5	8	10	2
	15	培训资金报账率	15	10	0	0
	16	培训资金项目执行率	14	11	0	0
	17	扶贫贴息贷款计划完成情况	20	5	0	0
	18	三项扶贫资金用于整村推进情况	13	10	2	0
	19	行业部门资金开发式项目资金比重	10	8	5	2
	20	社会帮扶资金开发式项目资金比重	4	12	6	1
	21	群众自筹资金开发式项目资金比重	4	6	8	5
	22	其他资金开发式项目资金比重	4	9	7	3
	23	部门包村定点帮扶情况	6	10	6	1
	24	结对子帮扶落实情况	10	7	6	0
	25	社会帮扶机制情况	7	11	4	1
	26	帮扶措施落实情况	3	14	6	0
	27	龙头企业带动贫困户表现情况	2	11	7	3
	28	当年实施项目进展情况	11	12	2	0
	29	当年稳定解决贫困人口温饱计划任务完成情况	18	5	0	0
	30	当年完成整村推进验收计划任务	14	8	1	0
	31	劳动力转移培训就业率	10	12	1	0
	32	产业化扶贫覆盖率	11	10	2	0
	33	扶贫抗震安居住房入住率	9	11	1	2
	34	当年农牧民人均纯收入增幅情况	10	11	2	0
	35	当年计划扶持贫困户受益率	12	9	2	0
	36	返贫率	5	9	7	4
	37	"五通"、"五有"、"五能"率	11	8	2	2

内容	序号	指标	优	良	中	差
	38	项目库建设	15	6	2	0
	39	三项扶贫资金审计情况	16	6	1	0
	40	贫困村村委会对贫困户的管理情况	7	12	4	0
	41	日常业务档案和网络建设	16	6	1	0
约束系	42	财政扶贫资金项目检测系统使用情况	19	4	0	0
	43	扶贫调研和宣传	11	10	1	1
	44	贫困监测部门职能发挥	8	11	3	1
	45	监测部门的独立性	5	10	6	2
	46	扶贫开发行政法规的配套情况	5	7	6	5

表 2　　　　　　　　各指标重要程度得分情况

内容	序号	指标	1分	2分	3分	4分	5分
	1	当年扶贫资金投入总额充足情况	15	2	4	1	3
	2	中央投资到位率	16	5	2	0	2
启动系	3	地方投资到位率	11	3	3	4	4
	4	地方配套到位率	10	3	4	5	3
	5	社会组织参与情况	8	6	5	2	4
	6	国际社会援助	10	3	4	4	4
	7	贫困人口占总人口的比例	10	4	0	3	8
	8	收益贫困户占贫困人口的比例	11	4	5	1	4
导向系	9	当年扶贫项目覆盖贫困农户数的比例	8	7	4	2	4
	10	贫困户建档立卡完成率	20	2	0	2	1
	11	财政扶贫资金报账率	12	8	1	3	1
	12	财政扶贫资金项目竣工率	8	9	3	3	2
动力系	13	以工代赈资金报账率	5	8	4	5	3
	14	以工代赈资金项目竣工率	5	8	4	6	2
	15	培训资金报账率	12	9	1	1	2
	16	培训资金项目执行率	14	5	2	2	2

内容	序号	指标	1分	2分	3分	4分	5分
动力系	17	扶贫贴息贷款计划完成情况	14	4	3	3	1
	18	三项扶贫资金用于整村推进情况	12	5	5	2	1
	19	行业部门资金开发式项目资金比重	8	7	5	2	3
	20	社会帮扶资金开发式项目资金比重	6	7	6	3	1
	21	群众自筹资金开发式项目资金比重	2	7	6	4	4
	22	其他资金开发式项目资金比重	4	7	6	4	2
	23	部门包村定点帮扶情况	5	9	6	2	1
	24	结对子帮扶落实情况	7	5	6	4	1
	25	社会帮扶机制情况	7	9	4	2	1
	26	帮扶措施落实情况	6	6	5	5	1
	27	龙头企业带动贫困户表现情况	5	7	5	3	3
	28	当年实施项目进展情况	12	9	1	2	1
	29	当年稳定解决贫困人口温饱计划任务完成情况	18	2	0	0	3
	30	当年完成整村推进验收计划任务	16	4	0	2	1
	31	劳动力转移培训就业率	11	7	2	1	2
	32	产业化扶贫覆盖率	11	6	1	3	2
	33	扶贫抗震安居住房入住率	11	5	4	1	2
	34	当年农牧民人均纯收入增幅情况	12	6	2	0	3
	35	当年计划扶持贫困户受益率	11	7	1	2	2
	36	返贫率	8	5	2	5	5
	37	"五通"、"五有"、"五能"率	10	6	2	0	5
约束系	38	项目库建设	16	3	2	1	1
	39	三项扶贫资金审计情况	16	3	1	0	3
	40	贫困村村委会对贫困户的管理情况	10	7	2	3	1
	41	日常业务档案和网络建设	16	3	3	0	1
	42	财政扶贫资金项目检测系统使用情况	15	5	2	0	1
	43	扶贫调研和宣传	12	6	2	2	1
	44	贫困监测部门职能发挥	10	6	3	2	2
	45	监测部门的独立性	8	4	5	3	3
	46	扶贫开发行政法规的配套情况	10	5	1	3	4

（二）评价测算

1. 各级指标权重

一级因素权重 $A_i = \dfrac{M_i}{\sum\limits_{i=1}^{4} M_i}$ ，M_i 表示各一级因素获得的总得分，

由此得一级因素权重为：$A = (0.14, 0.09, 0.6, 0.17)$

二级因素权重 $a_k = \dfrac{m_k}{\sum\limits_{k=1}^{k} m_k}$ ，m_k 表示各二级因素获得的总得分，

由此得二级因素权重为：$A_1 = (0.15, 0.12, \cdots, 0.19)$ ；$A_2 = (0.31, 0.26, 0.27, 0.16)$ ；$A_3 = (0.03, 0.04, \cdots, 0.05)$ ；$A_4 = (0.09, 0.1, \cdots, 0.14)$

2. R 矩阵

$$R_1 = \begin{bmatrix} 0.4 & 0.36 & 0.24 & 0 \\ 0.52 & 0.28 & 0.2 & 0 \\ \cdots & \cdots & \cdots & \cdots \\ 0.12 & 0.2 & 0.24 & 0.44 \end{bmatrix} ; \quad R_2 = \begin{bmatrix} 0.6 & 0.24 & 0.12 & 0.04 \\ 0.36 & 0.44 & 0.2 & 0 \\ 0.28 & 0.44 & 0.24 & 0.04 \\ 0.76 & 0.2 & 0.04 & 0 \end{bmatrix}$$

$$R_3 = \begin{bmatrix} 0.44 & 0.48 & 0.08 & 0 \\ 0.44 & 0.52 & 0.04 & 0 \\ \cdots & \cdots & \cdots & \cdots \\ 0.2 & 0.36 & 0.28 & 0.16 \end{bmatrix} ; \quad R_4 = \begin{bmatrix} 0.65 & 0.26 & 0.09 & 0 \\ 0.7 & 0.26 & 0.04 & 0 \\ \cdots & \cdots & \cdots & \cdots \\ 0.22 & 0.3 & 0.26 & 0.22 \end{bmatrix}$$

3. 模糊综合评价

$$B_1 = A_1 \times R_1 = (0.27, 0.3, 0.29, 0.14)$$

$$B_2 = A_2 \times R_2 = (0.3, 0.3, 0.2, 0.2)$$

$$B_3 = A_3 \times R_3 = (0.36, 0.41, 0.18, 0.05)$$

$$B_4 = A_4 \times R_4 = (0.46, 0.36, 0.13, 0.05)$$

$$B = A \times [B_1 \quad B_2 \quad B_3 \quad B_4]^T = (0.36, 0.38, 0.19, 0.08)$$

4. 评价结果

$$V = \begin{bmatrix} B_1 \\ B_2 \\ B_3 \\ B_4 \\ B \end{bmatrix} \times \begin{bmatrix} 100 \\ 80 \\ 60 \\ 50 \end{bmatrix} = (75.27, 75.65, 80.65, 84.95, 81.1)^T$$

以上计算结果说明，启动系最后得分为 75.27；导向系最后得分为 75.65；动力系最后得分为 80.65；约束系最后得分为 84.95；整个新疆贫困地区扶贫开发运行状况的得分为 81.1。评价结果如图 1 所示。

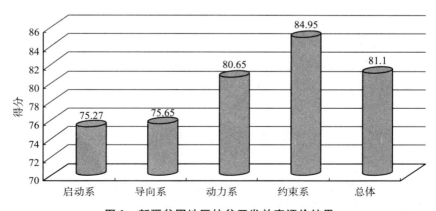

图 1　新疆贫困地区扶贫开发效率评价结果

四、评价结果分析

从模糊综合评价的结果来看，新疆贫困地区扶贫开发效率情况不容乐观。以 90 分为标准，无论是子系统表现还是整体表现都不尽如人意。根据问卷的实际填写情况和模糊综合评价的结果，我们可以得出以下结论：

（一）扶贫主体参与积极性不高，投资到位率低

启动系是四个子系统中得分最低的，仅得了 75.27 分。同时差评率为 14%，也就是说，有 14% 的贫困县认为启动主体表现不佳，比例较高。大部分贫困县认为启动主体的表现为"良"和"中"，所占比例分别为 30% 和 29%。从单个指标投票情况来看，突出问题表现在地方投资和地方配套资金到位率低、社会组织和国际机构参与程度低。其中，地方投资和地方配套资金到位率偏低与地方政府的执政理念和地方财力相关度较高；社会组织参与积极性不高与政策制定以及相关发展环境的建设密切相关；国际机构参与程度低是由于新疆开展国际援助起步较晚，还没有形成很好的示范效应，并且随着我国经济的日益发展和国力的不断强盛，中国已经逐渐由受援国转变成了支援国，国际机构提高了对中国的援助门槛。

（二）贫困农户收益率不高，导向存在一定的偏差

导向系是得分第二低的子系统，得分为 75.65 分，仅比启动系高了 0.33 分。并且导向系是四个子系统中差评率最高的，达到了

20%，有 1/5 的贫困县认为目标群体从扶贫开发中获益情况不理想。从投票情况来看，主要表现在贫困县贫困发生率高、扶贫开发项目覆盖程度不足和贫困农户受益欠佳等问题上，而在为贫困农户建档立卡方面表现较好。

（三）开发式资金比重有待提高，扶贫效果持续性不强

动力系作为核心系统，得分为 80.65。其中，36% 的贫困县评价为优，41% 的贫困县评价为良，差评仅占 5%，总体表现良好。但是，应对新疆日益严峻的扶贫形式显然不够。从动力系的几个功能表现来看，动力传递效率不高，尤其是以工代赈资金存在比较多的问题；动力投向突出表现出来的问题是开发式资金的投入不足；动力效果方面基本满意，但是动力效果的持续能力比较令人怀疑，返贫率指标的情况充分说明了这一点。从调查问卷填写情况来看，总共有 11 个贫困县的返贫率超过了 20%，这充分说明了扶贫效果的持续能力弱。相当一部贫困农户脱贫后，由于没有获得进一步的帮扶，自我发展能力在前一个阶段也没有有效形成，造成后一阶段重新陷入贫困。这是提高扶贫开发效率需要重点解决的一个关键性问题。

（四）监督与管理基本到位，但仍需强有力的法律保障

约束系是四个子系统中得分最高的，分值为 84.95。其好评率最高，达到 46%；差评率仅为 5%，与动力系同为最低。虽然得分并没有达到 90 分以上，但是已经十分接近。这说明约束系在新疆贫困地区扶贫开发运行中是表现最为优异的子系统。这与各级政府一直致力于建立系统完善的扶贫开发管理体系密切相关。当然，约

束系也有其存在的问题。比如，三项扶贫资金审计方面，监测部门
的独立性方面，尤其是针对扶贫开发的行政法规设置方面，都存在
一定的问题。这三个方面都至少有 3 个贫困县给出了差评。

（五）各部分的相互作用制约了总体表现

总体得分偏低，为 81.1，归因于各子系统不良表现间的相互影
响，体现出了系统内部关联性的重要性。启动主体参与积极性不
高，投资到位率低，直接影响了动力系功能的发挥，导向系和约束
系也由于某些启动主体的消极态度受到影响；导向存在偏差，农户
受益率不高，同样也会直接影响动力系的表现；动力传递效率不
高，返贫现象突出，对启动系的组织协调、导向系的目标瞄准、约
束系的监督约束都提出了拷问；约束系独立性存在问题，又缺乏法
律这一最有力武器，很难对其他子系统真正起到纠偏作用。

总之，新疆贫困地区扶贫开发效率的提升空间还很大。一方
面，要针对各部分存在的特有问题逐一解决；另一方面，还必须重
点关注各部分之间的内部联系，强化系统间的相互合作，这样才能
达到事半功倍的效果。

参 考 文 献

［1］扎德著．阮达，黄崇福译．模糊集与模糊信息粒理论［M］.北京：
北京师范大学出版社，2005.

［2］胡继才，万福钧．应用模糊数学［M］.武汉：武汉测绘科技大学出
版社，1993.

［3］周瑞超，邝鱼．投入效率对扶贫总体效果的有效性评价［J］.统计与
决策，2005（11）：59－60.

［4］厉声，马大正，秦其名等．新疆贫困状况及扶贫开发［M］.乌鲁木
齐：新疆人民出版社，2010.

贫困地区瞄准精度评价与提高研究

——以新疆地区为例

摘要： 新疆县域的发展水平直接关系到扶贫开发重点区域的确定。通过选取反映县域发展水平6个主要方面的27个数量指标，采用主成分分析的方法，对2010年新疆69个县（市）的发展水平进行排序，并将其分为发达、中等、落后三种类型。在此基础上，一方面与新疆已确定的贫困县情况对比，另一方面与2002年情况进行了对比。研究发现新疆对贫困地区的瞄准存在一定的偏差，瞄准指标单一，瞄准精度有待加强，绝大多数县（市）发展动力不足等问题，进而提出了相关政策建议。

关键词： 贫困县 扶贫开发 瞄准 主成分分析

一、引 言

一般而言，扶贫开发重点区域的确定是通过空间上的宏观瞄准来实现的，其依据主要是当地的贫困人口数量、农牧民收入水平、基本生产生活条件以及扶贫开发工作情况，同时适当兼顾人均国内生产总值、人均财政收入等综合指标。但是，收入水平无疑是其中最重要的一项指标，这一点在全国任何地区都是毋庸置疑的，甚至由于某些客观因素和以往惯例很多省份都将该指标作为唯一划分标准进行使用。比如，新疆自治区扶贫开发重点县（市）的标准是1997年、1998年、1999年三年农牧民人均纯收入农业县为1 300元以下、牧业县为1 500元以下，以后大都在此基础上小幅上调贫困标准来确定贫困地区的。[1]这种近乎于单一的衡量指标起码会带来以下几方面的问题：一是不能全面、客观的反映各地区的真实发展情况；二是不能有效地承担起扶贫资源的配置功能，尤其是阻碍了不同扶贫资源投入的有的放矢；三是单一指标便于人为操作，滋生了"争当贫困县"现象的产生。

　　以往对这个问题的研究颇多，很多学者从不同角度进行了研究。费尔南多（Fernando，2011）等对智利的反贫困计划进行了为期三年的评估，强调瞄准机制的作用，并讨论其有效性，但是由于缺乏基础数据的支撑，还专门建立了一个数据库用以克服研究的不足。[2]阿克特尔·艾哈迈德（Ahmed，2011）和艾格尼丝·基松宾（Quisumbing，2011）以农业技术措施变迁为背景，研究了孟加拉国的食品及现金激励方案，对目标瞄准机制表现及性能进行了评价。[3]汪三贵（2007）以贫困瞄准为研究对象，发现东部和中部地区以及非贫困县存在更大的瞄准错误，村级瞄准并没有比县级瞄准覆盖更多的贫困人口，认为中国政府扶贫部门需要在非西部地区和非贫困县改善贫困瞄准方式和提高扶贫机构的能力，提高瞄准的准确性和效率。[4]洪名勇（2009）以贵州省为例论述了扶贫开发瞄准机制的弊端，提出了瞄准机制的调整方法，以克服扶贫资金使用分散、有效性差的问题。[5]刘国勇（2009）以新疆整村推进扶贫模式为研究对象，分析了当期其面临的形势，并试图对整村推进的瞄准机制、资源整合机制、资金使用机制、农户参与机制等进行创新。[6]

　　纵观以往的研究，笔者发现很多学者将注意力过多放在既定贫困地区身上，对非贫困地区关注较少，缺乏横向的比较；研究中理论分析较多，而用实证方法研究瞄准精度问题的文献较少；此外，动态研究较少，缺少纵向的比较分析。基于此，本文将设计一套系统、全面的评价指标体系，采用主成分分析的方法，通过对新疆所有69个县（市）发展水平的评价测算，并结合时间上的纵向比较分析，对当前新疆贫困地区的瞄准精度进行评价，进而提出相应的政策建议。

二、评价指标的选取

评价指标应该尽量涵盖各县市经济社会发展的各个方面，不但要考虑经济指标，还应考虑社会发展指标。基于以上思路，并结合现实数据的可得性，本文分别从综合经济、工业、农业、教育与医疗、人口因素和行政制度6个方面构建了相关指标来衡量新疆县（市）的发展水平。该指标体系具体内容包括：

一是综合经济指标，包括城乡居民储蓄存款余额（X_1）、年末金融机构各项贷款余额（X_2）、城镇固定资产投资完成额（X_3）、乡村从业人员数（X_4）、人均财政收入（X_5）、人均财政支出（X_6）、人均GDP（X_7）共七个二级指标；

二是工业发展指标，包括规模以上工业企业个数（X_8）、规模以上工业总产值（X_9）、在岗职工平均工资（X_{10}）、第二产业增加值（X_{11}）共四个二级指标；

三是农业发展指标，包括粮食单位面积产量（X_{12}）、人均耕地面积（X_{13}）、棉花产量（X_{14}）、油料产量（X_{15}）、肉类产量（X_{16}）、农业机械总动力（X_{17}）、农牧民人均纯收入（X_{18}）、第一产业增加值（X_{19}）共八个二级指标；

四是教育、医疗指标，包括小学在校学生数（X_{20}）、普通中学在校学生数（X_{21}）、医院及卫生院床位数（X_{22}）共三个二级指标；

五是人口因素指标，包括人口自然增长率（X_{23}）、少数民族人口自然增长率（X_{24}）、出生率（X_{25}）、死亡率（X_{26}）共四个二级指标；

六是行政制度指标，包括村民委员会个数（X_{27}）一个二级指标。

这 27 个二级指标就构成了较为全面的评价体系，通过选择一定的计量方法就可以对新疆 69 个县（市）的发展水平进行总体评价。指标数据来源于《新疆年鉴 2003》、《中国农业发展银行统计年鉴 2003》、《中国县（市）社会经济统计年鉴 2003》、《中国县（市）社会经济统计年鉴 2011》、《新疆统计年鉴 2003》、《新疆统计年鉴 2011》和《新疆调查年鉴 2011》。[①]

三、研究方法与评价步骤

第一步，将原始数据进行标准化处理；

$$Z_{ij} = \frac{X_{ij} - \bar{X}_j}{S_j} \quad i = 1, 2, \cdots, n; \quad j = 1, 2, \cdots, p,$$ 其中 $\bar{X}_j = \frac{1}{n} \sum_{i=1}^{n} X_{ij}$ 为第 j 个变量的均值；$S_j^2 = \frac{1}{n-1} \sum_{i=1}^{n} (X_{ij} - \bar{X}_j)^2$ 为第 j 个变量的样本方差。

第二步，计算相关系数矩阵 R；

---

① 2011 年有关数据用于测评 2010 年新疆 69 个县（市）各自的发展水平，而 2003 年的数据则是在后文分析中用于计算 2002 年新疆县（市）的发展情况，目的在于与当前情况进行比较分析，得出相应的结论。

$$R = (r_{ij})_{p \times p}, 其中 r_{ij} = \frac{1}{n-1} \sum_{i=1}^{n} Z_{ki} Z_{kj} \quad i = 1, 2, \cdots, n; \ j = 1, 2, \cdots, p$$

第三步，求相关系数矩阵 R 的特征向量 $U = (u_{ij})_{p \times p}$ 和特征值 $\lambda_1 \geq \lambda_2 \geq \cdots \geq \lambda_p \geq 0$；

R 的特征方程式为 $|R - \lambda I| = 0$，特征值 $\lambda_g (g = 1, 2, \cdots, p)$ 是主分量 F 的方差，它的大小反映了各个主分量在描述被评价对象上所起的作用大小。特征值 λ_g 所对应的特征向量 U_g 由方程组 $|R - \lambda_g| U_g = 0$ 求出，即标准化向量 Z_g 在新坐标系下各分量上的系数。

第四步，确定主成分个数的判定准则；

$a_g = \dfrac{\lambda_g}{\sum\limits_{g=1}^{p} \lambda_g}$ 表明每个分量说明原始变量的信息量，即方差贡献率。对事先给定的累计方差贡献率 q_0（通常取 0.85），如果

$$\frac{\sum\limits_{i=1}^{k-1} \lambda_i}{\sum\limits_{i=1}^{p} \lambda_i} < q_0 \leq \frac{\sum\limits_{i=1}^{k} \lambda_i}{\sum\limits_{i=1}^{p} \lambda_i}, \ 则可以取前 k 个主成分进行分析和评价。$$

第五步，计算总得分，并根据排序情况进行分析和评价。

主分量是原变量的线性组合：$F_i = \sum\limits_{j=1}^{p} U_{ij} Z_j \quad i = 1, 2, \cdots, N$

其中，U_{ij} 为特征值对应的特征向量，Z_j 为原始变量的标准化值。[8]

四、新疆县域发展水平的主成分分析

数据矩阵由 69 个县（市）各自对应的 27 个指标数据组成。将其录入 spss16.0 软件，并进行标准化处理。数据处理后随即进行主

成分分析。根据主成分累计贡献率大于85%的原则，选取了7个主成分，分别用 F_1、F_2、F_3、F_4、F_5、F_6、F_7 表示，其基本涵盖了原来 27 个指标的信息。总方差解释如表 1 所示。

表 1　　　　　　　　　　　总方差解释

Component	Initial Eigenvalues			Rotation Sums of Squared Loadings		
	Total	% of Variance	Cumulative %	Total	% of Variance	Cumulative %
1	8.106	30.021	30.021	6.438	23.845	23.845
2	6.35	23.52	53.54	5.501	20.373	44.219
3	3.272	12.117	65.657	3.19	11.813	56.032
4	1.806	6.689	72.346	2.707	10.027	66.059
5	1.291	4.781	77.127	2.231	8.264	74.323
6	1.152	4.266	81.393	1.596	5.91	80.233
7	1.027	3.804	85.197	1.34	4.964	85.197

为了便于对各主成分进行命名，本文使用最大方差法（Varimax）方法旋转，根据旋转后因子载荷矩阵（见表1）提取主成分，每个主成分包括的具体指标如下：

第一主成分（F_1），包括了第二产业增加值、规模以上工业企业个数、城乡居民储蓄存款余额、规模以上工业总产值、年末金融机构各项贷款余额、第一产业增加值、农业机械总动力、城镇固定资产投资完成额、肉类总产量、农民人均纯收入共十个指标。这十个指标中既有综合经济指标，又有部分工业和农业指标，但总起来看都是反映各地区经济发展的，因此可以将第一主成分命名为经济因素。

第二主成分（F_2），包括小学在校学生数、村民委员会个数、普通中学在校学生数、医院和卫生院床位数、乡村从业人员数五个指标。这五个指标同样涵盖了其他因素，但是主要内容却很明确。

所以可以将第二主成分命名为教育和社会保障因素。

第三主成分（F_3），包括人口自然增长率、少数民族人口自然增长率、出生率共三个指标，显然第三主成分可以命名为人口因素。

第四主成分（F_4），包括人均财政收入、人均财政支出、人均GDP共三个人均量指标，其主要反映的是新疆各县（市）的财政能力和经济实力，同样也是经济指标，可以将其命名为经济因素2。

第五主成分（F_5），包括在岗职工平均工资、油料产量、粮食单位面积产量、人均耕地面积共四个指标，主要是反映农业发展能力的经济指标，将其命名为经济因素3。

第六主成分（F_6）和第七主成分（F_7），分别包括棉花产量和死亡率各一个指标，一个是反映农业发展的其中一个指标，另一个是人口指标之一，由于都是单一指标，就不再单独进行命名。

可见，根据旋转后因子载荷矩阵，大体可以提取三类因子，经济因素、教育和社会保障因素、人口因素。虽然与原先设计的指标体系的分类有所不同，但是大致上是一致的，基本上符合了研究预期。旋转后因子载荷矩阵如表2所示。

表2　　　　　　　　　　旋转后因子载荷矩阵

	1	2	3	4	5	6	7
第二产业增加值	0.847	0.091	0.018	0.334	-0.168	-0.077	-0.154
规模以上工业企业个数	0.841	0.008	-0.072	-0.025	0.11	-0.038	0.063
城乡居民储蓄存款余额	0.826	0.275	-0.095	-0.001	0.035	0.275	-0.145
规模以上工业总产值	0.821	0.061	0.007	0.311	-0.172	0.044	-0.106

	1	2	3	4	5	6	7
年末金融机构各项贷款余额	0.774	0.096	-0.067	-0.05	0.197	0.48	-0.008
第一产业增加值	0.712	0.376	-0.2	-0.194	0.217	0.149	0.157
农业机械总动力	0.688	0.395	-0.117	-0.23	0.225	0.228	0.226
城镇固定资产投资完成额	0.627	0.285	-0.043	0.489	-0.282	-0.144	-0.132
肉类总产量	0.621	0.427	-0.165	-0.252	0.137	-0.27	0.211
农民人均纯收入	0.597	-0.272	-0.328	0.247	0.311	0.212	0.07
小学在校学生数	0.054	0.954	0.165	-0.133	-0.043	0.069	-0.042
村民委员会个数	-0.003	0.943	0.046	-0.07	-0.002	0.085	0.11
普通中学在校学生数	0.158	0.939	0.177	-0.152	0	0.083	-0.05
医院、卫生院床位数	0.21	0.886	0.143	-0.102	-0.011	0.088	-0.08
乡村从业人员数	0.31	0.829	0.254	-0.167	0.019	0.044	-0.084
人口自然增长率	-0.201	0.239	0.918	-0.08	-0.116	-0.021	0.144
少数民族人口自然增长率	0.042	0.103	0.895	-0.158	-0.028	-0.125	0.314
出生率	-0.185	0.264	0.875	-0.113	-0.093	-0.038	-0.196
人均财政收入	0.164	-0.189	-0.131	0.869	-0.056	0.037	0.017
人均财政支出	-0.353	-0.396	-0.144	0.702	-0.109	-0.132	0.093
人均GDP	0.48	-0.3	-0.259	0.697	0.058	0.003	0.132
在岗职工平均工资	0.111	-0.041	0.105	0.031	-0.822	-0.216	0.116
油料产量	0.254	-0.046	-0.004	-0.052	0.789	-0.343	-0.029
粮食单位面积产量	-0.026	0.2	-0.252	-0.401	0.493	0.38	0.141
人均耕地面积	0.383	-0.291	-0.455	-0.071	0.488	-0.003	0.308
棉花产量	0.301	0.252	-0.119	-0.044	-0.003	0.833	0.039
死亡率	0.052	0.052	-0.155	-0.083	0.068	-0.041	-0.891

　　将因子系数得分矩阵和原始变量标准化值两个矩阵相乘，可以计算每个观测量的各因子的得分数。结合每个观测量的各因子的得

分数，以每个主成分对应的特征值占所提取主成分解释能力的比例作为权重计算每个县（市）总得分。具体公式如下：

$$F_i = 0.280F_{i1} + 0.239F_{i2} + 0.139F_{i3} + 0.118F_{i4}$$
$$+ 0.097F_{i5} + 0.069F_{i6} + 0.058F_{i7}$$

根据计算结果将总得分进行排序，就可以得出目前各县（市）的发展状况。然后，根据 2010 年新疆各县（市）总得分的排序情况，设定一定的分类标准，进一步将新疆 69 个县（市）划分为发达类型、中等发达类型、落后类型三大类。具体的分类情况及每一类所包含的县（市）见表 3。

表 3　　　　　　**2010 年新疆 69 个县（市）综合发展分组情况**

综合发展水平		包括的县或者县级市	F 综合值
发达类型	最发达组	莎车县*、库车县、沙湾县	F≥1
	发达组	鄯善县、伊宁县、英吉沙县*、玛纳斯县	1＞F≥0.5
中等类型	较发达组	富蕴县、呼图壁县、霍城县、叶城县*、奇台县、轮台县、墨玉县*、疏勒县*、温宿县、阿瓦提县	0.5＞F≥0.25
	较落后组	疏附县*、昭苏县、额敏县、若羌县、阿克陶县*、和田县*、哈巴河县、沙雅县、新和县、和布克赛尔县*、拜城县、巴楚县、阿图什市*、和静县、尼勒克县*	0.25＞F≥0
落后类型	落后组	伽师县*、新源县、焉耆县、精河县、巩留县、尉犁县、伊吾县*、布尔津县、托克逊县、察布查尔县*、吉木萨尔县、麦盖提县、洛浦县*、泽普县、于田县*、托里县*、温泉县、乌什县*、福海县、岳普湖县*、和硕县、且末县、青河县*、巴里坤县*、博湖县、皮山县*、裕民县*、特克斯县、柯坪县*、乌鲁木齐县、木垒县	0＞F≥-0.5
	最落后组	乌恰县*、策勒县*、塔什库尔干县*、阿合奇县*、吉木乃县*、民丰县*	-0.5＞F≥-1

注：＊表示贫困县。

从 2010 年新疆的 69 个县（市）分组情况来看，新疆对贫困地区的瞄准具备一定的精度。在已经确定的 30 个贫困县中，有 19 个被划分到了落后类型，占总数的 63.3%，尤其是最落后组中的 6 个县都属于既定的贫困地区，体现出了一定的瞄准精度。同时，分组情况也反映出一些问题。仍有 11 个既定贫困县被划分到了非落后类型，甚至有 2 个贫困县被分组为发达类型。出现问题的原因有很多，但更重要的是新疆对贫困地区的瞄准精度有待加强。

为了实现时间上的纵向比较，笔者又用同样的方法测算了 2002 年新疆所有县（市）的发展水平，并进行了分组（见表 4）。观察发现，2002 年的测算结果同样反映出了上文中所述的问题。同时，通过对比 2002 年和 2010 年的测评结果发现瞄准偏差主要还是由于确定方法的问题，而不应该单纯归因于地区的发展变化。

表4　　　　　　　2002 年新疆 69 个县（市）综合发展分组情况

综合发展水平		包括的县或者县级市	F 综合值
发达类型	最发达组	鄯善县、沙湾县	F≥1
	发达组	玛纳斯县、伊宁县、库车县、奇台县、呼图壁县、莎车县*、霍城县、疏勒县*	1＞F≥0.5
中等类型	较发达组	墨玉县*、额敏县、叶城县*、疏附县*、伽师县*、沙雅县	0.5＞F≥0.25
	较落后组	新源县、拜城县、昭苏县、吉木乃县*、福海县、温宿县、巴楚县、新和县、乌什县*、阿瓦提县、和静县、特克斯县、吉木萨尔县	0.25＞F≥0

续表

综合发展水平		包括的县或者县级市	F综合值
落后类型	落后组	托克逊县、焉耆回族自治县、巩留县、尼勒克县*、阿图什市*、英吉沙县*、精河县、洛浦县*、巴里坤哈萨克自治县*、察布查尔锡伯自治县*、麦盖提县、阿克陶县*、和田县*、于田县*、泽普县、布尔津县、青河县*、柯坪县*、木垒哈萨克自治县、乌鲁木齐县、尉犁县、皮山县*、哈巴河县、托里县*、岳普湖县*、裕民县*、温泉县、博湖县、和硕县、乌恰县*、富蕴县、策勒县*	$0 > F \geqslant -0.5$
	最落后组	塔什库尔干县*、和布克赛尔县*、轮台县、若羌县、民丰县*、阿合奇县*、伊吾县*、且末县	

注：＊表示贫困县。

五、结论与建议

通过主成分分析对新疆 69 个县（市）的发展水平进行综合评价，并将其分为发达、中等、落后三大类。根据各县（市）主成分得分排序与农牧民人均纯收入排序对比情况，以及最后的分类结果来看，可以得到以下结论：

第一，瞄准指标单一。从总得分和农牧民人均收入排序对比情况来看，30 个贫困县的总得分并不都是最低的，有些甚至排在前几位；而反观这些贫困县农牧民人均纯收入的排名却与其贫困县的地位极为对等，几乎所有贫困县（市）的农牧民人均纯收入水平较其他县（市）都处于落后地位。这说明，新疆在瞄准贫困地区的具体操作中，一直将农牧民人均纯收入作为最重要指标，虽然兼顾了其他一些指标，但显然重视不够。评价指标的相对单一、某些重要指标的忽略、没有形成系统完整的县（市）发展水平评价体系将对新疆贫困地区的瞄准精度产生消极影响。

第二，瞄准精度有待加强。根据排序和分类情况来看，虽然目前30个贫困县中有19个贫困县属于落后型，尤其是最落后组中的6个县全部都是贫困县，但是仍有2个贫困县被划分到了发达类型、9个划分到了中等类型。出现这种现象的原因可以归结为以下几点：现行评价体系过于单一，没有综合考虑各县（市）的发展情况；中央、自治区、县（市）等各级政府存在信息不对称，在贫困县的评选过程中存在逆向选择问题；当选贫困县的利益激励，使"争当贫困县"、"脱贫不脱帽"、"贫困县不贫困"的现象存在；主观因素、人为因素、政治因素的干预，使贫困县评选过程中脱离客观实际；边境地区、民族自治县、革命老区等非经济因素成为确定贫困县的重要导向。就目前新疆瞄准的具体情况来看，虽然具备一定的瞄准精度，但是改进的空间还有很大。

第三，新疆绝大多数县（市）发展动力不足。从各县（市）总得分和分类情况来看，属于发达类型的县（市）明显偏少，大部分属于中等类型和落后类型，而且有超过一半的县（市）属于落后类型，其总得分都小于零。可见，新疆县（市）总体发展状况不容乐观，绝大多数的县（市）发展动力不足，一半以上都集中分布在落后区，且县（市）间的差距并不十分明显，对贫困地区的准确瞄准制造了麻烦。

在以上结论的基础上，提出以下简要的政策建议：第一，建立一整套更加系统、完善的贫困地区评价指标体系，从综合角度考虑县域的发展水平，提高对贫困地区的瞄准精度；第二，实施动态评估，每隔三年或者五年对县域发展水平进行重新评估，"吐故纳新"及时调整重点开发区域的范围，提高扶贫效率；第三，根据评估结果，对在这个时期内消极发展或者没有取得应有扶贫效果的地方政府进行惩戒，激发地方政府参与开发的积极性；第四，对各个县

（市）单独分析，找出困扰其发展的顽症所在，因地制宜地制定各个县（市）的扶贫开发规划，从根本上解决发展动力不足的问题；第五，借助更加客观、准确的评价标准确保扶贫资源投入有的放矢，提高利用效率。此外，在对贫困地区瞄准过程中还应注意对相应制度体系的完善，比如农村低保制度和农村合作医疗建设，有助于进一步提高瞄准精度。[9]

参 考 文 献

［1］赵国明，牛林康，曹鲁木等．新疆通志·扶贫开发志［M］．乌鲁木齐：新疆人民出版社，2009：39.

［2］Fernando，Andrés & Osvaldo. Evaluating the Chile Solidario program：results using the Chile Solidario panel and the administrative databases［J］．Estudios de Economia，2011（1）：129 – 168.

［3］Akhter Ahmed，Mubina Khondkar & Agnes Quisumbing. Understanding the context of institutions and policy processes for selected anti – poverty interventions in Bangladesh［J］．Journal of Development Effectiveness，2011（2）：175 – 192.

［4］汪三贵．中国新时期农村扶贫与村级贫困瞄准［J］．管理世界，2007（1）：56 – 64.

［5］洪名勇．我国贫困地区的开发扶贫机制探讨——基于贵州省的分析［J］．农业现代化研究，2009（5）：329 – 332.

［6］刘国勇．新阶段新疆整村推进扶贫开发面临的形势与机制创新［J］．新疆财经，2009（4）：21 – 24.

［7］刘林，龚新蜀．新疆城镇化的特殊性与政府的主导作用［J］．城市问题，2011（1）：12 – 18.

［8］郭显光．如何用SPSS软件进行主成分分析［J］．统计与信息论坛，1998（2）：60 – 64.

［9］赖景生．新时期西部农村贫困特征与反贫困对策［J］．西部论坛，2008（3）：59 – 66.

第六部分

多维贫困问题研究

西北边境连片特困区农户多维贫困的动态变化与影响因素研究

摘要：为研究多维贫困的动态变化和影响因素，文章基于 AF 多维贫困测量法并借助面板二值选择模型和面板排序模型对 2011～2012 年国家统计局新疆调查总队农村住户调查数据（RHS）进行实证分析。结果表明：（1）多维贫困状况得到较好改善，多维贫困程度的空间差异逐渐缩小；（2）农户家庭受教育人数的增加、参加农技培训、农业产出的提高、参与专业性经济合作组织和社会地位的提高等均可显著改善不同程度下的多维贫困，但少数民族农户汉语熟练度对多维贫困影响不大；（3）持久性多维贫困可通过提高农户受教育程度、健康水平和增加农业产出来防治。

关键词：连片特困区　多维贫困　面板数据　动态　影响因素

一、引　言

我国西北边境集中连片特困区主要位于新疆维吾尔自治区南疆三地州（以下简称南疆三地州），包括和田地区、喀什地区和克孜勒苏柯尔克孜自治州三个地州，周边分别与印度、巴基斯坦、阿富汗、塔吉克斯坦、吉尔吉斯斯坦五国接壤，边境线总长 2 335 公里，是我国面积最大的集中连片特殊困难地区。区域内呈现多民族、多文化、多语言、多宗教共生共存的社会特点，使得贫困问题兼具边境性、特困性、民族性等多重特征。贫困问题更加复杂和多样，使得单一通过收入维度来衡量该地区的贫困程度已不足以全面、准确地反映该区域贫困人口所处的真实情况。因此，通过多维贫困来反映该区域的贫困状况成为更好的选择。

多维贫困理论最早由森（Sen，1999）在福利经济学基础上创立。[1]自此贫困测度摆脱了以往收入指标的单一维度，使贫困问题的研究进入了全新的多维领域。关于多维贫困的研究成果不断涌现（Tsuiand Chakravarty，1993；Cheli & Lemmi，1995；Chakravarty、Deutsch & Silber，2008）。[2-4]其中，阿基尔和福斯特（Alkire & Foster，2007，2011）提出 AF 多维贫困测算方法，[5-6]该方法在国内研究多维贫困动态变化方面得到了广泛的应用，这方面的研究大体可以分为两类：一类是利用 AF 法直接研究多维贫困的动态变化问题，如张全红、周强（2014）考察了转型时期中国多维贫困的动态变化；[7]张全红、周强等（2014）测算了各省不同时期多维贫困的动态变化，并进一步考察省份间人均收入高低与多维贫困指数间的相关性；[8]张全红（2015）从剥夺得分的角度对 1991~2011 年中国的多维贫困进行了测度和动态分析，并对多维贫困进行了 4 种分类和测算，考察了这 4 类多维贫困的动态变化情况；[9]解垩（2015）从消费、健康、未来信心三个维度考察老年人的动态多维贫困状况。[10]另一类是在 AF 法的基础上借助其他经济学研究方法对多维贫困尤其是多维贫困的影响因素进行了进一步的研究，如高艳云、马瑜（2013）将家庭在不同时点多维贫困状态的变动分为三种类型，并采用有序响应 probit 模型，着重从家庭层面和区域层面来揭示什么样的家庭容易慢性贫困，什么样的家庭不容易贫困，研究认为加强教育等人力资本投资、改善人口结构、平衡地区发展差距等都是改善贫困的重要方面；[11]高帅（2015）基于个人能力剥夺视角进行多维贫困测度，依据贫困程度将我国城乡人口划分为长期贫困、暂时贫困和非贫困三个类型，采用有序响应 probit 模型探索贫困人口在多维贫困状态中转变的机理，发现社会地位每提高一个等级，3 维、4 维和 5 维贫困人口脱贫的可能性将分别增加 3.8%、5.3% 和 5.6%;[12]廖娟（2015）使用收入贫困和多维贫困测量方法对残疾人贫困状况的动态特征进行了研究，并采用 logit 模型分析了残疾对个体贫困的影响和导致残疾人贫困的因素，着重指出教育和就业是导致残疾人贫困的重要因素;[13]高帅、毕洁颖（2016）运用 Biprobit 模型基于个人层面可行能力和主观福利感受分析农村人口多维贫困状态持续与转变，研究发现受教育程度、社会地位、区域差异、从事农业活动时间、相对收入等对农村人口持续多维贫困产生显著影响，而教育程度、年龄、户籍、相对收入、绝对收入等对农村人口陷入多维贫困产生显著影响。[14]

综观前人的研究，本文试图在以下几个方面作出改变。一是以往研究大都是对全国样本数据的研究，很少将研究重点放到我国的集中连片特殊困难地区，这就很难得到有针对性的研究结论，而解决连片特困区贫困问题事关我国全面建成小康社会目标的达成。二是以往研究多是对截面数据或者混合面板数据的处理，方法也多选用 probit 或者 logit 模型，而本文形成了严格意义上的面板追踪数据，在方法上也采用了面板二值选择模型和面板排序模型与之相适应。三是本文既考察了影响因素对不同水平多维贫困的影响，又探讨了影响因素对持久性多维贫困的影响，两个层面的研究相互呼应，这在以往研究中并不多见。四是为尽可能减少遗漏变量的影响，本文充分考虑了集中连片特困地区的特征，引入了如少数民族汉语能力（社会融入）、乡村干部（社会地位）、参加专业性经济合作组织（社会网络）等指标，使得实证结果对减少集中连片特困地区的贫困更具有政策实践意义。

本文剩余部分按以下思路展开：首先，通过 AF 法测算新疆南疆三地州多维贫困指数，并分析其动态变化与空间差异情况；其次，在测算了多维贫困程度的基础上，通过面板二值选择模型和面板排序模型，分别研究有效降低农户多维贫困和防止多维贫困持久性的影响因素，着重于解释变量对农户陷入多维贫困及持久性多维贫困"几率比"（odd ratio）和边际影响的估计、解释和趋势分析；最后，总结结论。

二、测算方法与理论模型

（一）AF 多维贫困测算方法

第一步，多维贫困识别。

设 $M^{n,d}$ 为一个 $n \times d$ 维矩阵，且 $x_{ij} \in M^{n,d}$；$i = 1, 2, \cdots, n$；$j = 1, 2, \cdots, d$，x_{ij} 代表第 i 个调查户在维度 j 上的取值。对每一个维度 j，设立贫困标准 $Z_j(Z_j > 0)$，作为第 j 个维度被剥夺的临界值。同时，定义一个剥夺矩阵 $G^0(g_{ij}^0 \in G^0)$，且当 $x_{ij} < z_j$ 时 $g_{ij}^0 = 1$，当 $x_{ij} \geq z_j$ 时 $g_{ij}^0 = 0$。

令 W_j 为权重（$\sum_{j=1}^{d} w_j = 1$），获得加权一维贫困剥夺矩阵 $\tilde{G}^0$。定义多维贫困剥夺矩阵 C^0，设定被剥夺维度 $k(0 < k \leq 1)$。若 $\sum_{j=1}^{d} \tilde{g}_{ij}^0 \geq k$，表示调查户 i 至少在 k 剥夺水平上贫困，此时，$c_{ik}^0(k) = \sum_{i=1}^{d} \tilde{g}_{ij}^0$。反之，调查户 i 不是多维贫困户，$c_{ik}^0(k) = 0$。进一步对多维贫困户数进行识别，定义多维贫困剥夺个体数矩阵 Q^0，令 $c_{ik}^0(k) >$

0 时 $q_{ik}^0(k) = 1$；$c_{ik}^0(k) = 0$ 时 $q_{ik}^0(k) = 0$。

第二步，多维贫困指数测算。

在识别了每个调查户 i 在各个维度上的被剥夺情况后，需要进行维度加总，以确定多维贫困指数 M^0，且 $M^0 = H^0 \times A^0$，其中，H^0

表示多维贫困发生率，且 $H^0(k) = \dfrac{\sum\limits_{i=1}^{n} q_{ik}^0(k)}{n}$，$A^0$ 表示平均剥夺份

额，且 $A^0(k) = \dfrac{\sum\limits_{i=1}^{n} c_{ik}^0(k)}{\left[\sum\limits_{i=1}^{n} q_{ik}^0(k) \times d\right]}$。

第三步，多维贫困分解。

多维贫困指数还具备可分解性，既可以按照区域、城乡等分组方式进行分解，得到不同分组条件下的多维贫困指数，还可以按照维度或指标进行分解。本文研究中对多维贫困指数按指标和地区进行了分解研究。

（二）理论模型

1. 非线性面板回归模型

在获得多维贫困测算结果后，本文进一步研究如何有效降低农户多维贫困和防止持久性多维贫困的发生。因此，需要建立回归模型来研究那些影响因素对于降低农户多维贫困和防止贫困持久性有积极作用。由于所研究问题的被解释变量都是离散的，而非连续的，所以需要选择非线性回归模型，又因为数据集为面板数据，所以要建立非线性面板回归模型。非线性面板回归模型主要有面板二值选择模型、面板泊松回归、面板计数模型等，结合本文的研究目

标和数据特征，选择面板二值选择模型和面板排序模型来研究该问题较为恰当。

面板二值选择模型假设存在某一潜变量 y_{it}^*，本文中该隐含变量 y_{it}^* 表示农户 i 在 t 时刻的某种多维贫困状态，如果 $y_{it}^* \leq 40\%$ 多维贫困剥夺水平，那么 $y_{it}=0$，表示农户 i 在 t 年不是多维贫困户；如果 $y_{it}^* > 40\%$ 多维贫困剥夺水平，那么 $y_{it}=1$，表示农户 i 在 t 年是多维贫困户。模型的基本形式可以表示为：

$$y_{it}^* = x_{it}'\beta + u_i + \varepsilon_{it}(t=1, \cdots, n; t=1, \cdots, T),\ y_{it} = \begin{cases} 0 & \text{if} \quad y_{it}^* < 40\% \\ 1 & \text{if} \quad y_{it}^* \geq 40\% \end{cases}$$

面板排序模型与面板二值选择模型不同，被解释变量不再是简单的两个值，而是有着天然排序的一组数。对于面板排序模型，仍然存在某一潜变量 y_{it}^*，但模型的基本框架随着被解释变量的不同而发生了变化：

$$y_{it}^* = x_{it}'\beta + u_i + \varepsilon_{it}(i=1, \cdots, n; t=1, \cdots, T),\ y_{it} = \begin{cases} 0 & \text{if} \quad y^* \leq r_0 \\ 1 & \text{if} \quad r_0 < y_{it}^* \leq r_1 \\ 2 & \text{if} \quad r_1 < y_{it}^* \leq r_2 \\ \cdots & \cdots \qquad \cdots \\ m & \text{if} \quad r_{m-1} \leq y_{it}^* \end{cases}$$

式中，x_{it}' 均表示解释变量，β 为参数向量，u_i 为个体效应，ε_{it} 为干扰项。

2. 理论模型构建

根据本文的研究目的需要构建三个具体模型，一个模型使用面板二值选择模型用于研究如何降低多维贫困（40% 剥夺水平下），一个模型使用面板排序模型用于研究在不同剥夺水平下这些影响因素是否同样能够降低多维贫困程度，还有一个模型同样使用了面板排序模型用于研究如何有效防止持久性多维贫困，这三个模型的具体形式如下。

模型一：

$$y'_{it} = \beta_0 + \beta_{edu}Edu_{it} + \beta_{fix}Fix_{it} + \beta_{soc}Soc_{it} + \beta_x x_{it} + u_i + \varepsilon_{it}$$

$$\dot{y}_{it} = \begin{cases} 0 & \text{if} \quad y'_{it} < 40\% \\ 1 & \text{if} \quad y'_{it} \geqslant 40\% \end{cases}$$

模型二：

$$y''_{it} = \beta_0 + \beta_{edu}Edu_{it} + \beta_{fix}Fix_{it} + \beta_{soc}Soc_{it} + \beta_x x_{it} + u_i + \varepsilon_{it}$$

$$\ddot{y}_{it} = \begin{cases} 0 & \text{if} \quad y''_{it} < 40\%_{it} \\ 1 & \text{if} \quad 40\% \leqslant y''_{it} < 50\% \\ 2 & \text{if} \quad 50\% \leqslant y''_{it} < 60\% \\ 3 & \text{if} \quad 60\% \leqslant y''_{it} < 70\% \\ 4 & \text{if} \quad 70\% \leqslant y''_{it} \end{cases}$$

模型三：

$$y'''_{it} = \beta_0 + \beta_{edu}Edu_{it} + \beta_{fix}Fix_{it} + \beta_{soc}Soc_{it} + \beta_x x_{it} + u_i + \varepsilon_{it}$$

$$\dddot{y}_{it} = \begin{cases} 0 & \text{if} \quad y'''_{i2011} < 40\% \quad \text{and} \quad y'''_{i2012} < 40\% \\ 1 & \text{if} \quad 40\% \leqslant y'''_{i2011} \quad \text{or} \quad 40\% \leqslant y'''_{i2012} \\ 2 & \text{if} \quad 40\% \leqslant y'''_{i2011} \quad \text{and} \quad 40\% \leqslant y'''_{i2012} \end{cases}$$

由于研究问题的侧重点不同，因而三个模型的设定也有所区别，主要表现在三个模型的被解释变量上。模型一主要解决的问题是如何降低 40% 剥夺水平下的多维贫困，因此被解释变量为二值选择模型，0 和 1 分别表示 i 农户在 t 年所处的多维贫困状态，0 即非多维贫困户，1 即多维贫困户；模型二主要探讨各影响因素对不同多维贫困程度的差别化影响，0 ~ 4 的有序组代表着 i 农户在 t 年所处的被剥夺水平，共分为非多维贫困户（数值为 0）、40% ~ 50% 被剥夺水平多维贫困户（数值为 1）、50% ~ 60% 被剥夺水平多维贫困户（数值为2）、60%～70%被剥夺水平（数值为3）、70%以上被剥夺水平多维贫困户（数值为4）共五组，数字越大代表该农户多维贫困问题越严重；模型三主要研究持久性多维贫困问题，借鉴拉弗莱恩（Ravallion，1988）、莫杜齐（Morduch，1994）、休默和谢泼德（Hulme & Shepherd，2003）、伊第格（Edig，2011）等对动态贫困划分的研究，[15-18]笔者将连续两年都处于40%被剥夺水平的农户定义为慢性多维贫困户，取值2，将两年中仅有一年为多维贫困的农户定义为暂时性贫困，取值1，剩下的为非多维贫困户，取值0。

对于解释变量，三个模型选用了相同的解释变量，包括了从微观角度对减少贫困尤为重要的三个关键变量组：人力资本变量组（Edu），含初中以上受教育人数、教育费用支出（单位：千元）、农业技术培训人数、会汉语人数、健康人口数5个变量；物质资本变量（Fix），含年末固定资产原值对数（单位：万元）、人均耕地面积（单位：亩）、当年农业产量（单位：公斤）3个变量；社会资本变量（Soc），使用能够代表农户社会网络异质性（叶静怡，2012）的参加专业合作经济组织人数和代表社会地位的乡村干部2个变量来代表。还包括了家庭人口规模等家庭人口学特征变量。

此外，由于本文处理的主要是非平衡面板数据，詹里齐和萨普逊（Jennrich & Sampson，1976）认为，极大似然估计（MLE）可以对非平衡面板数据的方差组合进行估计，并可以得到一致有效估计量。[19]因此，本文的模型使用的是最大似然估计（MLE）。本文在面板二值选择模型和面板排序模型的系数推断中还采用了boot-strap技术，又称自助法，该方法最早由伊弗伦（Efron）提出，是通过对样本有放回地重复抽样来获得置信区间，从而得到更加渐进有效的系数估计量。[20]卡梅伦和特里维第（Cameron & Trivedi）建议，针对5%的显著性水平，如果使用自助法计算标准误差，迭代次数不少于 400 次。[21]本文在模型中选择的迭代次数均为 500 次。

（三）数据来源与处理

本文所采用的数据来自 2011 年、2012 年国家统计局新疆调查总队农村住户调查数据（Rural Household Survey），获得的调查住户信息为连续两年的样本观测点，分布于喀什地区、和田地区、克孜勒苏柯尔克孜自治州 3 个地州，覆盖了 14 个县（含 6 个边境县），120 个自然村，共计 1 200 户，且全部为少数民族农户，其中 43.3% 的样本来自于边境县。样本户全部是少数民族农户更符合我国连片特困区多是少数民族聚集区的特点，同时南疆三地州地处西北边境对研究我国边境集中连片特困地区贫困问题更具针对性和代表性，而且从国家安全角度考虑边境地区的少数民族贫困问题更应引起社会关切。

对数据的处理，坚持尽量多的保留数据信息，同时结合模型及所研究问题的要求对样本户做了相应调整。首先，多维贫困指数测算实际上是一种统计方法，对数据没有严格的限制，因此本文保留全部的样本量；其次，面板二值选择模型和面板排序模型则不同，模型对变量有严格的要求，同时回归结果的有效性也对数据质量提出了要求，通过剔除残缺值、离群值等异常值情况，面板二值选择模型保留了 2 279 个有效样本，样本保有率 95%，最终形成了一个连续两年的非平衡面板数据，而面板排序模型在研究降低不同剥夺水平多维贫困问题时与上述模型情况一样，但是在研究多维贫困持久性时，为了考察农户多维贫困的动态变化需要使用一个平衡面板数据，经过进一步剔除不满足条件的调查户形成了一个样本空间为 2 196 户的平衡面板。上述模型可用观测值能够满足大样本的要求。

三、多维贫困的动态变化与空间差异

（一）多维贫困测算体系

从哈格纳斯（Hagenaars，1987）构建了首个包含收入和闲暇两个维度的多维贫困指数以来，[22] 多维贫困测量的维度及指标一直处于不断演进中。比较有代表性的有人类发展指数（HDI）、人类贫困指数（HPI）、多维贫困指数（MPI）等。其中，多维贫困指数包括健康、教育、生活标准3个维度，具体测算指标包括营养、受教育年限、做饭燃料、耐用消费品等10个指标，是近几年国际上最具影响力的多维贫困指数，每年全球MPI都会通过联合国开发计划署《人类发展报告》向全世界公布。但是，由于数据获得性限制，多维贫困指数并不包含收入维度。国内学者对多维贫困问题的研究也大都基于MPI，比如王小林（2009）、高艳云等（2012）、张全红（2015）等。[23-25]

本文在构建多维贫困测算维度时，同样基于多维贫困指数（MPI），但有所扩展，加入了收入维度，形成了共计4个维度、11个指标的多维贫困测算体系。与国际多维贫困指数（MPI）相比，除新增收入维度外，继续沿用健康、教育、生活标准3个维度，且教育维度中的2个指标和生活标准维度中的6个指标与MPI基本保持一致，只是将健康维度中的儿童死亡率和营养指标调整为更符合中国因病致贫的疾病与就医两个指标。具体多维贫困维度及指标如表1所示。

表 1　　　　　　　　　　多维贫困测算体系

贫困维度	编号	贫困指标	被剥夺临界值与赋值
收入	1	家庭人均纯收入	家庭人均纯收入低于 2 300 元，赋值 1
生活水平	2	住房	家中住房为"土坯屋"或"竹草屋"，赋值 1
	3	资产	耐用消费品拥有量小于两件，且家中没有汽车，赋值 1
	4	饮水	饮用水水源有污染或饮水困难，赋值 1
	5	卫生设施	家中无厕所，赋值 1
	6	生活能源	家庭以柴草、秸秆为生活能源，赋值 1
	7	电	家庭为非用电户，赋值 1
教育	8	受教育年限	劳动力最高文化程度为小学程度，或者 15 岁以上家庭成员中有人未完成 9 年义务教育，赋值 1
	9	辍学	家庭中有适龄孩子辍学，赋值 1
健康	10	疾病与残疾	家庭成员中有人患有重大疾病、慢性病或者有残疾人口，赋值 1
	11	就医	家庭成员有病不能及时就医，赋值 1

（二）多维贫困测算结果

不同剥夺水平下的多维贫困指数测算结果显示（见表 2），2012 年被调查农户的多维贫困程度相较 2011 年有所下降。以国际惯用的 40% 剥夺水平为例，亦即在本文设定的 11 个多维贫困指标中存在不少于任意 4 个指标维度上的贫困。2012 年多维贫困发生率（H_0）为 9.2%，较大程度的低于 2011 年 31.1% 的水平。多维贫困剥夺指数（A_0）则由 2011 年的 0.465 上升为 2012 年的 0.477，说明平均剥夺份额略有上升。总体上，多维贫困指数（$M_0 = H_0 \times A_0$）由 2011 年的 0.145 减小为 2012 年的 0.044，说明两年的时间里该地区多维贫困状况得到了较为明显的改善。同时，2012 年共有多维贫困户 110 户，比前一年 373 户少了 263 户，减少了 70.5%。另外，多维重度贫困家庭（被剥夺水平不低于 50%）由 109 户减小为 47 户，下降了 56.9%，而且两年间 60% 及以上水平上的多维贫困家庭均少于 10 户，发生率小于 1%，而 80% 被剥夺水平及以上的多维贫困家庭则没有出现，意味着多维重度贫困问题同样得到了较好的缓解。

表 2　　　　　　　不同剥夺水平下的多维贫困指数

剥夺水平	多维贫困户数		贫困发生率（H_0）		贫困剥夺指数（A_0）		多维贫困指数（M_0）	
	2011	2012	2011	2012	2011	2012	2011	2012
10% 剥夺水平	1 105	686	0.921	0.572	0.303	0.283	0.279	0.162
20% 剥夺水平	768	519	0.640	0.433	0.365	0.324	0.234	0.140
30% 剥夺水平	464	248	0.387	0.207	0.443	0.406	0.171	0.084
40% 剥夺水平	373	110	0.311	0.092	0.465	0.477	0.145	0.044
50% 剥夺水平	99	37	0.083	0.031	0.564	0.561	0.046	0.017
60% 剥夺水平	7	8	0.006	0.007	0.667	0.667	0.004	0.004
70% 剥夺水平	3	2	0.003	0.002	0.708	0.750	0.002	0.001
80% 剥夺水平	0	0	0.000	0.000	—	—	0.000	0.000
90% 剥夺水平	0	0	0.000	0.000	—	—	0.000	0.000
100% 剥夺水平	0	0	0.000	0.000	—	—	0.000	0.000

注：$M_0 = H_0 \times A_0$。

除考察不同剥夺水平下的多维贫困变化外，还可以通过研究各个指标对多维贫困的贡献及贡献率的大小来发现具体问题。各指标对多维贫困的贡献实际上是将某一剥夺水平下的多维贫困指数按照指标进行分解，其值大小表明该指标对多维贫困的贡献程度，而贡献率即为各指标对多维贫困的贡献占该剥夺水平下多维贫困指数的份额。还是以 40% 剥夺水平为例。

从各个维度指标对多维贫困贡献及贡献率来看（见表3），收入贫困仍然是最关键的指标变量，其对多维贫困的贡献最大，贡献率达到了50%左右，也就意味着解决多维贫困问题的关键还是要首先聚焦到提高农户收入水平上。其次，教育和疾病问题也较为突出，对多维贫困的贡献率达到10%左右，成为缓解少数民族农户多维贫困的重要方面。

表3 各维度指标对多维贫困的贡献及贡献率

指标	2011 年		2012 年	
	贡献	贡献率	贡献	贡献率
家庭人均纯收入	0.075	51.992	0.020	45.274
住房	0.001	0.504	0.002	3.971
资产	0.005	3.169	0.001	2.224
饮水	0.001	0.552	0.002	4.686
卫生设施	0.000	0.000	0.000	0.000
生活能源	0.011	7.705	0.003	7.863
电	0.001	0.432	0.000	0.000
受教育年限	0.011	7.633	0.007	16.680
辍学	0.0004	0.288	0.000	0.000
疾病与残疾	0.037	25.852	0.005	11.676
就医	0.003	1.872	0.003	7.625
合计	0.145	100	0.044	100

从动态变化来看，由于多维贫困指数总体减小了，也就意味着各指标对多维贫困的贡献普遍是下降的，只有住房和饮水指标略有上升；贡献率的动态变化中疾病问题下降程度比较明显，降低了14%，收入也下降将近7%，但是同时出现了住房、饮水、教育和就医贡献率较大幅度上升的情况，其他指标的贡献率变动不大。

（三）多维贫困空间差异与动态变化

如果将连续两年多维贫困的测算结果按照地区进行分解，我们就可以得到多维贫困在不同地区间的空间分布及其动态变化。

多维贫困发生率（H_0）在不同地区间的空间差异与动态变化显示，2011 年多维贫困发生率由高到低依次是克州地区（51.7%）、和田地区（33%）和喀什地区（20.9%），多维贫困发生率都非常高，但到 2012 年明显降低，克州地区下降为 14.6%，和田地区下降为 11.5%，喀什地区下降为 5.2%。其中，克州地区多维贫困发生率下降了 37 个百分点，和田地区下降了 22 个百分点，喀什地区下降了 16 个百分点。

多维贫困指数（M_0）在不同地区间的空间差异与动态变化显示，与多维贫困发生率相同，2011 年多维贫困指数由高到低依次是克州地区（0.240）、和田地区（0.158）和喀什地区（0.095），到 2012 年排序仍为克州地区（0.068）、和田地区（0.057）和喀什地区（0.024），仅多维贫困指数均有所下降，且基本变化为同一水平程度。其中，克州地区下降了 0.172，和田地区下降了 0.101，喀什地区下降了 0.071。

总之，从多维贫困发生率和多维贫困指数空间差异与动态变化情况来看，克州地区多维贫困问题最为严重，其次为和田地区和喀什地区；各地州多维贫困程度均呈现较快的下降趋势，其中，克州地区下降速度最快，和田地区和喀什地区的多维贫困问题也得到了不同程度的缓解。整体上，到 2012 年南疆三地州多维贫困地区空间差异相较于 2011 年已经较大程度的降低，三地州多维贫困发生率均在 15% 以下，多维贫困指数都在 0.1 以下，多维贫困的空间分布趋于同一水平。

四、反多维贫困与反持久性贫困

（一）反多维贫困

反多维贫困问题的研究主要通过两个模型来实现，一个是40%剥夺水平下的多维贫困面板二值选择模型，另一个是不同剥夺水平下的多维贫困面板排序模型，绝大多数指标在两个模式中均通过了显著性检验，并且回归结果与现实情况符合度较高，具体结果如表4所示。

表4 多维贫困几率比回归结果

变量	(1) 40%剥夺水平下的多维贫困面板二值选择模型			(2) 各剥夺水平下的多维贫困面板排序模型		
	β	Exp（β）	Exp（β）−1	β	Exp（β）	Exp（β）−1
初中以上教育人数	− 0. 357 ***	0. 700 ***	− 0. 300 ***	− 0. 444 ***	0. 642 ***	− 0. 358 ***
	（− 6. 77）	（− 6. 77）	（− 6. 77）	（− 6. 75）	（− 6. 75）	（− 6. 75）
教育费用支出	− 0. 311 *	0. 732 *	− 0. 268 *	− 0. 310	0. 733	− 0. 267
	（− 1. 67）	（− 1. 67）	（− 1. 67）	（− 1. 64）	（− 1. 64）	（− 1. 64）
农业技术培训	− 0. 107 **	0. 898 **	− 0. 102 **	− 0. 107 **	0. 898 **	− 0. 102 **
	（− 2. 38）	（− 2. 38）	（− 2. 38）	（− 2. 19）	（− 2. 19）	（− 2. 19）
会汉语人数	− 0. 047	0. 954	− 0. 046	− 0. 030	0. 971	− 0. 029
	（− 0. 79）	（− 0. 79）	（− 0. 79）	（− 0. 46）	（− 0. 46）	（− 0. 46）
健康人口数	0. 098 ***	1. 103 ***	0. 103 ***	0. 080 **	1. 083 **	0. 083 **
	（2. 66）	（2. 66）	（2. 66）	（2. 11）	（2. 11）	（2. 11）
年末固定资产原值对数	− 0. 135 **	0. 873 **	− 0. 127 **	− 0. 140 **	0. 869 **	− 0. 131 **
	（− 2. 13）	（− 2. 13）	（− 2. 13）	（− 2. 06）	（− 2. 06）	（− 2. 06）

续表

变量	（1） 40%剥夺水平下的多维贫困 面板二值选择模型			（2） 各剥夺水平下的多维贫困 面板排序模型		
	β	Exp(β)	Exp(β)-1	β	Exp(β)	Exp(β)-1
人均耕地面积对数	-0.116**	0.890**	-0.110**	-0.142**	0.868**	-0.132**
	(-2.28)	(-2.28)	(-2.28)	(-2.55)	(-2.55)	(-2.55)
农业产量对数	-0.280***	0.756***	-0.244***	-0.299***	0.741***	-0.259***
	(-3.19)	(-3.19)	(-3.19)	(-3.01)	(-3.01)	(-3.01)
参加专业性经合组织人数	-1.043***	0.352***	-0.648***	-1.040***	0.353***	-0.647***
	(-4.35)	(-4.35)	(-4.35)	(-4.02)	(-4.02)	(-4.02)
乡村干部户	-0.813**	0.443**	-0.557**	-0.847**	0.429**	-0.571**
	(-2.23)	(-2.23)	(-2.23)	(-2.24)	(-2.24)	(-2.24)
家庭人口数	0.290***	1.336***	0.336***	0.315***	1.371***	0.371***
	(5.03)	(5.03)	(5.03)	(5.18)	(5.18)	(5.18)
常数	1.439*	4.217*	3.217*	—	—	—
	(1.72)	(1.72)	(1.72)	—	—	—
样本数（户）	2 279	2 279	2 279	2 279	2 279	2 279

注：①***、**、*分别表示在1%、5%、10%水平上显著，"（ ）"内数字为Z值；②β表示系数估计量，exp(β)为"几率比"，表示解释变量增加一单位引起几率比的变化倍数，系数推断中采用了bootstrap技术，迭代次数为500次；③个别变量使用了对数形式是为了减弱数据的波动性，缓解异方差问题。

对于40%剥夺水平下的多维贫困而言，人力资本、物质资本和社会资本变量均对农户多维贫困状况产生了显著影响。

人力资本中农户家庭每增加一人受过初中以上文化教育，多维贫困发生的几率比就会降低30%；教育费用每增加1 000元支出，多维贫困发生的几率比降低26.8%；家庭中每多一人参加农业技术培训，该户陷入多维贫困的几率比降低10.2%；会汉语人数这个变量虽然没有通过显著性检验，但从系数符号来看少数民族家庭中会汉语人数的增加应该对多维贫困会产生负影响；健康人口数变量回归结果与现实情况相矛盾的，可能是由于健康变量是强内生变量的缘故所造成的（Strauss & Thomas，1998）。[26]

物质资本中年末生产性固定资产原值每增加 1 万元，农户多维贫困发生的几率比就降低 12.7%；人均耕地每增加 1 亩，农户陷入多维贫困的几率比就会下降 11%；而农业产量增加则会使多维贫困几率比下降 28%。

社会资本中包含了两个变量，但作用却非常显著。农户家庭中每多一人参加专业性合作经济组织就可使该农户沦为多维贫困的几率比下降 64.8%；而该农户家庭中有成员为乡村干部则可使多维贫困发生的几率比下降 55.7%；家庭人口的增加却可使农户成为多维贫困户的几率比增加 33.6%。

同时对比在不同剥夺水平下多维贫困面板排序模型的回归结果发现，所有指标对农户多维贫困状况的影响与上一模型的结论完全一致，变量的回归系数和几率比值波动也不大，这也从侧面证明了模型构建的稳健性以及变量影响的可靠性。

各变量在不同的剥夺水平下的边际影响进一步显示（见表5），初中以上受教育人数、农业产量、参加专业性合作经济组织人数、家庭人口数四个变量对所有水平下的多维贫困的边际影响均显著，其中家庭中受教育人数的上升、农业产出水平的提高以及更多人参与专业性合作经济组织均能够缓解多维贫困问题，而家庭人口数量的增多却使得多维贫困问题加剧。其他变量大都对 60% 剥夺水平以下的多维贫困存在显著影响，对更高维的则变得不显著，而且随着多维贫困程度的加深，各变量的边际影响也在逐渐减弱，这也与实际情况相符，即贫困程度越深，变量的影响就更加微弱，贫困问题将越发难以得到有效解决。

表5　　　　　　　　　变量对不同程度多维贫困的边际影响

变量	非多维贫困 ($y_{mul}=0$)	40%剥夺水平 ($y_{mul}=1$)	40%～50% 剥夺水平 ($y_{mul}=2$)	50%～60% 剥夺水平 ($y_{mul}=3$)	60%以上 剥夺水平 ($y_{mul}=4$)
初中以上教育人数	0.0580 ***	− 0.0382 ***	− 0.0175 ***	− 0.0015 ***	− 0.0008 *
	(0.0074)	(0.0045)	(0.0030)	(0.0005)	(0.0004)
教育费用支出	0.0405 *	− 0.0267 *	− 0.0122 *	− 0.0010	− 0.0006
	(0.0225)	(0.0148)	(0.0069)	(0.0007)	(0.0004)
农业技术培训	0.0140 **	− 0.0092 **	− 0.0042 **	− 0.0004 *	− 0.0002
	(0.0061)	(0.0041)	(0.0019)	(0.0002)	(0.0001)
会汉语人数	0.0039	− 0.0026	− 0.0012	− 0.0001	− 0.0001
	(0.0082)	(0.0054)	(0.0025)	(0.0002)	(0.0001)
健康人口数	− 0.0104 **	0.0069 **	0.0032 **	0.0003 *	0.0001
	(0.0052)	(0.0035)	(0.0016)	(0.0002)	(0.0001)
年末固定资产原值对数	0.0183 **	− 0.0121 **	− 0.0055 **	− 0.0005 *	− 0.0003
	(0.0082)	(0.0054)	(0.0026)	(0.0003)	(0.0002)
人均耕地面积对数	0.0185 ***	− 0.0122 ***	− 0.0056 ***	− 0.0005 *	− 0.0003
	(0.0070)	(0.0046)	(0.0022)	(0.0003)	(0.0002)
农业产量对数	0.0391 ***	− 0.0257 ***	− 0.0118 ***	− 0.0010 **	− 0.0006 *
	(0.0124)	(0.0082)	(0.0039)	(0.0004)	(0.0003)
参加专业性经合组织人数	0.1359 ***	− 0.0895 ***	− 0.0411 ***	− 0.0034 **	− 0.0019 *
	(0.0332)	(0.0220)	(0.0108)	(0.0014)	(0.0011)
乡村干部户	0.1106 **	− 0.0729 **	− 0.0334 **	− 0.0028 *	− 0.0016
	(0.0461)	(0.0305)	(0.0142)	(0.0015)	(0.0010)
家庭人口数	− 0.0412 ***	0.0271 ***	0.0124 ***	0.0010 **	0.0006 *
	(0.0076)	(0.0050)	(0.0025)	(0.0004)	(0.0003)

　　注：①***、**、*分别表示在1%、5%、10%水平上显著，"（ ）"内数字为稳健标准误；②表中给出的是变量的边际影响，即 dy/dx；③y_{mul}表示农户所处的多维贫困水平，y_{mul}越大表示多维贫困程度越深。

（二）反持久性多维贫困

持久性多维贫困面板排序模型回归结果显示（见表6），当将所有变量进行回归时仅有5个变量通过了显著性检验，然后采取后筛选法，即根据Z统计值的大小逐个剔除不显著变量，直到所有变量基本显著为止（祝宏辉，2007）。[27] 按照上述方式共进行了7次回归才最终使模型中所有变量全部显著。对比这7次回归结果后发现，对持久性多维贫困具有显著影响的变量始终没有变化，且各变量对持久性多维贫困的影响力大小也基本一致，这可说明模型的稳定性和回归结果的可靠性。回归结果充分显示，农户家庭成员受教育水平的提高、健康状况的改善以及农业产出水平的增加均对持久性贫困具有负影响，可以有效降低多维贫困发生的几率比，而家庭人口增多却对摆脱持久性多维贫困带来不利影响。农业技术培训变量的回归结果与现实情况有出入，可能的原因是变量的内生性问题所造成的。

表6   **持久性多维贫困几率比回归结果**

变量	(1) Exp(β)	(2) Exp(β)	(3) Exp(β)	(4) Exp(β)	(5) Exp(β)	(6) Exp(β)	(7) Exp(β)
初中以上教育人数	0.119 ***	0.112 ***	0.112 ***	0.111 ***	0.110 ***	0.110 ***	0.110 ***
	(−5.14)	(−5.41)	(−5.44)	(−5.48)	(−5.45)	(−5.47)	(−5.53)
教育费用支出	0.920	0.927	—	—	—	—	—
	(−0.23)	(−0.21)	—	—	—	—	—
农业技术培训	1.670 ***	1.666 ***	1.665 ***	1.666 ***	1.504 **	1.513 **	1.516 **
	(2.59)	(2.63)	(2.65)	(2.65)	(2.06)	(2.07)	(2.09)
会汉语人数	0.852	0.839	0.823	0.810	0.899	—	—
	(−0.55)	(−0.60)	(−0.66)	(−0.74)	(−0.38)	—	—

变量	(1) Exp(β)	(2) Exp(β)	(3) Exp(β)	(4) Exp(β)	(5) Exp(β)	(6) Exp(β)	(7) Exp(β)
健康人口数	0.504 ***	0.500 ***	0.500 ***	0.501 ***	0.485 ***	0.479 ***	0.480 ***
	(−4.47)	(−4.58)	(−4.66)	(−4.60)	(−4.80)	(−4.65)	(−4.64)
年末生产性固定资产原值对数	0.863	0.880	0.879	0.871	0.965	0.953	—
	(−0.61)	(−0.52)	(−0.53)	(−0.57)	(−0.15)	(−0.20)	
人均耕地面积对数	0.899	0.888	0.888	—	—	—	—
	(−0.36)	(−0.40)	(−0.40)				
农业产量对数	0.313 ***	0.304 ***	0.303 ***	0.291 ***	0.280 ***	0.282 ***	0.280 ***
	(−3.47)	(−3.57)	(−3.60)	(−4.15)	(−4.30)	(−4.39)	(−4.50)
参加专业性合作经济组织人数	0.072	0.068	0.067	0.062	—	—	—
	(−0.54)	(−0.55)	(−0.56)	(−0.57)			
乡村干部户	0.184	—	—	—	—	—	—
	(−0.11)						
家庭人口数	3.963 ***	4.054 ***	4.049 ***	4.132 ***	4.262 ***	4.268 ***	4.239 ***
	(4.95)	(5.06)	(5.13)	(5.41)	(5.44)	(5.46)	(5.43)
N	2 196	2 196	2 196	2 196	2 196	2 196	2 196

注：exp(β)为"几率比"，系数推断中采用了 bootstrap 技术，迭代次数为 500 次。

显著变量的边际影响进一步显示（见表7），总体上对于持久性多维贫困（$y_{last} = 2$）各变量的边际影响较弱，其中初中以上教师人数的上升可以使持久性多维贫困下降0.15%，健康人口数的增加可以降低0.05%，产出水平的提高可以降低0.09%，而家庭人口数量的增加却使得持久性多维贫困提高了0.1%。此外，农业技术培训变量影响不显著。

表7 变量对持久性多维贫困的边际影响

变量	非多维贫困 ($y_{last}=0$)	暂时性多维贫困 ($y_{last}=1$)	持久性多维贫困 ($y_{last}=2$)
初中以上教育人数	0.0107**	-0.0092**	-0.0015*
	(0.0047)	(0.0039)	(0.0008)
农业技术培训	-0.0020*	0.0017*	0.0003
	(0.0011)	(0.0009)	(0.0002)
健康人口数	0.0036**	-0.0031**	-0.0005
	(0.0015)	(0.0012)	(0.0003)
农业产量对数	0.0062**	-0.0053**	-0.0009**
	(0.0026)	(0.0022)	(0.0004)
家庭人口数	-0.0070**	0.0060**	0.0010*
	(0.0030)	(0.0025)	(0.0005)

注：①***、**、*分别表示在1%、5%、10%水平上显著，"（ ）"内数字为稳健标准误；②表中给出的是变量的边际影响，即 dy/dx；③y_{last}表示农户为几年多维贫困户，当$y_{last}=2$即意味着为持久性多维贫困。

回归分析中变量的内生性问题一直是困扰本文的难题，以往相近研究也很难从根本上解决这一问题，而且本文研究数据的时间跨度为两年，这也在一定程度上限制了克服内生性问题方法的使用。综合考虑，本文在变量引入时尽量考虑呈现单位变化的因素，比如，教育变量考察的是农户家庭中初中以上受教育人数的变化，变化值最小为1，这样可以一方面更加符合几率比的结果解释，另一方面也可以在有限的时间内控制由于变量内生性所造成的影响。从回归结果来看，大部分变量取得了较好的效果，但是极少数变量的回归结果仍可能受到了内生性问题的影响，造成结果与现实情况不符，这也是今后需要进一步去优化的地方。

五、结　　论

（1）多维贫困状况得到了较好的改善，两年间多维贫困发生率降低了 21.9%，多维贫困指数减小了 0.087。多维贫困户减少了 263 户，减少了总多维贫困户的 70.5%，多维重度贫困家庭减少了 62 户，下降比例为 56.9%。各指标中收入、教育、健康等指标对多维贫困的贡献最大，反映出的问题也较为突出，此外还应关注住房、饮水、就医等贡献率较大幅度上升的指标。多维贫困发生率和多维贫困指数空间分布显示克州地区多维贫困问题最为严重，其次为和田地区和喀什地区。多维贫困空间动态变化呈现出较快的下降趋势，其中克州地区变化速度最快，和田地区和喀什地区也得到了缓解。整体上，到 2012 年该地区多维贫困地区空间差异相较于 2011 年已经较大程度的降低，三地州多维贫困发生率均在 15% 以下，多维贫困指数都在 0.1 以下，多维贫困的空间分布趋于同一水平。

（2）通过提高少数民族家庭成员受教育水平，增加教育支出，并积极参与农业技术培训，同时尽可能多的增加生产性投入和农业产量，就能够很好地改善农户多维贫困状况。若是农户家庭中能够有更多人参与专业性的经济合作组织，这种社会网络异质化和社会地位的提高所带来的更多社会资源，将对降低多维贫困发生产生更加积极有效的影响。而对于不同程度的多维贫困问题，均可通过农户家庭教育水平提升、农业产出水平提高以及参与专业性经济合作组织来应对。但是，需要特别指出的是，少数民族的汉语水平并未对多维贫困产生显著影响，而家庭人口数量的增多却可以显著提高多维贫困的发生概率。

（3）防止和降低持久性多维贫困的发生可以通过家庭成员受教育水平的提高、健康状况的改善以及产出水平的增加来实现，尤其是教育对农户家庭长久发展的作用更加重要，也再次凸显了让少数民族群众接受更多教育对持续性减贫以及增强农户自我发展能力的重要性。在此还是应该注意，少数民族农户家庭人口的增加对摆脱持久性多维贫困同样会产生不利影响。实际上，"越穷越生、越生越穷"的情况在少数民族贫困地区更加普遍。因此，让少数民族农户意识到优生优育、适当控制家庭人口规模对摆脱贫困的作用显得尤为重要。

参 考 文 献

［1］Sen，A. Development as Freedom ［M］. Oxford University Press，1999.

［2］Tsui K. Y. Multidimensional Poverty Indices ［J］. Social Choice and Welfare，1993，19（1）：69 – 93.

［3］Cheli B.，Lemmi A. A Totally Fuzzy and Relative Approach to the Multidimensional Analysis of Poverty ［J］. Economic Notes，1995，24（1）：115 – 134.

［4］Chakravarty S. R.，Deutsch J.，Silber J. On the Watts Multidimensional Poverty Index and its Decomposition ［C］. World Development，2008，36（6）：1067 – 1077.

［5］Alkire S. The Missing Dimensions of Poverty Data：Introduction to the Special Issue ［J］. Oxford Development Studies，2007，35（4）：347 – 359.

［6］Alkire S. and Foster J. Counting and Multidimensional Poverty Measurement ［J］. Journal of Public Economics，2011，95（7 – 8）：476 – 487.

［7］张全红，周强. 多维贫困测量及述评 ［J］. 经济与管理，2014（1）：24 – 31.

［8］张全红，周强，蒋赟. 中国省份多维贫困的动态测度——以中国健康与营养调查中的9省为例 ［J］. 贵州财经大学学报，2014（1）：98 – 105.

［9］解垩. 公共转移支付与老年人的多维贫困 ［J］. 中国工业经济，2015

（11）：32 - 46.

　　［10］高艳云，马瑜．多维框架下中国家庭贫困的动态识别［J］．统计研究，2013（12）：89 - 94.

　　［11］高帅．社会地位、收入与多维贫困的动态演变——基于能力剥夺视角的分析［J］．上海财经大学学报，2015（3）：32 - 40.

　　［12］廖娟．残疾与贫困：基于收入贫困和多维贫困测量的研究［J］．人口与发展，2015（1）：68 - 77.

　　［13］高帅，毕洁颖．农村人口动态多维贫困：状态持续与转变［J］．中国人口、资源与环境，2016（2）：76 - 83.

　　［14］Martin Ravallion. Inpres and Inequality：a Distributional Perspective on the Centre's Reginal Disbursements［J］．Bulletin of Indonesian Economic Studies，1988，24（3）：53 - 71.

　　［15］J. Morduch. Poverty and vulnerability［J］．American Economic Review，1994，84（2）：221 - 225.

　　［16］David Hulme and Andrew Shepherd. Conceptualizing Chronic Poverty［C］．World Develop-ment，2003，31（3）：403 - 423.

　　［17］Xenia van Edig and Stefan Schwarze，Short-term Poverty Dynamics of Rural Households：Evidence from Central Sulawesi，Indonesia［J］．Journal of Agriculture & Rural Development in the Tropics and Subtropics，2011，112（2）：141 - 155.

　　［18］Jennrich R. I.，Sampson P. F. Newton - Raphson and Related Algorithms for Maximum Likeliho-od Variance Component Estimation［J］．Technometrics，1976，18（1）：11 - 17.

　　［19］Efron B. Bootstrap Methods：Another Look at the Jackknife［J］．Annals of Statis tics，1979，7（1）：1 - 26.

　　［20］Cameron A. C.，Triedi P. K. Microeconometrics Using Stata，Revised Edition［M］．Stata Press Books，2010.

　　［21］A. Hagenaars. A Class of Poverty Indices［J］．International Economics Review，1987，28（3）：583 - 607.

［22］王小林，Sabina Alkire. 中国多维贫困测量：估计和政策含义［J］. 中国农村经济，2009（12）：4 – 10.

［23］高艳云. 中国城乡多维贫困的测量及比较［J］. 统计研究，2012（11）：61 – 66.

［24］张全红. 中国多维贫困的动态变化：1991 ~ 2011［J］. 财经研究，2015（4）：31 – 41.

［25］Strauss J. and Thomas D. Health, Nutrition, and Economic Development ［J］. Journal of Economic Literature，1998，36（2）：766 – 817.

［26］祝宏辉，王秀清. 新疆番茄产业中农户参与订单农业的影响因素分析［J］. 中国农村经济，2007（7）：67 – 75.

边境连片特困区多维贫困
测算与空间分布

——以新疆南疆三地州为例

摘要：新疆南疆三地州是边境连片特困区的代表之一，该地区的多维贫困问题关系到我国西北边境的安全与稳定。为了研究边境连片特困区多维贫困问题，本文利用 2012 年国家统计局新疆调查总队农村住户调查数据，采用 AF 多维贫困测量方法，测算了新疆南疆三地州多维贫困状况，并研究了贫困空间分布与区域差异，得到以下结论：从多维贫困程度看，有 294 户是多维贫困户，多维贫困发生率为 24.5%，多维贫困指数为 0.138；从多维贫困组成看，收入低、饮水困难、教育水平低、卫生条件差、少数民族汉语能力差等是核心问题，且收入贫困户几乎都是多维贫困户；从多维贫困空间分布看，克州地区最为严重，其次为和田地区和喀什地区，阿克陶县和疏勒县形成第一贫困级，阿图什市和和田县形成第二贫困级，疏附县和墨玉县形成第三贫困级，其他各县形成第四贫困级，且边境县多维贫困状况更加恶劣。

关键词：农户 连片特困地区 多维贫困 少数民族 贫困地图

一、引　言

2011 年 5 月，中共中央、国务院印发了《中国农村扶贫开发纲要（2011～2020 年）》，确定六盘山区、秦巴山区、武陵山区、乌蒙山区、滇贵黔石漠化区等 14 个连片特困地区为我国今后 10 年扶贫攻坚主战场，这其中包含 5 个边境连片特困区。由于边境连片特困地区兼具边境性、贫困性、民族性等多重特点，致使区域内贫困问题更加复杂和多样，以往研究中单一测算收入贫困程度已不足以全面、准确地反映该区域贫困人口所处的真实情况。因此，通过多维贫困测算方法反映该区域的贫困问题成为更好的选择。

多维贫困理论最早由森（Sen）在福利经济学基础上创立，自此贫困测度摆脱了以往收入指标的单一维度，对贫困问题的研究进入了全新的多维领域，很多关于多维贫困的研究成果涌现。切利和莱密（Cheli & Lemmi）提出 TFR 多维贫困测算方法[1]；查克拉瓦蒂（Tsui-and Chakravarty）给出了 Ch – M、F – M 和 W – M 多维贫困指数及函数式[2]；查克拉瓦蒂、道齐和希尔伯（Chakravarty，Deutsch & Silber）将 Watts 单位贫困指数扩展为 Watts 多维贫困指数等[3]。这其中最具代表性的是阿基尔和福斯特（Alkire & Foster）提出的对多维贫困识别、加总和分解的 AF 多维贫困测算方法，相比早期多维贫困测量方法更加科学和细致[4]。

国内大多数关于多维贫困的研究也都是基于 AF 法，如王小林采用 AF 多维贫困测量方法对中国城市和农村家庭多维贫困进行了测量，发现中国城市和农村家庭都存在收入之外的多维贫困[5]；邹薇基于"能力"方法的视角，对中国的贫困状况进行了动态多维度考察，探讨了多维贫困的致因和消除多维贫困的政策选择[6]；张全红、周强利用 AF 法测算了各省的 MPI 多维贫困指数，并考察了中国多维贫困的动态变化[7]；杨龙、汪三贵对我国农村贫困地区多维贫困状况进行了测量分析，贫困维度分解表明，我国农村贫困地区农户面临的最严重问题是饮水问题而非增收问题[8]。以上学者们为我国多维贫困方面的研究打下了坚实的前期基础，但是这些研究都不是针对我国连片特困地区的研究，而且这些研究的数据来源大都来自中国健康营养调查（China Health & Nutrition Survey，CHNS）数据库，受该数据库调查区域和指标设计的限制，学者们也无法对我国连片特困地区展开针对性的研究。

国内对连片特困地区多维贫困的研究较少，主要有王艳慧对秦巴山区的研究[9]；丁建军对武陵山片区的研究[10]；王金营对燕山—太行山片区的研究[11]；杨龙对西藏地区的研究[12]。然而，这些研究又以研究山区多维贫困为主，研究边境贫困地区的极少。此外，这些研究的数据大都来自研究者组织的问卷调查，常常存在样本量少、调查区域覆盖面小、问卷回收困难、数据真实性和权威性很难保证等问题，研究常以片区内少数几个县为研究对象，缺少对片区整体情况的研究。

新疆南疆三地州是5个边境集中连片特困地区之一，包括和田地区、喀什地区和克孜勒苏柯尔克孜自治州（以下简称克州地区）3个地州。该地区位于我国西北边境，共有9个陆地边境县市，周边分别与印度、巴基斯坦、阿富汗、塔吉克斯坦、吉尔吉斯斯坦五国接壤，边境线总长2335公里。本文以新疆南疆三地州为例，利用2012年国家统计局新疆调查总队农村住户调查数据，采用AF多维贫困测量方法，研究边境连片特困地区多维贫困问题，分析多维贫困在不同空间区域的分布与差异，为相关部门制订公共政策提供参考。

二、AF 多维贫困测量方法

（一）各维度取值

$M^{n,d}$为一个 $n \times d$ 维矩阵，且 $x_{ij} \in M^{n,d}$ $i = 1, 2, \cdots, n$ $j = 1$,

2，…，d，x_{ij} 代表第 i 个调查户在维度 j 上的取值，即行向量表示第 i 个调查户在所有维度上的取值，而列向量表示在第 j 维度上各调查户的取值。

（二）贫困识别

（1）单维度识别。对每一个维度 j，设立贫困标准 $Z_j(Z_j > 0)$，作为第 j 个维度被剥夺的临界值，亦即维度 j 上的贫困线。同时，定义一个剥夺矩阵 $G^0(g_{ij}^0 \in G^0)$，且当 $x_{ij} < z_j$ 时 $g_{ij}^0 = 1$，当 $x_{ij} \geqslant z_j$ 时 $g_{ij}^0 = 0$。例如，定义家庭人均纯收入的临界值 Z_j 是 2 300 元，若某调查户 i 家庭人均纯收入为 3 000 元，则 $g_{ij}^0 = 0$，若为 2 000 元，则 $g_{ij}^0 = 1$。

（2）多维度识别。令 W_j 为权重（$\sum\limits_{j=1}^{n} w_j = 1$），获得加权一维贫困剥夺矩阵 $\tilde{G}^0$。

$$\tilde{G}^0 = \begin{bmatrix} w_1 g_{11}^0 & w_2 g_{12}^0 & \cdots & w_d g_{1d}^0 \\ w_1 g_{21}^0 & w_2 g_{22}^0 & \cdots & w_d g_{2d}^0 \\ \vdots & \vdots & \ddots & \vdots \\ w_1 g_{n1}^0 & w_2 g_{n2}^0 & \cdots & w_d g_{nd}^0 \end{bmatrix} = \begin{bmatrix} \tilde{g}_{11}^0 & \tilde{g}_{12}^0 & \cdots & \tilde{g}_{1d}^0 \\ \tilde{g}_{21}^0 & \tilde{g}_{22}^0 & \cdots & \tilde{g}_{2d}^0 \\ \vdots & \vdots & \ddots & \vdots \\ \tilde{g}_{n1}^0 & \tilde{g}_{n2}^0 & \cdots & \tilde{g}_{nd}^0 \end{bmatrix}$$

定义多维贫困剥夺矩阵 C^0，设定被剥夺维度 $k(0 < k \leqslant 1)$。若 $\sum\limits_{j=1}^{d} \tilde{g}_{ij}^0 \geqslant k$，表示调查户 i 至少在 k 剥夺水平上贫困，此时，$c_{ik}^0(k) = \sum\limits_{j=1}^{d} \tilde{g}_{ij}^0$。反之，调查户 i 不是多维贫困户，$c_{ik}^0(k) = 0$。也就是说，通过计算家庭在所有指标上的加权剥夺得分，如果剥夺得分超过临界值，则被界定为多维贫困，从而克服了以往研究中指标等权重的缺陷。

进一步对多维贫困户数进行识别，定义多维贫困剥夺个体数矩

阵 Q^0，令 $c_{ik}^0(k) > 0$ 时 $q_{ik}^0(k) = 1$；$c_{ik}^0(k) = 0$ 时 $q_{ik}^0(k) = 0$。

（3）贫困加总。在识别了每个调查户 i 在各个维度上的被剥夺情况后，需要进行维度加总，以确定多维贫困指数 M^0，即 MPI（Multidimensional Poverty Index）。$M^0 = H^0 \times A^0$，其中，H^0 表示多维贫困发生率，A^0 表示平均剥夺份额。在被剥夺维度设定为 k 条件下，具体计算公式如下：

$$H^0(k) = \frac{\sum_{i=1}^{n} q_{ik}^0(k)}{n}$$

$$A^0(k) = \frac{\sum_{i=1}^{n} c_{ik}^0(k)}{\left[\sum_{i=1}^{n} q_{ik}^0(k) \times d\right]}$$

$$M^0(k) = H^0(k) \times A^0(k)$$

（4）贫困分解。多维贫困指数还具备可分解性，既可以按照时间、地区、省份、城乡等分组方式进行分解，得到不同时间、地区、省份、城乡等的多维贫困指数，又可以按照维度或指标进行分解。以按地区分解和按维度分解做以下具体说明。

若研究区域可分为不同的 R 个地区，各个地区的样本容量为 n_r，则多维贫困指数按地区分解如下：

$$M^0(k) = H^0(k) \times A^0(k) = \frac{\sum_{i=1}^{n} c_{ik}^0(k)}{nd} = \frac{n_1}{n}M_1^0(k)$$

$$+ \frac{n_2}{n}M_2^0(k) + \cdots + \frac{n_r}{n}M_R^0(k)$$

可见，多维贫困指数可以分解为各个地区多维贫困指数的加权平均，权重为不同地区的调查样本在总样本中的比重。分解后，各个地区对多维贫困指数的贡献率表示如下：

$$P_r = \frac{n_r}{n} \frac{M_R^0(k)}{M^0(k)}$$

若按维度分解，则有：

$$M^0(k) = \frac{\sum\limits_{i=1}^{n} c_{ij}^0(k)}{nd} = \frac{\sum\limits_{i=1}^{n}\sum\limits_{j=1}^{d} \tilde{g}_{ij}^0}{nd} = \sum\limits_{j=1}^{d} \frac{\sum\limits_{i=1}^{n} \tilde{g}_{ij}^0}{nd}, \text{且} i \in \left\{ i \,\middle|\, \sum\limits_{j=1}^{d} \tilde{g}_{ij} \geq K \right\}$$

式中，$\dfrac{\sum\limits_{i=1}^{n} \tilde{g}_{ij}^0}{nd}$ 表示在维度 j 上的贫困指数，那么，维度 j 对多维贫困指数的贡献率为：

$$P_j = \frac{\dfrac{\sum\limits_{i=1}^{n} \tilde{g}_{ij}}{(n \times d)}}{\dfrac{\sum\limits_{i=1}^{n}\sum\limits_{j=1}^{d} \tilde{g}_{ij}}{(n \times d)}} = \frac{\sum\limits_{i=1}^{n} \tilde{g}_{ij}}{\sum\limits_{i=1}^{n}\sum\limits_{j=1}^{d} \tilde{g}_{ij}}$$

三、数据来源与贫困维度

（一）数据来源

本文所采用的数据来自 2012 年国家统计局新疆调查总队农村住户调查数据（Rural Household Survey），选取了新疆南疆三地州的随机样本数据，样本分布（见表 1）于喀什地区、和田地区、克孜勒苏柯尔克孜自治州（简称克州）3 个地州，覆盖了 14 个县，120 个自然村，共计 1 200 户、5 535 人，且全部为少数民族农户，其中 43.3% 的样本取自于边境县。样本户全部是少数民族农户更符合我国连片特困区多是少数民族聚集区的特点，同时南疆三地州地处西北边境对研究我国边境连片特困地区贫困问题更具针对性，而且从国家利益角度考虑边境地区的少数民族贫困问题更应引起国家关注。

表1 样本分布情况

地区	县名	样本户数	样本户比重（%）	地理区位
和田地区	和田县	100	8.33	边境县
	墨玉县	100	8.33	非边境县
	皮山县	100	8.33	边境县
	洛浦县	100	8.33	非边境县
喀什地区	疏附县	80	6.67	非边境县
	疏勒县	80	6.67	非边境县
	叶城县	80	6.67	边境县
	英吉沙	80	6.67	非边境县
	莎车	80	6.67	非边境县
	麦盖提	80	6.67	非边境县
	巴楚县	80	6.67	非边境县
克州地区	阿合奇县	40	3.33	边境县
	阿克陶县	100	8.33	边境县
	阿图什市	100	8.33	边境县
合计		1 200	100	—

（二）多维贫困测量维度与指标

从哈格纳斯（Hagenaars，1987）构建了首个包含收入和闲暇两个维度的多维贫困指数以来，多维贫困测量的维度及指标一直处于不断演进中。比较有代表性的有人类发展指数（HDI）、人类贫困指数（HPI）、多维贫困指数（MPI）等。其中，多维贫困指数（MPI）包括健康、教育、生活标准 3 个维度，具体测算指标包括营养、受教育年限、做饭燃料、耐用消费品等 10 个指标，但由于数据获得性限制，多维贫困指数并不包含收入维度，这是一大遗憾。即便这样，基于 AF 法的 MPI 仍然是近几年国际上最具影响力的多维贫困指数，每年全球 MPI 都会通过联合国开发计划署《人类发展报告》向全世界公布。国内学者对多维贫困问题的研究也大都基于 MPI，然后结合各自的研究作出适当的调整，但是这些研究大都受限于所用数据库（主要是 CHNS 数据库），很难针对连片特困地区展开研究，多维贫困测算体系的设置也就无法体现边境连片特困地区的特点。

基于此，本文按以下方式设置贫困维度及指标：首先，要反映《中国农村扶贫开发纲要（2011～2020）》中"两不愁、三保障"的多维扶贫目标；其次，结合我国及边境连片特困区的国情、区情，将义务教育情况、农村合作医疗、学生营养餐、少数民族汉语水平等考虑进来。最后，以 MPI 为基准进行适当调整，保留生活水平维度，将教育、健康两个维度合并为发展能力一个维度，新增收入维度，形成 3 个维度共 14 个评价指标的测算体系。之所以这样设置是因为生活水平能够客观地反映一个家庭的生活状态，是一户家庭是否贫困最直观的表现；而受教育水平及健康状况直接关系到个人或家庭未来的发展能力，是能否长期摆脱贫困的最关键指标，需要特别强调的是，这其中少数民族的汉语水平是其能否融入社会、接受现代信息的必备能力，是少数民族群众形成社会存在感和国家认同感的最基本条件之一，因此被作为边境连片特困地区的一个特色指标引入进来，这对以往少数民族贫困问题的研究是一个重要补充；另外，收入作为衡量贫困问题最核心的指标，也作为一个单独的贫困维度考虑进来。维度指标设置及被剥夺临界值的界定如表 2 所示。

表2　　　　　　　　　多维测量体系与被剥夺临界值的确定

贫困维度	编号	贫困指标	被剥夺临界值与赋值
收入	1	家庭人均纯收入	家庭人均纯收入低于2 300元，赋值1
生活水平	2	住房	家中住房为"土坯屋"或"竹草屋"，赋值1
	3	资产	耐用消费品拥有量小于两件，且家中没有汽车，赋值1
	4	饮水	饮用水水源有污染或饮水困难，赋值1
	5	卫生设施	家中无厕所和洗澡设施，赋值1
	6	生活能源	家庭以柴草、秸秆为生活能源，赋值1
	7	电	家庭为非用电户，赋值1
发展能力	8	受教育年限	劳动力最高文化程度为小学程度，或者15岁以上家庭成员中有人未完成9年义务教育，赋值1
	9	劳动力技能培训经验	家中劳动力成员从未接受过任何方面的技能培训，赋值1
	10	身体健康状况	家庭成员中存在有人残疾、患有大病、长期慢性病、体弱多病等，赋值1
	11	医疗保险	未参加合作医疗基金或任何保险，赋值1
	12	营养	家庭中处于义务教育阶段学生不享受免费营养餐，赋值1
	13	治病就医	家庭成员有病不能及时就医，赋值1
	14	语言	家庭成员中没有人会汉语，赋值1

四、测算结果与分析

（一）单维贫困测算结果

从三个层面进行分析。首先，从南疆三地州整体情况看，突出问题反映在67.5%的农户家庭没有人懂汉语；65.7%的家庭没有厕所等卫生设施；59.8%的农户家庭劳动力最高文化程度为小学程度，或者 15 岁以上家庭成员中有人未完成 9 年义务教育；52.1%的家庭面临饮水污染或饮水困难问题。合计在 5 个指标上超过一半的农户家庭会遇到相应的贫困问题，占到了总指标数的 35.7%。

其次，南疆三地州横向比较来看，克州地区比较突出，100%的调查户都面临饮水问题，83.3%的调查户没有卫生设施，76.3%的调查户家庭受教育水平没有达到要求，还有 52.9%的家庭没有参加过任何技能培训和 48.8%的家庭住房简陋，37.1%的收入贫困也是三地州中比例最高的。相比之下，喀什地区反映出较高比例少数民族不懂汉语，达到了 81.3%，有 85.7%的调查农户生活能源还以原始的柴草等为主，此外，在学生享有营养餐和劳动力身体健康状况方面也较为严重。而和田地区在大部分指标对比中不是非常突出，只有不能及时就医问题明显高于其他两地，还有用电问题和医疗保险问题全部发生在和田地区，当然发生率是非常低的，按照比例仅有 1 人还不是用电户，另有 39 人没有参加过任何医疗保险。

最后，对比边境县和非边境县。边境县在大部分指标上的贫困发生率均要高于非边境县，以住房、饮水、卫生、生活能源等问题最为突出。非边境县仅在少数民族农户掌握汉语情况方面明显比边境县差，非边境县调查户不懂汉语的比例达到了 75.3%，而边境县则为 57.3%，换句话说，边境县的汉语水平反而比非边境县高，原因可能是主要分布于边境县的柯尔克孜族的汉语水平高于其他非边境县少数民族（见表 3）。

表3　　　　　　　　　　　　　指标发生率

变量	南疆三地州	和田地区	喀什	克州	非边境县	边境县
家庭人均纯收入	0.219	0.158	0.198	0.371	0.200	0.244
住房	0.346	0.478	0.191	0.488	0.290	0.419

变量	南疆三地州	和田地区	喀什	克州	非边境县	边境县
资产	0.128	0.155	0.111	0.121	0.106	0.156
饮水	0.521	0.750	0.152	1.000	0.272	0.846
卫生设施	0.657	0.670	0.571	0.833	0.587	0.748
生活能源	0.843	0.828	0.857	0.833	0.782	0.921
电	0.001	0.003	0.000	0.000	0.001	0.000
受教育年限	0.598	0.660	0.482	0.763	0.584	0.615
劳动力技能培训	0.317	0.088	0.389	0.529	0.329	0.300
身体健康状况	0.175	0.190	0.211	0.067	0.175	0.175
医疗保险	0.033	0.100	0.000	0.000	0.000	0.077
营养	0.158	0.033	0.223	0.213	0.178	0.131
治病就医	0.085	0.223	0.021	0.004	0.018	0.173
语言	0.675	0.635	0.813	0.421	0.753	0.573

（二） 多维贫困测量结果

本文测算了从 10% 到 100% 不同剥夺水平下新疆南疆三地州的多维贫困状况。随着剥夺水平的提高农户被剥夺的份额肯定会越来越高，而贫困发生率和多维贫困指数则逐渐减小。根据《人类发展报告》（HDR）对多维贫困家庭的定义：当一个家庭的被剥夺水平大于 1/3（0.33）时，即确定其为多维贫困家庭；当一个家庭的被剥夺水平大于 1/2（0.5）时，即确定其为多维重度贫困家庭。结果表明（见表 4），调查样本中有 294 户多维贫困家庭（40% 剥夺水平），此时贫困发生率为 24.5%，平均剥夺份额 0.564，多维贫困指数 0.138；218 户为多维重度贫困家庭（50% 剥夺水平），贫困发生率为 18.2%，平均剥夺份额 0.603，多维贫困指数 0.109。此外，有 91 家农户在 60% 剥夺水平上贫困，还有 18 家在 70% 剥夺水平上贫困，调查户满足最高水平的剥夺程度为 80%，这时符合条件的农户仅有 1 户，意味着该农户至少在 11 个指标上显示贫困，这些都属于非常极端的贫困情况。

表 4 新疆南疆三地州多维贫困的估计结果

剥夺水平	多维贫困样本户数	贫困发生率（H^0）	贫困剥夺份额（A^0）	多维贫困指数（M^0）
10% 剥夺水平	1 190	0.992	0.311	0.308
20% 剥夺水平	881	0.734	0.366	0.269
30% 剥夺水平	479	0.399	0.476	0.190
40% 剥夺水平	294	0.245	0.564	0.138
50% 剥夺水平	218	0.182	0.603	0.109
60% 剥夺水平	91	0.076	0.667	0.051
70% 剥夺水平	18	0.015	0.746	0.011
80% 剥夺水平	1	0.001	0.802	0.001
90% 剥夺水平	0	0.000	—	—
100% 剥夺水平	0	0.000	—	—

在计算多维贫困指数时，我们还很容易得到各个指标在多维贫困下的发生率。考虑多维贫困情况下的指标发生率显然不会比单独考察指标发生率时要大，这是因为某个指标上的贫困户不一定是多维贫困农户。对比 40% 剥夺水平下的多维指标发生率和单维指标发生率，我们还发现一个很有意思的现象：只有家庭人均纯收入指标发生率变化微乎其微，而其他指标均表现为多维指标发生率明显低于单维指标发生率。实际上，两者差距越小说明该指标在多维测算和单维测算中差异不大，亦即没有因为计算多维贫困而将该指标的单维贫困户漏出，因此也可以认为该指标在多维贫困户中发生的概

率很高。以家庭人均纯收入指标为例，考虑多维贫困时该指标的发生率为21.8%，考虑单维贫困时为21.9%，两者仅相差0.001，也就意味着当考虑多维贫困问题时仅有约1户收入贫困家庭不满足多维贫困条件被剔除，其他收入贫困家庭都是多维贫困家庭。由于篇幅原因，各指标在多维贫困下的发生率计算结果就不在文中列出了。

（三）多维贫困分解

选择40%剥夺水平下的计算结果对多维贫困按照区域、维度、指标等进行分解，并对各自结果展开分析。

1. 按维度指标分解

各指标分别按照地州、地理位置等进行了分解，分解结果包括两部分，分别是各指标在多维贫困指数中所做的贡献以及对应的贡献率。以收入指标在南疆三地州分解结果来说明，收入指标在多维贫困指数中贡献了0.073，贡献率达到52.46%，若将收入指标的贡献与其他指标的贡献相加既得南疆三地州的多维贫困指数0.138，与前文计算结果一致，贡献率合计则为100%。

综合比较各指标的贡献及贡献率发现（见表5），无论是南疆三地州总体，还是分地州、分地理位置，收入贫困、饮水困难、教育水平、卫生问题、生活燃料以及少数民族汉语能力等指标在贡献及贡献率上均排在前列，这几个方面的贫困问题将是今后新疆南疆三地州反贫困的重点所在。

表5 多维贫困指数按指标分解结果

指标	和田地区		喀什地区		克州地区		非边境地区		边境地区		南疆三地州	
	贡献	贡献率	贡献	贡献率	贡献	贡献率	贡献	贡献率	贡献	贡献率	贡献	贡献率
收入	0.052	43.986	0.065	60.440	0.124	50.989	0.066	60.486	0.081	45.934	0.073	52.462
住房	0.007	5.557	0.003	2.564	0.012	5.061	0.004	3.435	0.009	4.982	0.006	4.288
资产	0.003	2.838	0.001	1.190	0.004	1.814	0.001	1.195	0.004	2.430	0.003	1.876
饮水	0.009	8.041	0.004	4.029	0.022	9.262	0.005	4.630	0.016	8.932	0.010	7.002
卫生	0.009	7.449	0.008	7.509	0.020	8.212	0.008	7.094	0.015	8.263	0.011	7.739
燃料	0.011	9.223	0.007	6.136	0.020	8.212	0.007	6.198	0.016	8.992	0.011	7.739
电	0.000	0.000	0.000	0.000	0.000	0.000	0.000	0.000	0.000	0.000	0.000	0.000
教育	0.008	6.588	0.005	5.024	0.015	6.302	0.006	5.505	0.011	6.249	0.008	5.915
技能	0.002	1.419	0.004	3.611	0.010	4.010	0.003	2.880	0.006	3.333	0.004	3.130
健康	0.004	3.142	0.001	1.334	0.001	0.573	0.001	1.152	0.003	1.927	0.002	1.579
保险	0.003	2.432	0.000	0.000	0.000	0.000	0.000	0.000	0.002	1.250	0.001	0.689
营养	0.000	0.304	0.002	1.962	0.005	1.882	0.002	1.600	0.002	1.354	0.002	1.464
就医	0.004	3.547	0.000	0.392	0.000	0.082	0.000	0.320	0.003	1.875	0.002	1.177
语言	0.006	5.473	0.006	5.808	0.009	3.601	0.006	5.505	0.008	4.479	0.007	4.939
合计	0.117	100	0.108	100	0.242	100	0.109	100.000	0.176	100.000	0.138	100

得到指标分解结果后，只需要将各维度对应指标的贡献及贡献率进行加总，就可以很容易地计算出各个维度对应的贡献及贡献率。计算结果表明，收入维度贡献及贡献率最高，其次是生活标准和发展能力。以南疆三地州整体计算结果为例，多维贫困指数为0.138，其中收入维度贡献0.073、贡献率达52.46%；生活水平维度贡献0.04、贡献率28.64%；发展能力维度贡献0.025、贡献率18.9%。综上，收入贫困仍然是该地区最为严峻的贫困问题。

2. 多维贫困按区位分解与空间分布

（1）按地州分解

多维贫困发生率 H 按地州分解结果表明，克州地区多维贫困发生率最高，达到40.4%，意味着克州地区有超过四成的被调查农户为多维贫困户；其次为和田地区，多维贫困发生率达21.8%，说明在和田地区5个样本户中就有1个为多维贫困户；多维贫困发生率最低的是喀什地区，为19.6%。南疆三地州中，克州地区高于24.5%的总体多维贫困发生率水平，而和田地区和喀什地区均低于该水平。

多维贫困指数 M^0 按地州分解结果表明，克州地区仍是多维贫困指数最高的地区，为0.242；和田地区和喀什地区水平相当，多维贫困指数分别为0.117和0.108。与南疆三地州整体多维贫困指数0.138相比，克州地区高了0.104，和田地区低了0.021，喀什地区低了0.03。

（2）按县分解

多维贫困发生率 H 按县域分解结果表明，阿克陶县和疏勒县最为严重，多维贫困发生率均超过了40%；和田县、疏附县和阿图什市次之，多维贫困发生率介于30%~40%之间；阿合奇县多维贫困发生率为27.5%，接近南疆三地州24.5%的平均水平；洛浦县、墨玉县、皮山县、叶城县、巴楚县和英吉沙县多维贫困发生率全部位于10%~20%之间，都要高于2014年国家统计局公布的7.2%的全国贫困发生率水平（收入贫困发生率）；而麦盖提县和莎车县多维贫困发生率都低于10%，分别为6.3%和3.8%，相比之下这些地区多维贫困发生率较低。

多维贫困指数 M^0 按县域分解结果表明，14个调查县多维贫困指数差异较大，其中，阿克陶县和疏勒县多维贫困指数数值最高，分别达到了 0.302 和 0.422，而且两地相连成为该地区多维贫困最为严重的第一级贫困区域；其次，阿图什市和和田县形成第二级贫困区域，两个县都是边境县，多维贫困指数分别为 0.230 和 0.212；疏附县和墨玉县构成第三级贫困区域，多维贫困指数分别为 0.180 和 0.100；其他各县为第四级贫困区域，多维贫困状况相对较轻，多维贫困指数全部都在 0.100 以下。

（3）按地理位置分解

结果表明，边境县在各方面均要比非边境县贫困。边境县贫困发生率为 30.6%，平均剥夺份额为 0.575，多维贫困指数为 0.176。对比非边境县，贫困发生率为 19.9%，平均剥夺份额 0.551，多维贫困指数 0.109，均要低于边境县。可见，边境县多维贫困状况更加恶劣，如果不能够尽快改善势必会对我国边境安全与稳定带来不利影响。

五、结　　论

多维贫困测量结果表明，在 40% 的剥夺水平下共有 294 户是多维贫困户，贫困发生率为 24.5%，多维贫困指数为 0.138。多维贫困指数按指标分解结果表明，收入贫困、饮水困难、教育水平低、卫生条件差、生活燃料原始落后以及少数民族汉语能力亟待提高等是解决新疆南疆三地州多维贫困的核心问题。多维贫困指数按地州分解结果表明，克州地区多维贫困最为严重，其次为和田地区，喀什地区最低；如果按县域分解，阿克陶县和疏勒县多维贫困指数数值最高。

参 考 文 献

[1] Cheli B., Lemmi A. A' Totally' Fuzzy and Relative Approach to the Multidimensional Analysis of Poverty [J]. Economic Notes, 1995, 24 (1): 115 –133.

[2] Tsui K. Y. Multidimensional Poverty Indices [J]. Social Choice and Welfare, 2002 (19): 69 –93.

[3] Chakravarty Deutsch, Silber. On the Watts Multidimensional Poverty Index and its Decomposition [C]. The Many Dimensions of Poverty International Conference, UNDP International Poverty Centre, August, 2005: 29 – 32.

[4] Alkire S. and Foster J. E. Counting and Multidimensional Poverty Measurement [J]. Journal of Public Economics, 2011 (95): 479 –487.

[5] 王小林, Sabina Alkire. 中国多维贫困测量：估计和政策含义 [J]. 中国农村经济, 2009 (12): 4 –23.

[6] 邹薇. 我国现阶段能力贫困状况及根源——基于多维度动态测度研究的分析 [J]. 人民论坛, 2012 (6): 48 –56.

[7] 张全红, 周强. 多维贫困测量及述评 [J]. 经济与管理, 2014 (1): 24 –31.

[8] 杨龙, 汪三贵. 贫困地区农户的多维贫困测量与分解——基于2010年中国农村贫困监测的农户数据 [J]. 人口学刊, 2015 (2): 15 –25.

[9] 王艳慧, 钱乐毅, 段福洲. 县级多维贫困度量及其空间分布格局研究——以连片特困区扶贫重点县为例 [J]. 地理科学, 2013 (12): 1489 – 1497.

[10] 丁建军. 连片特困区农村专业化发展的多维减贫效应研究——以保靖县黄金村为例 [J]. 湘潭大学学报 (哲学社会科学版), 2014 (5): 54 –59.

[11] 王金营, 李竞博. 连片贫困地区农村家庭贫困测度及其致贫原因分析——以燕山—太行山和黑龙港地区为例 [J]. 中国人口科学, 2013 (4): 2 –13.

[12] 杨龙, 徐伍达, 张伟宾等. 西藏作为特殊集中连片贫困区域的多维贫困测量——基于"一江两河"地区农户家计调查 [J]. 西藏研究, 2014 (1): 69 –77.

农户多维贫困测度与发展
能力提升优先序

——以新疆南疆三地州为例

摘要： 新疆南疆三地州少数民族农户多维贫困问题是维护新疆社会稳定和长治久安的攻坚难题。基于此，利用 2010 年新疆农村住户调查数据 RHS，通过 AF 多维贫困测量方法，分析了该地区少数民族农户多维贫困问题，研究结果表明：该地区存在严重的多维贫困问题，其中多维贫困指数达到 30.04%，多维重度贫困指数达到 13.83%，多维极端贫困指数达到 3.06%；多维贫困指数按地州分解结果显示，喀什地区多维贫困最为严重，和田地区多维贫困贡献率会逐渐减小，而克州地区则逐渐增大；按指标分解结果显示，少数民族农户不懂汉语、家庭成员受教育水平低、农户没有机会参与扶贫项目的确定等指标的贡献率始终较高，成为今后需要重点解决的关键性问题。

关键词：连片特困地区　扶贫开发　多维贫困　AF 法　农户

一、引　言

消除贫困、实现共同富裕是社会主义制度的本质要求。扶贫开发是贯彻中国现代化进程始终的重大任务，是实现全面建成小康社会目标需要解决的重大问题。2011 年 5 月，中共中央、国务院印发了《中国农村扶贫开发纲要（2011～2020 年）》，确定六盘山区、秦巴山区、武陵山区、乌蒙山区、滇贵黔石漠化区、滇西边境山区、大兴安岭南麓山区、燕山—太行山区、吕梁山区、大别山区、罗霄山区等区域的连片特困地区和已明确实施特殊政策的西藏、四省藏族聚居区、新疆南疆三地州为扶贫攻坚主战场。2011 年，按照 2 300 元的最新贫困标准，连片特困地区的贫困发生率为 28.4%，比全国平均水平高出 15.7 个百分点，覆盖了全国 70% 以上的贫困人口。

新疆南疆三地州是《中国农村扶贫开发纲要（2011～2020 年）》确定的 14 个集中连片特困地区之一，为我国扶贫攻坚主战场。其包括和田地区、喀什地区和克孜勒苏柯尔克孜自治州（以下简称克州地区）3 个地州，辖 24 个县（市），其中 19 个是国家扶贫开发重点县，分布着新疆自治区近 80% 的贫困人口，其中少数民族贫困人口高达 96% 以上，主要为维吾尔族、柯尔克孜族、塔吉克族等[1]。该地区少数民族农户贫困问题已成为维护新疆社会稳定和长治久安的最大障碍。长期以来，我国主要以家庭人均纯收入作为衡量贫困的单一指标沿用至今。但是，随着人类发展观念的不断进步和对贫困问题认识的不断深入，人们逐渐认识到收入贫困仅仅是贫困的其中一个维度。若从多维贫困的视角来看，可以将交通、卫生设施、教育、医疗条件、住房等诸方面条件考虑进来。《中国农村扶贫开发纲要（2011～2020 年）》的总目标中也提出了"扶贫对象实现不愁吃、不愁穿，义务教育、基本医疗和住房得到保障"（简称"两不愁、三保障"）的多维目标。

通过新疆南疆三地州多维贫困问题的研究，不仅有利于区域经济协调发展和民生改善，同时可促进特殊类型贫困地区形成多民族共生、多宗教交汇、多语言共存、多文化交融的和谐、稳定的社会结构，助力新疆丝绸之路经济带核心区建设，切实保障新疆社会稳定和长治久安，巩固国家安全。因此，以新疆南疆三地州为研究对象，基于以往学者的研究成果，采用阿基尔和福斯特（Alkire and Foster，2007，2011）开发的多维贫困测量方法（AF 方法），分析新疆连片特困地区多维贫困问题，探讨多维贫困在不同空间区域的差异，为相关部门制订公共政策提供参考。

二、文 献 回 顾

国外对多维贫困问题的研究起步较早。哈格纳斯（Hagenaars）[2]构建了首个包含收入和闲暇两个维度的多维贫困指数。森（Sen）[3]在福利经济学基础上创立了多维贫困理论，用能力方法定义贫困，认为贫困是对人的基本可行能力的剥夺，除收入维度外，还应包括交通、饮水、卫生设施等其他贫困维度，并将多维贫困划分为收入贫困、能力贫困、社会排斥贫困和参与性不足贫困四个方面。切利和莱密（Cheli and Lemmi）[4]基于完全模糊和相对的方法（TFR）来构建多维贫困指数。查克拉瓦蒂（Tsuiand Chakravarty）[5-6]致力于基于公理化方法的多维贫困测算，并给出了 Ch – M、F – M 和 W – M 等多维贫困指数及函数式。查克拉瓦蒂、道齐和希尔伯（Chakravarty，Deutsch & Silber）[7]利用公理化的方法将 Watts 单位贫困指数扩展为 Watts 多维贫困指数。马索米和卢高（Maasoumi & Lugo）[8]在信息理论的基础上推导出多维贫困的测度公式。阿基尔和福斯特（Alkire and Foster）[9-10]提出了对多维贫困的识别、加总和分解方法，给出了 Alkire – Foster 多维贫困测量方法的一般模型，相比早期多维贫困测量指数更加科学和细致。

国内对多维贫困的研究近几年逐渐增多。尚卫平等[11]初步探讨了多维贫困测度指标的性质，并进行了国家间贫困程度的比较分析。王小林等[12]采用 AF 多维贫困测量方法对中国城市和农村家庭多维贫困进行了测量。叶初升[13-14]梳理了多维贫困及其度量研究的最新进展，并利用完全模糊方法重新评估了扶贫政策的瞄准效率。邹薇[15-16]基于"能力"方法的视角，分析了我国现阶段能力贫困的状况，对中国的贫困状况进行了动态多维度考察。高艳云[17]利用 CHNS 数据对中国城乡多维贫困进行了测度、分解及分析。郭建宇等[18]通过调整多维贫困测量指标、指标取值和权重，考察其对多维贫困估计结果的影响。李俊杰等[19]探究了民族地区农户的贫困维度分布情况。石智雷等[20]从丹江口库区农户的当前消费水平、长期资本积累和可持续性发展水平三个角度分析了库区农户的贫困状况。王素霞等[21]将资产维度纳入了多维贫困分析框架及测量，拓展了多维贫困指数的维度。高艳云等[22]在多维视角下揭示什么样的家庭容易慢性贫困，什么样的家庭不容易贫困。张全红等[23-25]对多维贫困测量方法进行了介绍及述评，测算了各省的 MPI 多维贫困指数，并考察了中国多维贫困的动态变化。曹小曙等[26]从行政村与乡村住户两种尺度，探讨了乡村家庭人力资源、经济资源、家庭职业阶层等多种致贫因素。洪兴建等[27]用多维贫困指数对五个调查年度的农村家庭数据进行实证分析。袁媛等[28]构建了河北县域贫困度多维评价指标体系。杨龙等[29]测量了西藏作为特殊集中连片贫困区域的多维贫困。

可见，国内对多维贫困问题的研究由于数据可获得性的限制，研究对象往往局限于可利用数据资源覆盖的区域，但这恰恰缺少我国今后十年扶贫开发工作最关注的连片特殊困难地区的情况，导致该区域多维贫困问题一直鲜有人研究。正是基于这方面的考虑，本文利用国家统计局新疆调查总队农村住户调查数据（RHS），对我国新疆南疆三地州多维贫困问题展开研究。虽然，新疆南疆三地州仅仅是我国连片特困地区中的一个，但是连片特困地区间具有很强的同质性，期望能够以本文的研究起到以管窥豹的作用。同时，也指明了笔者今后深入研究的方向，以期尽可能全面地反映我国连片特困地区的多维贫困状况。此外，以往研究对多维贫困测量体系的构建主要以收入、教育、生活水平等维度为主，而具有少数民族连片特困地区鲜明特色的贫困维度鲜有人涉猎，如少数民族的汉语水平，而且测量指标也大都以物质指标为主，非物质指标相对较少。因此，本研究试图结合少数民族连片特困区的特殊性，在多维贫困测量体系构建上尝试有所突破。

三、多维贫困测量方法

（一）各维度取值

$M^{n,d}$为一个 $n \times d$ 维矩阵，且 $x_{ij} \in M^{n,d}$　$i = 1$, 2, $\cdots$, n　$j = 1$, 2, $\cdots$, d, x_{ij}代表第 i 个调查户在维度 j 上的取值，即行向量表示第 i 个调查户在所有维度上的取值，而列向量表示在第 j 维度上各调查户的取值。

（二）贫困识别

1. 单维度识别

对每一个维度 j, 设立贫困标准 $Z_j (Z_j > 0)$, 作为第 j 个维度被剥夺的临界值，亦即维度 j 上的贫困线。同时，定义一个剥夺矩阵

G^0 ($g^0_{ij} \in G^0$) ，且当 $x_{ij} < z_j$ 时 $g^0_{ij} = 1$ ，当 $x_{ij} \geq z_j$ 时 $g^0_{ij} = 0$ 。例如，定义家庭人均纯收入的临界值 Z_j 是 2 300 元，若某调查户 i 家庭人均纯收入为 3 000 元，则 $g^0_{ij} = 0$ ，若为 2 000 元，则 $g^0_{ij} = 1$ 。

2. 多维度识别

令 W_j 为权重（ $\sum_{j=1}^{d} w_j = 1$ ），获得加权一维贫困剥夺矩阵 $\tilde{G}^0$ 。

$$
\tilde{G}^0 = \begin{bmatrix}
w_1 g^0_{11} & w_2 g^0_{12} & \cdots & w_d g^0_{1d} \\
w_1 g^0_{21} & w_2 g^0_{22} & \cdots & w_d g^0_{2d} \\
\vdots & \vdots & \ddots & \vdots \\
w_1 g^0_{n1} & w_2 g^0_{n2} & \cdots & w_d g^0_{nd}
\end{bmatrix} = \begin{bmatrix}
\tilde{g}^0_{11} & \tilde{g}^0_{12} & \cdots & \tilde{g}^0_{1d} \\
\tilde{g}^0_{21} & \tilde{g}^0_{22} & \cdots & \tilde{g}^0_{2d} \\
\vdots & \vdots & \ddots & \vdots \\
\tilde{g}^0_{n1} & \tilde{g}^0_{n2} & \cdots & \tilde{g}^0_{nd}
\end{bmatrix}
$$

定义多维贫困剥夺矩阵 C^0 ，设定被剥夺维度 k， k = 1, 2。若 $\sum_{j=1}^{d} \tilde{g}^0_{ij} \geq k$ ，表示调查户 i 至少在 k 维上贫困，此时， $c^0_{ik}(k) = \sum_{j=1}^{d} \tilde{g}^0_{ij}$ 。反之，调查户 i 不是多维贫困户， $c^0_{ik}(k) = 0$ 。

进一步对多维贫困户数进行识别，定义多维贫困剥夺个体数矩阵 Q^0 ，令 $c^0_{ik}(k) > 0$ 时 $q^0_{ik}(k) = 1$ ； $c^0_{ik}(k) \leq 0$ 时 $q^0_{ik}(k) = 0$ 。

$$
Q^0 = \begin{bmatrix}
q^0_{11}(1) & q^0_{12}(2) & \cdots & q^0_{1d}(d) \\
q^0_{21}(1) & q^0_{22}(2) & \cdots & q^0_{2d}(d) \\
\vdots & \vdots & \ddots & \vdots \\
q^0_{n1}(1) & q^0_{n2}(2) & \cdots & q^0_{nd}(d)
\end{bmatrix} \quad 其中, q^0_{ik}(k) = \begin{cases} 1, & c^0_{ik}(k) > 0 \\ 0, & c^0_{ik}(k) \leq 0 \end{cases}
$$

3. 贫困加总

在识别了每个调查户 i 在各个维度上的被剥夺情况后，需要进行维度加总，以确定多维贫困指数 M^0 。 $M^0 = H^0 \times A^0$ ，其中， H^0 表示贫困发生率，A^0 表示平均剥夺份额。在被剥夺维度设定为 k 条件下，具体计算公式如下：

$$H^0(k) = \frac{\sum_{i=1}^{n} q_{ik}^0(k)}{n}$$

$$A^0(k) = \frac{\sum_{i=1}^{n} c_{ik}^0(k)}{\left[\sum_{i=1}^{n} q_{ik}^0(k) \times d\right]}$$

$$M^0(k) = H^0(k) \times A^0(k)$$

4. 贫困分解

多维贫困指数还具备可分解性，既可以按照时间、地区、省份、城乡等分组方式进行分解，得到不同时间、地区、省份、城乡等的多维贫困指数，又可以按照维度或指标进行分解。以按地区分解和按维度分解做以下具体说明。

若研究区域可分为不同的 R 个地区，各个地区的样本容量为 n_r，则多维贫困指数按地区分解如下：

$$M^0(k) = H^0(k) \times A^0(k) = \frac{\sum_{i=1}^{n} c_{ik}^0(k)}{nd} = \frac{n_1}{n}M_1^0(k)$$

$$+ \frac{n_2}{n}M_2^0(k) + \cdots + \frac{n_r}{n}M_R^0(k)$$

可见，多维贫困指数可以分解为各个地区多维贫困指数的加权平均，权重为不同地区的调查样本在总样本中的比重。分解后，各个地区对多维贫困指数的贡献率表示如下：

$$P_r = \frac{n_r}{n}\frac{M_R^0(k)}{M^0(k)}$$

若按维度分解，则有：

$$M^0(k) = \frac{\sum\limits_{i=1}^{n} c_{ij}^0(k)}{nd} = \frac{\sum\limits_{i=1}^{n}\sum\limits_{j=1}^{d} \tilde{g}_{ij}^0}{nd} = \sum\limits_{j=1}^{d} \frac{\sum\limits_{i=1}^{n} \tilde{g}_{ij}^0}{nd},$$

$$\text{且 } i \in \left\{ i \ \middle|\ \sum\limits_{j=1}^{d} \tilde{g}_{ij} \geqslant K \right\}$$

式中，$\dfrac{\sum\limits_{i=1}^{n} \tilde{g}_{ij}^0}{nd}$ 表示在维度 j 上的贫困指数，那么，维度 j 对多维

贫困指数的贡献率为：

$$p_j = \frac{\dfrac{\sum\limits_{i=1}^{n} \tilde{g}_{ij}}{(n \times d)}}{\dfrac{\sum\limits_{i=1}^{n}\sum\limits_{j=1}^{d} \tilde{g}_{ij}}{(n \times d)}} = \frac{\sum\limits_{i=1}^{n} \tilde{g}_{ij}}{\sum\limits_{i=1}^{n}\sum\limits_{j=1}^{d} \tilde{g}_{ij}}$$

四、数据及临界值设定

（一）数据来源

所采用的数据来自 2010 年国家统计局新疆调查总队农村住户调查数据（Rural Household Survey），具体研究中选取了新疆连片特困地区的随机样本数据，样本分布于喀什地区、和田地区、克孜勒苏柯尔克孜自治州 3 个地州，覆盖了 19 个国家级贫困县共 195 个自然村，每个村随机调查 10 户，样本量共 1 950 户，合计 9 432 人，且全部为少数民族农户（见表 1）。需要特别强调的是，调查户全部为少数民族农户更符合我国连片特困区多是少数民族聚集区

的实际，更有助专注于少数民族多维贫困。

表1　　　　　　　　　　样本情况

序号	县（市）名	每个贫困县调查的村/个	每个村调查的农户数/户	每个贫困县调查的农户总数/户	备注
南疆三地州		19	195	10	1 950	
一、和田地区					
1	和田县	10	10	100	边境县
2	墨玉县	13	10	130	
3	皮山县	10	10	100	边境县
4	洛浦县	10	10	100	
5	策勒县	10	10	100	
6	于田县	10	10	100	
7	民丰县	10	10	100	
二、喀什地区					
1	疏附县	11	10	110	
2	疏勒县	10	10	100	
3	英吉沙县	10	10	100	
4	莎车县	13	10	130	
5	叶城县	10	10	100	边境县
6	岳普湖县	10	10	100	
7	伽师县	10	10	100	
8	塔什库尔干县	8	10	80	边境县
三、克孜勒苏柯尔克孜自治州					
1	阿图什市	10	10	100	边境县
2	阿克陶县	10	10	100	边境县
3	阿合奇县	10	10	100	边境县
4	乌恰县	10	10	100	边境县

（二）多维贫困测量体系

在充分借鉴国内外研究基础上，结合《中国农村扶贫开发纲要（2011～2020）》"两不愁、三保障"的总体目标和新疆南疆三地州区域特色，尝试在多维贫困测量体系构建上有所突破（如表2所示）。一是本文研究有强大的数据支撑，不需要考虑指标数据的限制；二是测量体系既包括常规的物质化指标，还引入了非物质化指标，比如自然环境维度的4个指标、社会融入度的3个指标等，这样既考虑了调查户自身发展能力的状况，又考虑了自然环境、经济环境和社会环境的影响；三是引入了新疆南疆三地州的特色贫困指标，比如少数民族家庭中是否有人会汉语，该指标直接关系到少数民族农户对国家的认同。

表2　　　　　　　　　多维测量体系与被剥夺临界值的确定

维度	指标	被剥夺临界值与赋值
自然环境	自然灾害	本村旱灾、水灾或病虫害等自然灾害频发，赋值1
	地方病	本村为地方病病（疫）区，赋值1
	地形	本村所在地为山区，赋值1
	对外距离	本村距县城、乡镇政府、小学、初中、车站、邮电所和集市的距离为20公里以上的超过两个，赋值1
人力资本	劳动力文化程度	家庭成员最高文化程度为初中及以下，赋值1
	身体健康状况	家庭中至少有一人为"残疾"、"患有大病"、"长期慢性病"或"体弱多病"，赋值1
	技能培训情况	家庭成员中不曾有人受过技能培训，赋值1
社会融入	融入能力	家庭成员中没有人会汉语，赋值1
	融入机会	如果村里落实了新的项目本户不知道，赋值1
	融入程度	扶贫项目内容确定前本户没有机会讨论，赋值1

维度	指标	被剥夺临界值与赋值
生活水平	家庭结构	单亲或 3 个孩子以上，赋值 1
	住房	家中住房为"土坯屋"或"竹草屋"，赋值 1
	资产	家中没有"汽车"、"拖拉机"、"胶轮大车"等农机具，并最多拥有"冰箱"、"电视"、"自行车"、"摩托车"、"收录机"、"固定或移动电话"等耐用消费品中的一种，赋值 1
	卫生设施	家中无独立厕所，赋值 1
	饮用水源	家庭饮用水源非"自来水"、"深井水"、"浅井水"或饮用水水源有污染或饮水困难，赋值 1
	生活燃料	家庭以"柴草"、"秸秆"等为生活燃料或取得生活燃料越来越困难，赋值 1
	文化娱乐生活	家庭总支出中文化教育、娱乐消费支出为零，赋值 1
	基本医疗条件	本村既没有卫生室又没有合格乡村医生或卫生员，赋值 1
抗风险能力	合作医疗基金	本户未参加合作医疗基金，赋值 1
	农村养老保险	本户非农村养老保险户，赋值 1
收入水平	家庭人均纯收入	家庭人均纯收入低于 2 300 元，赋值 1

五、多维贫困测量的结果

（一）单维贫困测量结果

新疆连片特困区中单维贫困发生率超过 50% 的指标依次是：89.5% 的少数民族农户不懂汉语；80.6% 的少数民族农户家庭成员文化程度为初中及以下，78.4% 的少数民族农户没有机会参与扶贫项目内容的确定；71% 的少数民族农户没有任何的文化娱乐生活；

66.4%的家庭以"柴草"、"秸秆"等为生活燃料或取得生活燃料越来越困难；63.2%的农户无法得知是否村里落实了新项目。

　　分地州来看，喀什地区单维贫困发生率明显高于其他地州的有融入程度、融入机会、家庭结构、资产、基本医疗条件；明显低于其他地州的有卫生设施和合作医疗基金。此外，地方病全部集中在喀什地区，而家庭结构（46%）、农村养老保险（49%）、住房（48.3%）和技能培训（40.7%）四个指标贫困发生率接近50%。

　　和田地区单维贫困发生率明显高于其他地州的有融入能力（95.2%）和劳动力文化程度（86.7%）两个指标；生活燃料、住房、农村养老保险、技能培训和饮用水指标单维贫困发生率明显低于其他地州。家庭结构指标单维贫困发生率超过了50%。在和田地区，地形、地方病和对外距离三个指标贫困发生率均为零。

　　克州单维贫困发生率明显高于其他地州的有文化娱乐生活、生活燃料、家庭结构、家庭人均纯收入、地形、对外距离、身体健康状况、技能培训、卫生设施、引用水源、合作医疗基金、农村养老保险；明显低于其他地州的有文化排斥、政治排斥、家庭成员文化程度、自然灾害、资产、基本医疗条件。新增贫困发生率超过50%的有地形（50%）、家庭结构（54%）、家庭人均纯收入（58.8%）和农村养老保险（90.3%）。地方病指标贫困发生率为零（见表3）。

表3　　　　　　　　新疆南疆三地州的单维贫困发生率

维度	指标	新疆连片特困地区	喀什地区	和田地区	克孜勒苏柯尔克孜自治州
自然环境	自然灾害	27.7%	31.7%	31.5%	12.5%
	地方病	5.6%	13.4%	0.0%	0.0%
	地形	14.4%	9.8%	0.0%	50.0%
	对外距离	17.4%	22.0%	0.0%	40.0%

维度	指标	新疆连片特困地区	喀什地区	和田地区	克孜勒苏柯尔克孜自治州
人力资本	劳动力文化程度	80.6%	82.1%	86.7%	66.5%
	身体健康状况	5.7%	2.6%	2.9%	17.3%
	技能培训情况	39.4%	40.7%	23.3%	66.3%
社会融入	融入能力	89.5%	93.4%	95.2%	71.0%
	融入机会	63.2%	68.9%	58.9%	59.5%
	融入程度	78.4%	84.3%	81.4%	61.0%
生活水平	家庭结构	49.4%	46.0%	50.3%	54.8%
	住房	32.1%	48.3%	14.1%	31.8%
	资产	6.8%	10.0%	4.9%	3.8%
	卫生设施	16.7%	4.5%	17.8%	39.5%
	饮用水源	10.4%	12.4%	5.9%	14.3%
	生活燃料	66.4%	71.6%	56.0%	74.8%
	文化娱乐生活	71.0%	71.6%	68.5%	74.5%
	基本医疗条件	29.7%	37.8%	30.1%	12.5%
抗风险能力	合作医疗基金	4.3%	0.6%	1.9%	16.3%
	农村养老保险	48.1%	49.0%	24.0%	90.3%
收入水平	家庭人均纯收入	39.9%	34.0%	36.3%	58.8%

（二）多维贫困测量结果

2011 年《人类发展报告》（HDR）将多维贫困划分为两类，一类是当一个家庭的多维贫困剥夺分值大于 1/3（0.33）时，即确定其为多维贫困家庭；另一类是当一个家庭的多维贫困剥夺分值大于 1/2（0.5）时，即确定其为多维重度贫困家庭。本文研究进一步将贫困剥夺分值超过 2/3（0.66）的家庭定义为多维极端贫困家庭。此外，由于《人类发展报告》等国内外主要研究中仍使用相等权重，因此，本文研究也采取等权重方法。由于共考虑了 21 个指标上的贫困，所以，若农户存在任意 7 个指标被剥夺即为多维贫困户，若存在任意 10 个指标被剥夺为多维重度贫困户，若存在任意 14 个指标被剥夺则为多维极端贫困户。

估计结果显示，当考虑 1 个指标的贫困时（K = 1），新疆连片特困区贫困发生率（H）为 100%，即 100% 的少数民族农户在 21 个指标中至少 1 个指标为贫困，贫困剥夺份额（A）为 37.95%，多维贫困指数（M_0）为 37.95%。

多维贫困（K = 7）结果显示，贫困发生率（H）为 68.26%，贫困剥夺份额（A）为 44.01%，多维贫困指数（M_0）为 30.04%。多维重度贫困（K = 10）时，贫困发生率（H）为 24.94%，贫困剥夺份额（A）为 55.38%，多维贫困指数（M_0）为 13.83%。多维极端贫困（K = 14）时，贫困发生率（H）为 4.41%，贫困剥夺份额（A）为 69.44%，多维贫困指数（M_0）为 3.06%（见表 4）。

表 4   新疆南疆三地州多维贫困的估计结果

K	贫困发生率（H）	贫困剥夺份额（A）	多维贫困指数（M_0）
1	100%	37.95%	37.95%
7	68.26%	44.01%	30.04%
10	24.97%	55.38%	13.83%
14	4.41%	69.44%	3.06%

（三）多维贫困指数分解

1. 按地州分解

通过对多维贫困指数 M_0 按不同地州进行分解，得到不同 K 值下各地州对多维贫困指数的贡献率（如表 5 所示）。以 K = 7 为例，新疆南疆三地州多维贫困指数为 30.04%，按地州分解后，喀什地区多维贫困指数为 13.73%，贡献率为 45.69%；和田地区多维贫困指数为 8.16%，贡献率为 27.17%；克州地区多维贫困指数为 8.15%，贡献率为 27.14%。若 K＝10 时，喀什地区对多维贫困指数的贡献率会持续增强，达到 48.45%，占主要地位，克州地区对多维贫困指数的贡献率也会有所上升，达到 34.85%，而和田地区对多维贫困指数的贡献率则会不断下降，为 16.7%。当考虑 K＝14 时，喀什地区的贡献率将达到 60.91%，和田地区降为零，克州地区则为 39.09%。

表5　　　　　　　不同 k 值下多维贫困指数按地州分解结果

K	M₀	各地州 M₀			贡献率		
		喀什地区	和田地区	克州地区	喀什地区	和田地区	克州地区
1	37.95%	16.71%	12.30%	8.94%	44.03%	32.41%	23.56%
7	30.04%	13.73%	8.16%	8.15%	45.69%	27.17%	27.14%
10	13.83%	6.70%	2.31%	4.82%	48.45%	16.70%	34.85%
14	3.06%	1.86%	0.00%	1.20%	60.91%	0.00%	39.09%

2. 按指标分解

测算了不同 K 值下每个指标的贡献率，并进行了排序（如表6所示），并以指标贡献率排序情况来反映农户发展能力提升的优先序，得出以下结论和政策含义。

表6　　　　　　　不同 k 值下每个指标的贡献率以及优先序

优先序	指标	贡献率 K＝1，M₀＝37.95%	优先序	指标	贡献率 K＝7，M₀＝30.04%
1	融入能力	11.23%	1	融入能力	9.66%
2	劳动力文化程度	10.12%	2	劳动力文化程度	9.03%

续表

优先序	指标	贡献率 K=1，$M_0 = 37.95\%$	优先序	指标	贡献率 K=7，$M_0 = 30.04\%$
3	融入程度	9.84%	3	融入程度	8.91%
4	文化娱乐生活	8.91%	4	文化娱乐生活	8.63%
5	生活燃料	8.33%	5	生活燃料	8.28%
6	融入机会	7.93%	6	融入机会	7.90%
7	家庭结构	6.20%	7	农村养老保险	6.63%
8	农村养老保险	6.04%	8	家庭结构	5.83%
9	家庭人均纯收入	5.01%	9	技能培训情况	5.23%
10	技能培训情况	4.95%	10	家庭人均纯收入	5.11%
11	住房	4.03%	11	自然灾害	4.31%
12	基本医疗条件	3.73%	12	住房	4.30%
13	自然灾害	3.48%	13	基本医疗条件	4.00%
14	对外距离	2.19%	14	对外距离	2.63%
15	卫生设施	2.09%	15	卫生设施	2.31%
16	地形	1.80%	16	地形	2.28%
17	饮用水源	1.30%	17	饮用水源	1.52%
18	资产	0.86%	18	资产	1.02%
19	身体健康状况	0.71%	19	地方病	0.89%
20	地方病	0.71%	20	身体健康状况	0.86%
21	合作医疗基金	0.54%	21	合作医疗基金	0.66%

优先序	指标	贡献率 K=10，$M_0 = 13.83\%$	优先序	指标	贡献率 K=14，$M_0 = 3.06\%$
1	文化娱乐生活	8.21%	1	地形	6.86%
2	生活燃料	7.89%	2	文化娱乐生活	6.70%
3	融入程度	7.79%	3	农村养老保险	6.70%
4	融入机会	7.59%	4	技能培训情况	6.62%
5	融入能力	7.54%	5	融入机会	6.62%

优先序	指标	贡献率 K=10, M_0=13.83%	优先序	指标	贡献率 K=14, M_0=3.06%
6	劳动力文化程度	7.52%	6	融入程度	6.62%
7	农村养老保险	6.41%	7	生活燃料	6.54%
8	技能培训情况	6.21%	8	家庭人均纯收入	6.30%
9	家庭结构	5.58%	9	劳动力文化程度	6.06%
10	家庭人均纯收入	4.77%	10	饮用水源	5.82%
11	自然灾害	4.50%	11	融入能力	5.66%
12	地形	4.13%	12	家庭结构	5.34%
13	对外距离	3.97%	13	对外距离	4.70%
14	住房	3.65%	14	卫生设施	4.39%
15	基本医疗条件	3.18%	15	资产	4.07%
16	卫生设施	2.52%	16	住房	3.43%
17	饮用水源	2.44%	17	基本医疗条件	2.79%
18	地方病	1.64%	18	身体健康状况	2.63%
19	资产	1.64%	19	合作医疗基金	1.99%
20	身体健康状况	1.54%	20	地方病	0.16%
21	合作医疗基金	1.27%	21	自然灾害	0.00%

观察单维贫困（K=1）和多维贫困（K=7）发现指标贡献率排序非常相似，排在前六位的指标完全一致，分别是融入能力（11.23%、9.66%）、劳动力文化程度（10.12%、9.03%）、融入程度（9.84%、8.91%）、文化娱乐生活（8.91%、8.63%）、生活燃料（8.33%、8.28%）和经济排斥（7.93%、7.9%），累计贡献率分别达到了56.36%和52.41%。这说明解决这个层面的贫困问题，并提升农户发展能力应将工作重点放在大力推广双语教育、提高少数民族受教育水平、让农户有机会参与扶贫项目的确定、改善农户精神文化娱乐生活、解决生活燃料问题、多渠道让农户掌握最新的扶贫政策和扶贫信息等方面。

多维重度贫困（K＝10）指标贡献率和排序情况显示，贡献率在6个百分点以上的指标共有8个，累计贡献率达到59.16%，分别是文化娱乐生活（8.21%）、生活燃料（7.89%）、融入程度（7.79%）、融入机会（7.59%）、融入能力（7.54%）、劳动力文化程度（7.52%）、农村养老保险（6.41%）和技能培训情况（6.21%）。所以说解决多维重度贫困，工作重点依次为改善农户精神文化娱乐生活、解决生活燃料问题、让农户有机会参与扶贫项目的确定、多渠道让农户掌握最新的扶贫政策和扶贫信息、大力推广双语教育、提高少数民族受教育水平、提升农村养老保险比例和增加技能培训的机会。

多维极端贫困（K＝14）指标贡献率和排序情况显示，贡献率在6个百分点以上的指标共有9个，累计贡献率达到59.02%，分别是地形（6.86%）、文化娱乐生活（6.7%）、农村养老保险（6.7%）、技能培训情况（6.62%）、融入机会（6.62%）、融入程度（6.62%）、生活燃料（6.54%）、家庭人均纯收入（6.3%）和劳动力文化程度（6.06%）。因此，提升极端贫困农户发展能力的优先序就是山区生产生活环境改造或者移民搬迁、改善农户精神文化娱乐生活、提升农村养老保险比例、增加技能培训的机会、多渠道让农户掌握最新的扶贫政策和扶贫信息、让农户有机会参与扶贫项目的确定、解决生活燃料问题、提高农户收入水平和提高少数民族受教育水平。

除此之外，测算结果还显示在不同K值下如家庭结构指标反映出来的优生优育、少生快富问题、改善住房和基本医疗条件等问题也较为突出。

综上，研究发现不同K值下多维贫困反映的信息有一定差异，也就是说，面对不同程度的贫困，扶贫工作应有一定的侧重，这对今后连片特困区的反贫困具有一定的借鉴意义。同时，从不同空间区域上来看，多维贫困程度的差异也决定了区域扶贫政策要有所不同，比如喀什地区的多维极端贫困比较集中，而和田地区几乎不存在多维极端贫困。

六、结论与启示

以国家统计局新疆调查总队农户调查数据为基础，借助 AF 多维贫困测量方法，在构建多维测量体系并确定阈值的基础上测算了新疆南疆三地州单维和多维贫困，并按地州和指标进行了多维贫困指数的分解分析，得到以下结论。

（1）新疆南疆三地州单维贫困发生率较高，尤以少数民族农户不懂汉语、家庭成员受教育水平低、农户没有机会参与扶贫项目内容的确定等指标最为突出。

（2）新疆南疆三地州还存在较为严重的多维贫困问题，当考虑农户家庭存在任意 7 个指标的多维贫困时，多维贫困指数为 30.04%；当考虑农户家庭存在任意 10 个指标多维重度贫困时，多维贫困指数为 13.83%；当考虑农户家庭存在任意 14 个指标的多维极端贫困时，多维贫困指数为 3.06%。

（3）多维贫困指数按地州分解结果显示，农户家庭在不同剥夺水平下喀什地区对多维贫困指数的贡献率会持续增强，且占主要地位，克州地区对多维贫困指数的贡献率也会逐渐上升，而和田地区对多维贫困指数的贡献率则会不断下降，最终降为零。

（4）多维贫困指数按指标分解结果显示，在不同剥夺水平下各指标对多维贫困的贡献率会有所差异，但总的来看少数民族农户不懂汉语、劳动力文化程度低、缺乏文化娱乐生活、农户没有机会参与扶贫项目的确定、获取生活燃料困难、不能获知新项目信息、未参加技能培训、未参加养老保险等指标对多维贫困的贡献率相对较高，可以作为解决多维贫困问题优先考虑的方面加以对待。

结合研究结论提出以下建议：第一，尽快形成多维贫困扶贫战略和相关政策体系，充分发挥专项扶贫、行业扶贫和社会扶贫的综合效益应对多维贫困问题；第二，中央应加大对新疆南疆地区的转移支付力度，自治区在财力分配上也应切实向南疆地区倾斜，确保南疆公共财力能够有效解决多维贫困问题；第三，对南疆地区重大基础设施建设和社会福利设施建设，中央应加大投资补助力度，为多维贫困的解决打下坚实的基础；第四，南疆三地州多维贫困的解决还需要银行金融机构支持，包括加快南疆农村信用社改革，完善国家扶贫贴息贷款政策，鼓励各类银行业金融机构加大对南疆三地州信贷投放力度和建立分支机构等。

参 考 文 献

［1］厉声，马大正，秦其名等. 新疆贫困状况及扶贫开发［M］. 乌鲁木齐：新疆人民出版社，2010.

［2］Hagenaars. A Class of Poverty IndicesI［J］. International Economic Review［J］，1987（28）：583 – 607.

［3］Sen A. K. Inequality Reexamined［M］. Harvard University Press，1992.

［4］Cheli B.，Lemmi A. A 'Totally' Fuzzy and Relative Approach to the Multidimensional Analysis of Poverty［J］. Economic Notes，1995，24（1）：115 – 133.

［5］Tsui K. Y. Multidimensional Poverty Indices［J］. Social Choice and Welfare，2002（19）：69 – 93.

［6］Bourguignon F. and Chakravarty S. R. The Measurement of Multidimensional Poverty［J］. Journal of Economic Inequality，2003（1）：25 – 49.

［7］Chakravarty Deutsch，Silber. On the Watts Multidimensional Poverty Index and its Decomposition［C］. The Many Dimensions of Poverty International Conference，UNDP International Poverty Centre，August，2005：29 – 32.

［8］Maasoumi，E.，M. A. Lugo. The Information Basis of Multivariate Poverty Assessments ［C］. Quantitative Approaches to Multidimensional Poverty Measurement，London，Palgrave – Macmillan，2008：1 – 29.

［9］Alkire S. The Missing Dimensions of Poverty Data：Introduction to the Special Issue ［J］. Oxford Development Studies，2007（35）：347 – 359.

［10］Alkire S. and Foster J. E. Counting and Multidimensional Poverty Measurement ［J］. Journal of Public Economics，2011（95）：479 – 487.

［11］尚卫平，姚智谋. 多维贫困测度方法研究 ［J］. 财经研究，2005（12）：88 – 94.

［12］王小林，Sabina Alkire. 中国多维贫困测量：估计和政策含义 ［J］. 中国农村经济，2009（12）：4 – 23.

［13］叶初升，王红霞. 多维贫困及其度量研究的最新进展：问题与方法 ［J］. 湖北经济学院学报，2010（6）：5 – 11.

［14］叶初升，赵锐. 村级贫困的度量：维度与方法 ［J］. 发展经济学研究，2011（9）：383 – 401.

［15］高艳云. 中国城乡多维贫困的测度及比较 ［J］. 统计研究，2012（11）：61 – 66.

［16］郭建宇，吴国宝. 基于不同指标及权重选择的多维贫困测量——以山西省贫困县为例 ［J］. 中国农村经济，2012（2）：12 – 20.

［17］邹薇，方迎风. 关于中国贫困的动态多维度研究 ［J］. 中国人口科学，2011（6）：49 – 58.

［18］邹薇. 我国现阶段能力贫困状况及根源——基于多维度动态测度研究的分析 ［J］. 人民论坛，2012（6）：48 – 56.

［19］李俊杰，李海鹏. 民族地区农户多维贫困测量与扶贫政策创新研究——以湖北省长阳土家族自治县为例 ［J］. 中南民族大学学报（人文社会科学版），2013（5）：127 – 132.

［20］石智雷，邹蔚然. 库区农户的多维贫困及致贫机理分析 ［J］. 农业经济问题，2013（6）：61 – 69.

［21］王素霞，王小林. 中国多维贫困测量 ［J］. 中国农业大学学报（社

会科学版），2013（2）：129－136.

[22] 高艳云，马瑜. 多维框架下中国家庭贫困的动态识别 [J]. 统计研究，2013（12）：89－94.

[23] 张全红，周强. 多维贫困测量及述评 [J]. 经济与管理，2014（1）：24－31.

[24] 张全红，周强. 中国省份多维贫困的动态测度——以中国健康与营养调查中的9省为例 [J]. 贵州财经大学学报，2014（1）：98－105.

[25] 张全红，周强. 转型时期中国贫困的动态多维度测量 [J]. 中南财经政法大学学报，2014（1）：60－68.

[26] 曹小曙，任慧子，黄晓燕. 经济发达地区乡村贫困的地方特征及其影响因素分析——以广东省连州市为例 [J]. 地域研究与开发，2014（1）：34－40.

[27] 洪兴建，齐宁林. 中国农村多维贫困测度与维度分解 [J].21世纪数量经济学，2014（00）：465－482.

[28] 袁媛，王仰麟. 河北省县域贫困度多维评估 [J]. 地理科学进展，2014（1）：124－133.

[29] 杨龙，徐伍达等. 西藏作为特殊集中连片贫困区域的多维贫困测量——基于"一江两河"地区农户家计调查 [J]. 西藏研究，2014（1）：69－77.

基础设施可获得性与特殊类型
贫困地区居民的多维贫困

——以新疆南疆三地州为例

摘要：基于 2013 年国家统计局新疆调查总队农村住户调查数据，选取四个维度 9 个贫困指标，运用自助法（bootstrap）考察了基础设施对多维贫困的影响和城乡差异，并对不同收入组的多维贫困进行实证检验。研究结果发现：（1）交通、卫生和生态基础设施均具有降低多维贫困的作用。（2）基础设施降低了农村住户的多维贫困，但是对城市住户的多维贫困的影响不明确。（3）交通基础设施对降低多维贫困的贡献率呈现周期变动的规律，卫生基础设施对降低多维贫困的贡献率逐渐变小，生态基础设施对降低多维贫困的贡献率呈现倒"U"形。（4）社会安全加剧了居民的多维贫困状况，尤其是低收入人群。人情支出没通过显著性检验，但其回归系数为正表明了人情支出提高多维贫困的发生。（5）卫生基础设施降低了中低收入群体的多维贫困发生，对高收入组的影响却不显著。

关键词：基础设施　社会安全　多维贫困　自助法　人情支出

一、问题提出及已有文献回顾

伴随经济的迅速崛起，中国基础设施建设也得到迅猛的发展。

尤其是 2008 年全球金融危机期间，我国适时推出 4 万亿元的经济刺激计划，这项刺激方案的相当一部分资金投入到民生工程、农田水利、高速公路、高速铁路等基础设施的建设中，从而确保了我国经济增速在以后的三四年中一直处于高位。但时至今日，全球经济又发生了新的变化，我国经济也进入了发展的"新常态"，与此同时我国也明确了未来发展的各项目标，其中到 2020 年我国将全面建成小康社会以及贫困县全部脱帽和消除现行贫困标准下的绝对贫困等目标尤为艰巨也尤为重要。从目前形势看，我国不可能在短期再次推出全国性的基础设施建设工程，原因是一方面施政空间已经很有限，另一方面经过上一轮的建设我国基础设施条件已经有相当程度的提升。那么，我国基础设施改善的边际效益是否真的已经消耗殆尽（谢静等，2010，）[1]？还是会对我国未来发展持续发挥作用？尤其是对特殊类型贫困地区的减贫问题又会产生怎样的影响？本文基于上述考虑，以新疆连片特困区作为民族特殊类型贫困地区的代表，探讨基础设施可获得性与居民多维贫困的关系，进而研究基础设施在消减多维贫困方面可能发挥的作用。

对于多维贫困理论，最早由阿玛蒂亚·森在福利经济学基础上创立（Sen，1999）[2]，自此贫困测度摆脱了以往收入指标的单一维度，对贫困问题的研究进入了全新的多维领域，很多关于多维贫困的研究成果涌现。尤其是随着阿基尔和福斯特（Alkire & Foster，2007[3]，2011[4]）提出新的多维贫困测度方法，即 A－F 多维贫困指数，国内外学术界开始广泛运用该方法研究多维贫困问题。王小林和阿基尔（Alkire，2009）[5]利用 2006 年中国健康与营养调查数据并且采用 A－F 方法测量中国城市和农村家庭的多维贫困，并对维度和地区进行分解，探讨多维贫困在维度和地区之间的差异。弗吉尼亚和斯蒂芬（Virginia & Stephen，2013）[6]运用 2002～2005 年孟加拉国的数据，开发一个多维目标和影响力评估框架，考察了公共项目对多维贫困的影响。王春超和叶琴（2014）[7]利用 A－F 多维贫困测量方法并且采用 2000～2009 年的 CHNS 数据，从收入、健康、教育、医疗保险四个维度来考察农民工的多维贫困，对农民工和城市劳动者多维贫困状况进行对比，并且引入市场化指数的制度变量对农民工和城市劳动者的多维贫困进行解释。解垩（2015）[8]利用 A－F 测量方法对 2010 年和 2012 年的中国家庭动态跟踪调查（CFPS）面板数据从消费、健康、未来信心三个维度考察老年人的多维贫困状况。刘林（2015）[9]基于 A－F 法探讨了新疆南疆三地州的多维贫困的空间分布和区域差异，并测算了三地州的多维贫困状况。

基础设施在经济发展中发挥的作用大致可以从宏观和微观两个角度来进行梳理。从宏观角度看，基础设施投资在推动经济增长方面的作用得到了众多学者的认同。刘生龙和胡鞍钢（2010）[10]探讨基础设施通过其溢出效应影响中国经济增长。叶昌文和王遐见（2013）[11]运用空间面板模型对交通业发展和区域经济增长之间的关系进行实证检验，结果发现铁路、公路建设促进了经济增长。从微观角度看，众多学者也证实了基础设施投资在减贫和缩小收入差距方面的作用。吉布森和怀卡托（Gibson & Waikato，2003）[12]利用巴布亚新几内亚的 1995～1996 年的家庭调查数据探讨基础设施的可获得性对减贫效果的实证研究。刘生龙和周绍杰（2011）[13]利用 1989～2006 年的中国健康与营养调查（CHNS）数据，从静态非平衡面板和动态非平衡面板模型分别考察基础设施对农村居民收入增长的影响，结果均显示基础设施能够提高农村居民的收入。马朱姆德（R. Majumder，2012）[14]采用 1993～1994 年和 2004～2005 年的两组年份的 NSSO 数据，考察了贫困、基础设施与发展之间的关系，研究结果发现基础设施减少了贫困的发生。刘晓光、张勋和方文全（2015）[15]运用 1992～2010 年的省际面板数据通过构建一般均衡模型，探讨了基础设施在城乡间的收入分配效应，并从劳动力转移视角研究了缩小城乡收入差距的机制。

通过对以往文献的梳理，对基础设施在经济发展各方面中的作用学术界基本达成了共识，但是，随着多维贫困理论的发展，研究基础设施对多维贫困影响的文献还不多见，尤其是结合我国未来减贫目标研究基础设施对特殊类型贫困地区贡献的更是少见。本文旨在通过探讨基础设施对特殊类型贫困地区多维贫困的影响，丰富多维贫困的研究理论，为决策者提供有益的建议。

本文剩余部分结构安排如下：第二部分是介绍数据来源以及多维贫困测量方法。第三部分是介绍多维贫困的测量。第四部分是实证研究及结果分析。第五部分是结论及相应的政策建议。

二、数据来源及方法

（一）多维贫困测量方法

具体测量步骤：

第一步为各维度和指标取值。定义一个以 $n \times d$ 维的矩阵 $M^{n,d}$，n 为研究的样本总数，d 为贫困维度数，其中矩阵元素 $x_{ij} \in M^{n,d}$，$i = 1, 2, \cdots, n$；$j = 1, 2, \cdots, d$，x_{ij} 表示调查户 i 在 j 维度上的取值，即行向量表示调查户 i 在 d 维度上的取值，列向量表示第 j 维度上的 n 个调查户的取值。

第二步为贫困维度识别。

（1）单维度识别。对于任一维度 j，首先建立一个贫困线 Z_j（令 $Z_j > 0$），它表示第 j 个维度被剥夺的临界值。同时，定义一个

剥夺矩阵 $g^0 = [g_{ij}^0]$，其中当 $x_{ij} < Z_j$ 时，令 $g_{ij}^0 = 1$；当 $x_{ij} > Z_j$，令 $g_{ij}^0 = 0$。定义一个列向量 $c_j = (c_{1j}, c_{2j}, \cdots, c_{ij}, \cdots, c_{nj})'$ 代表不同调查样本户在 j 维度上的取值分布情况。

（2）多维度识别。定义多维贫困剥夺的临界值 k（k = 1，2，$\cdots$，d），令 k 个维度时识别穷人的函数为 ρ_k。如果 $c_i \geqslant k$ 时，则定义 $\rho_k(x_i; z) = 1$；如果 $c_i < k$ 时，则定义 $\rho_k(x_i; z) = 0$。

第三步为多维贫困指数计算。当识别了各维度的被剥夺后，一般按最简单的人头计数方法进行维度加总得到多维贫困的贫困发生率（H）公式，即 $H = \dfrac{q}{n}$，式中 q 表示存在 k 个维度贫困人数，n 为总的调查样本数，这种方法称为 GFT 方法。但是这一方法存在对贫困分布和贫困程度的不敏感的缺陷性，故阿基尔和福斯特在 GFT 基础上又共同提出修正了的多维贫困测度方法。公式为 $M_0 = H_0 A_0$，式中 M_0 为经过调整之后的多维贫困指数，也即 MPI（Multidimensional Poverty Index），H_0 为多维贫困发生率，A_0 为多维贫困的平均剥夺份额。假设 k 为被剥夺维数，则 $H_0(k) = \dfrac{\sum\limits_{i=1}^{n} q_{ik}(k)}{n}$，$A_0(k) = \dfrac{\sum\limits_{i=1}^{n} c_{ik}(k)}{\left[\sum\limits_{i=1}^{n} q_{ik}(k) \times d \right]}$。

第四步为多维贫困指数分解。多维贫困指数具备可分解性，不仅可以按照人群、城乡、地区、省份等方式分解，还可以按照维度、指标等方式分解，具体根据研究对象来进行灵活分解。

（二）数据来源

采用的数据来源于 2013 年国家统计局新疆调查总队农村住户

调查数据。该调查针对新疆南疆三地州（和田地区、喀什地区和克孜勒苏柯尔克孜自治州）1 470 户进行随机抽样调查。数据集包含居民个人基本情况、家庭收入支出情况、就业状况和受教育程度等丰富的信息。通过剔除缺失值，最终得到 1 282 户有效调查样本数据，可用观察值基本满足大样本数据所需的研究条件。

（三）变量描述

1. 核心解释变量

（1）交通基础设施。衡量交通基础设施（road）的可获得性的指标源于被调查对象对调查问卷"本社区能否便利地乘坐公共汽车"的回答，本文选择该问题作为衡量交通基础设施具有合理性，因为公共汽车主要是居民在县城（区）与社区（村）之间往返的主要交通工具，如果能便利地乘坐公共汽车，那么居民能更便捷地获取外界信息，减少信息不对称，从而更易获取更多的就业机会，降低多维贫困的发生。

（2）卫生基础设施。卫生基础设施建设投资直接关系到居民卫生医疗服务水平的提高，为人民群众提供更加安全、便利和经济的公共医疗卫生服务，是提高人民生活水平的重要举措。卫生基础设施（clinic）主要选择"社区内是否有卫生站（室）"来衡量。

（3）生态基础设施。良好的生态环境是最公平的公共产品①。实施生态基础设施建设（environment）是维护国家生态安全的关

---

① 来自 2013 年 4 月习近平总书记在海南考察时的重要讲话。

键，是居民生产、生活的根本保障。我们初步尝试选择"本村是否开展退耕还林还草工作"作为衡量生态基础设施的代理变量来探讨生态基础设施对居民多维贫困的影响。

2. 控制变量

本文选取的控制变量包括：（1）社会安全因素（safe）。社会的安全稳定对多维贫困的影响是双向的，一是一个社会不稳定会影响投资，从而间接影响到贫困的发生；二是多维贫困高发地区的居民不仅收入低，而且缺少教育和就业机会，这使得贫困人口的价值观念极易扭曲、社会行为极端化，这会给社会安全稳定带来潜在负面影响。本文用于衡量社会安全因素的指标源于"社区是否在本年度发生过盗窃或者其他刑事案件"的回答。（2）少数民族（minority）。少数民族居民由于受到汉语障碍、受教育水平以及地域限制等因素的影响，使得少数民族居民更易陷入多维贫困状态。本文用于衡量少数民族的指标源于"本村是否少数民族村"的回答。（3）土地（land）。土地作为农民的一项极其重要的资产，一直是农户增收的主要来源。从理论上看，一个家庭拥有的土地禀赋越多，越容易摆脱贫困。本文选择年末人均耕地面积来衡量土地对农户多维贫困的影响。（4）就业（employment）。随着我国城镇化进程加速，大量农户进入城市就业，工资性收入在家庭可支配收入中的作用将更加突出，工资性收入越多，越容易脱贫。本文用家庭劳动力的从业情况来衡量就业对居民多维贫困的影响。（5）人情支出（cost）。中国是一个传统的关系社会，人情支出作为维持正常的社会网络是必要的，但人情支出超出家庭经济承受范围，其社会功能就会出现异化，并最终导致家庭重返贫困。本文初步尝试探讨人情支出对居民多维贫困的影响（见表1）。

表1 变量描述性统计

	样本数	变量	均值	标准差
核心变量	1 282	road	0.3339	0.4717
	1 282	clinic	0.7964	0.4028
	1 282	environment	0.5452	0.4981
控制变量	1 282	safe	0.3003	0.4586
	1 282	minority	0.9509	0.2162
	1 282	land	3 719.632	9 517.333
	1 282	employment	2.6724	1.1776
	1 282	cost	1 113.369	3 109.751

（四）多维贫困指标及权重设定

《人类发展报告2013》[16]的多维贫困指数（MPI）由生活标准、教育和健康三个维度构成。本文拓展了多维贫困指数（MPI），将收入维度囊括进来，于是构建由收入、生活标准、教育和健康四个维度组成的新指标体系，每个维度下由1~5个指标进行衡量，而且对各项维度进行赋权。下面具体对各多维贫困指标的被剥夺临界值及权重设定进行详细说明（见表2）。

表2 多维贫困指标体系与被剥夺临界值的确定与权重设定

贫困维度	贫困指标	被剥夺临界值及赋值	权重
收入维度	人均纯收入	若人均纯收入小于2 300元，则赋值1	1/4
生活水平维度	住房	若住房是"土坯房"或"竹草房"，则赋值1	1/20
	资产	若耐用消费品（洗衣机、电冰箱、空调、微波炉、非太阳能热水器、电动自行车、彩电、台式电脑）拥有量小于两件，则赋值1	1/20
	饮水	若饮用水水源为不受保护的井水和泉水，则赋值为1	1/20
	卫生设施	若家庭中没有洗澡设施，则赋值为1	1/20

续表

贫困维度	贫困指标	被剥夺临界值及赋值	权重
生活水平维度	生活能源	若家庭煮饭燃料是柴草，则赋值为1	1/20
教育维度	义务教育	若6周岁以上家庭成员中有人未完成9年义务教育，则赋值为1	1/4
健康维度	劳动力散失情况	若家庭成员中有1人以上散失劳动力，则赋值为1	1/8
	人均医保支出	若家庭人均医疗保健支出额大于194元，则赋值为1	1/8

注：收入贫困临界值为2011年国家设定的年人均纯收入少于2 300元即被认定为贫困。人均医疗保健支出参考2010年中国贫困监察报告中各省医疗保健支出均值。

三、多维贫困测量

基于 AF 多维贫困测量方法，测算了不同剥夺水平下多维贫困的发生比例。《人类发展报告》（HDR）是这样定义多维贫困家庭的：如果家庭被剥夺水平超过1/3（约0.33），就将其定义为多维贫困家庭；如果家庭被剥夺水平超过1/2，就被定义为多维重度贫困家庭。从表3中可以看出，2013年所调查的9个指标中，调查样本中有91.9%的住户（即1 351户）的剥夺水平为10%；有26.5%的住户（即389户）的剥夺水平在40%；有4.4%的住户（即64户）的剥夺水平在60%；而处在极端贫困下（100%），也就是说这9个指标都满足的住户不存在。随着贫困剥夺水平的增加，陷入高维度贫困的住户数量呈现加速递减趋势，这与国家多年来对贫困地区的高度重视和精准扶贫是分不开的。

表 3　　　　　　　　　多维贫困动态变化分布情况

贫困剥夺水平（%）	多维贫困户数	均值	标准误	百分比（%）
10	1 351	0.313	0.159	91.905
20	990	0.378	0.135	67.347
30	657	0.448	0.112	44.694
40	389	0.514	0.097	26.463
50	188	0.590	0.087	12.789
60	64	0.691	0.078	4.354
70	27	0.768	0.058	1.837
80	6	0.85	0.387	0.408
90	0	0	0	0
100	0	0	0	0

注：资料根据 2013 年国家统计局新疆调查总队农村住户调查数据整理。

由于多维贫困发生率 H 对贫困维度的增加不敏感，因此选择多维贫困指数 M 进行分析（杨龙和汪三贵，2015）[17]。下面根据不同贫困维度对多维贫困的分解（如表 4 所示），我们可知教育问题对多维贫困的贡献度（多维贫困指数 M 为 33.3%）明显高于其他各项多维贫困指数，这说明教育问题从深度上导致了多维贫困且有很大的改进空间，从可行能力角度看，贫困地区的教育问题的解决使得贫困地区由"输血"扶贫转变为"造血"扶贫，可以从根本上解决贫困地区多维贫困的高发态势。虽然收入问题没有教育问题突出，但是其对多维贫困指数（M）达到了 21%，我们在大力改进贫困地区的教育公平、住房改造、饮水安全等问题时，仍须注重提高贫困地区居民收入。饮用水对多维贫困指数（M）只有 0.1%，这表明贫困地区的饮用水安全问题并没有其他贫困因素突出。

表4　　　　　　　　　各贫困维度的多维贫困指数　　　　　　　单位：%

多维贫困指标	收入	教育	生活标准					健康	
			住房	资产	饮用水	卫生设施	煮饭燃料	劳动力	医保支出
H（贫困发生率）	11.4	18.1	9.7	26.3	0.2	21.6	16.7	2.5	17.6
M（多维贫困指数）	21.0	33.3	3.6	9.7	0.1	7.9	6.1	2.3	16.2

注：资料由作者整理得到。

由以上分析，本文发现样本户的生活水平维度贫困发生率较低，但收入维度、教育维度和健康维度贫困发生率较高。那么，改善当地基础设施条件是否有助于缓解多维贫困问题？具体影响又如何？这种影响是否会存在城乡差异？以及对不同收入群体会产生怎样的影响？文章将在接下来的部分进行研究。

四、基础设施对多维贫困影响的实证分析

本部分首先就基础设施对多维贫困影响进行基准回归分析，然后探讨基础设施分别对城市居民和农村居民多维贫困的影响，再进一步把贫困剥削程度为20%、30%、50%、60%和传统的收入贫困作为对照组，考察基础设施对居民的多维贫困的影响，最后考虑从低收入组、中等收入组和高收入组的视角，对基础设施和多维贫困之间的关系进行实证研究。

（一）基础设施对多维贫困的影响

本部分探讨基础设施对多维贫困的影响进行回归分析。本文将线性回归模型设定为：

$$Multipoor40_i = \alpha \cdot Infra_i + \beta \cdot X_i + \varepsilon \qquad (1)$$

其中，$Multipoor40_i$ 表示贫困剥削程度为 40%，$Infra_i$ 表示基础设施，包括交通、卫生和生态基础设施，X_i 表示控制变量，包括社会安全因素、少数民族因素、土地、就业和人情支出，下标 i 表示第 i 个被调查样本，ε 表示随机扰动项。

表 5 报告了 Logit 的回归结果。结果均表明，基础设施建设有利于多维贫困状况的改善。（1）列对基础设施水平进行了单变量回归分析；（2）列控制了可能影响多维贫困剥削程度的一些核心解释变量，包括社会安全因素、少数民族、土地、就业、人情支出。从（1）（2）列的回归结果看出，基础设施水平的系数都显著为负，表明基础设施水平可以降低居民的多维贫困。卫生基础设施对降低居民的多维贫困贡献率最大，是交通基础设施和生态基础设施的接近 2 倍，可能正如张车伟（2003）[18] 的研究所指出的，健康投资对于居民提高收入、摆脱贫困具有极其重要的意义。交通基础设施对降低居民多维贫困的贡献率和生态基础设施相等。当加入控制变量后，基础设施水平的系数绝对值均不同程度的变小，其中卫生基础设施系数绝对值下降幅度最大（达到 3.1%），卫生基础设施系数绝对值下降幅度较小（1.94%），而生态基础设施的系数绝对值基本保持不变。

表 5   **Logit 回归分析结果**

解释变量	（1）全部（mp40）	（2）全部（mp40）	（3）农村	（4）城市
road	− 0.0654 ***	− 0.046 *	− 0.047 *	0.159
	（0.0252）	（0.026）	（0.029）	（0.371）
clinic	− 0.117 ***	− 0.086 ***	− 0.087 ***	—
	（0.0277）	（0.028）	（0.031）	—

表5   变量对不同程度多维贫困的边际影响

变量	非多维贫困 （$y_{mul}=0$）	40%剥夺水平 （$y_{mul}=1$）	40%~50% 剥夺水平 （$y_{mul}=2$）	50%~60% 剥夺水平 （$y_{mul}=3$）	60%以上 剥夺水平 （$y_{mul}=4$）
初中以上教育人数	0.0580 ***	−0.0382 ***	−0.0175 ***	−0.0015 ***	−0.0008 *
	(0.0074)	(0.0045)	(0.0030)	(0.0005)	(0.0004)
教育费用支出	0.0405 *	−0.0267 *	−0.0122 *	−0.0010	−0.0006
	(0.0225)	(0.0148)	(0.0069)	(0.0007)	(0.0004)
农业技术培训	0.0140 **	−0.0092 **	−0.0042 **	−0.0004 *	−0.0002
	(0.0061)	(0.0041)	(0.0019)	(0.0002)	(0.0001)
会汉语人数	0.0039	−0.0026	−0.0012	−0.0001	−0.0001
	(0.0082)	(0.0054)	(0.0025)	(0.0002)	(0.0001)
健康人口数	−0.0104 **	0.0069 **	0.0032 **	0.0003 *	0.0001
	(0.0052)	(0.0035)	(0.0016)	(0.0002)	(0.0001)
年末固定资产原值对数	0.0183 **	−0.0121 **	−0.0055 **	−0.0005 *	−0.0003
	(0.0082)	(0.0054)	(0.0026)	(0.0003)	(0.0002)
人均耕地面积对数	0.0185 ***	−0.0122 ***	−0.0056 ***	−0.0005 *	−0.0003
	(0.0070)	(0.0046)	(0.0022)	(0.0003)	(0.0002)
农业产量对数	0.0391 ***	−0.0257 ***	−0.0118 ***	−0.0010 **	−0.0006 *
	(0.0124)	(0.0082)	(0.0039)	(0.0004)	(0.0003)
参加专业性经合组织人数	0.1359 ***	−0.0895 ***	−0.0411 ***	−0.0034 **	−0.0019 *
	(0.0332)	(0.0220)	(0.0108)	(0.0014)	(0.0011)
乡村干部户	0.1106 **	−0.0729 **	−0.0334 **	−0.0028 *	−0.0016
	(0.0461)	(0.0305)	(0.0142)	(0.0015)	(0.0010)
家庭人口数	−0.0412 ***	0.0271 ***	0.0124 ***	0.0010 **	0.0006 *
	(0.0076)	(0.0050)	(0.0025)	(0.0004)	(0.0003)

注：①***、**、*分别表示在1%、5%、10%水平上显著，"（）"内数字为稳健标准误；②表中给出的是变量的边际影响，即 dy/dx；③y_{mul}表示农户所处的多维贫困水平，y_{mul}越大表示多维贫困程度越深。

汉语人数的增加应该对多维贫困会产生负影响；健康人口数变量回归结果与现实情况相矛盾的，可能是由于健康变量是强内生变量的缘故所造成的（Strauss & Thomas，1998）。[26]

物质资本中年末生产性固定资产原值每增加1万元，农户多维贫困发生的几率比就降低12.7%；人均耕地每增加1亩，农户陷入多维贫困的几率比就会下降11%；而农业产量增加则会使多维贫困几率比下降28%。

社会资本中包含了两个变量，但作用却非常显著。农户家庭中每多一人参加专业性合作经济组织就可使该农户沦为多维贫困的几率比下降64.8%；而该农户家庭中有成员为乡村干部则可使多维贫困发生的几率比下降55.7%；家庭人口的增加却可使农户成为多维贫困户的几率比增加33.6%。

同时对比在不同剥夺水平下多维贫困面板排序模型的回归结果发现，所有指标对农户多维贫困状况的影响与上一模型的结论完全一致，变量的回归系数和几率比值波动也不大，这也从侧面证明了模型构建的稳健性以及变量影响的可靠性。

各变量在不同的剥夺水平下的边际影响进一步显示（见表5），初中以上受教育人数、农业产量、参加专业性合作经济组织人数、家庭人口数四个变量对所有水平下的多维贫困的边际影响均显著，其中家庭中受教育人数的上升、农业产出水平的提高以及更多人参与专业性合作经济组织均能够缓解多维贫困问题，而家庭人口数量的增多却使得多维贫困问题加剧。其他变量大都对60%剥夺水平以下的多维贫困存在显著影响，对更高维的则变得不显著，而且随着多维贫困程度的加深，各变量的边际影响也在逐渐减弱，这也与实际情况相符，即贫困程度越深，变量的影响就更加微弱，贫困问题将越发难以得到有效解决。

续表

解释变量	（1） 全部（mp40）	（2） 全部（mp40）	（3） 农村	（4） 城市
environment	− 0. 0478 **	− 0. 047 **	− 0. 045 *	− 0. 221
	（0. 0228）	（0. 022）	（0. 023）	（0. 288）
safe	—	0. 115 ***	0. 124 ***	− 0. 147
	—	（0. 024）	（0. 025）	（0. 213）
minority	—	− 0. 123 **	− 0. 118 **	0. 213
	—	（0. 049）	（0. 050）	（0. 557）
land	—	− 2. 95e − 06 **	− 2. 91e − 06	− 7. 00e − 06
	—	（1. 49e − 06）	（2. 01e − 06）	（0. 0000145）
career	—	− 0. 046 ***	− 0. 049 ***	− 0. 037
	—	（0. 011）	（0. 011）	（0. 049）
cost	—	4. 65e − 06	5. 25e − 06	− 3. 36e − 07
	—	（4. 04e − 06）	（4. 10e − 06）	（0. 000046）
常量	− 0. 466 ***	0. 616	0. 607	− 0. 215
	（0. 173）	（0. 391）	（0. 403）	（2. 565）
观察值	1 282	1 282	1 185	97
调整 R^2	0. 0198	0. 0546	0. 0589	0. 0366

注：（1）括号内为标准误；（2） *** 、 ** 、 * 分别表示在1% 、5% 、10% 的水平上显著；（3）运用自助法（bootstrap 方法）迭代次数 1 000 次。

　　另外，表5 第（2）列各控制变量的符号也基本达到预期的结果。社会安全因素加剧了居民的多维贫困状况，且通过了显著性检验，这与龚晓宽（2002）[19]的研究结果一致，这表明社会安全因素对于减贫具有重要的现实意义。少数民族因素对降低多维贫困的影响在5% 的水平上显著为负，可能原因为近几年国家对民族地区加大投资和转移支付力度，使得民族地区的居民收入增长较快，提高

了居民的生活水平、健康水平，最终改善居民的多维贫困状况。土
地因素对降低居民的多维贫困在5%的水平上显著为负，这与许庆
等（2008）[20]的研究结论相符，即家庭所拥有的土地面积与人均收
入呈正相关关系。家庭成员因素高度显著（系数在1%的水平上显
著为负），每增加一个就业人口就降低农户多维贫困的发生概率为
4.6%，因为家庭成员就业率高低直接影响到家庭人均收入，就业
率越高，家庭人均收入越高。人情支出金额的系数虽然没通过显著
性检验，但是其系数为正，也一定程度上说明人情支出的增加提高
了居民的多维贫困。

　　表5的第（2）~（4）列分别考察了基础设施对全部居民、城
镇居民与农村居民多维贫困的影响。基础设施作为一项公共物品，
除了具有非竞争性和非排他性的特点，还具有城市化倾向，这是由
城市发展的规律所决定。从第（3）列的回归结果系数可看出：农
村基础设施的回归结果系数均为负，且均通过了显著性检验，这表
明基础设施具有降低农村多维贫困的作用。其中，卫生基础设施对
降低农村居民的多维贫困的贡献率最大（达到8.7%），其贡献率
分别是交通基础设施和生态基础设施的2倍左右。从第（4）列
的回归系数可看出：城市基础设施未通过显著性检验，可能原因
是基础设施对两个地区的作用不同，城市基础设施更加注重技术
改进与设备更新换代，而农村基础设施更多地改善公共基本服
务；此外，与农村相比较，城市基础设施已经建设更加完善、建
设水平更高，对城市多维贫困状况的改善更依赖前期城市基础设
施的积累效应。

（二）对照组回归分析

　　本节选择贫困剥削程度为20%、30%、50%、60%，以及收入

贫困作为对照组，探讨基础设施对不同贫困程度和收入贫困的影响。对照组的线性回归模型设定为：

$$Multipoor\_n = \alpha \cdot Infra_i + \beta \cdot X_i + \varepsilon \qquad (2)$$

$$Incomepoor_i = \alpha \cdot Infra_i + \beta \cdot X_i + \varepsilon \qquad (3)$$

其中，Multipoor_n 表示贫困剥削程度为 20%、30%、50%、60%，Incomepoor_i 表示收入贫困，Infra_i 表示基础设施水平，包括交通、卫生和生态基础设施，X_i 表示控制变量，包括社会安全因素、少数民族因素、土地、就业和人情支出金额，下标 i 表示第 i 个被调查样本，ε 表示随机扰动项。

表 6 和表 7 报告了贫困剥削程度为 20%、30%、50%、60% 以及收入贫困。本节对各贫困程度首先探讨基础设施对多维贫困的单变量影响，然后在控制其他变量的前提下，探讨基础设施对多维贫困的影响。结合表 5 ~ 表 7 的回归结果发现：生态基础设施在各多维贫困剥削程度上和收入贫困上通过显著性检验，这表明生态基础设施具有降低多维贫困的稳定性。从回归结果的系数看出，生态基础设施对降低多维贫困的贡献率呈现倒"U"形，也即随着贫困剥削程度的加深，贡献率线先下降后上升。交通基础设施对各个多维贫困程度的影响呈现周期变动的规律。随着多维贫困程度的加深，卫生基础设施的回归系数呈现逐渐下降趋势，也就是说卫生基础设施对降低多维贫困的贡献率逐渐变小。从表 5 第（2）列和表 7 第（4）列对比发现，交通和卫生基础设施对降低多维贫困状况的贡献率大于对提高收入的贡献率，生态基础设施的贡献率恰好相反。从综述可知，虽然基础设施水平对降低多维贫困的作用不同，但总体上仍降低了多维贫困的发生。

表6 对照组回归分析结果（1）

解释变量	（1）mp20	（2）mp20	（3）mp30	（4）mp30	（5）mp50	（6）mp50
road	−0.076**	−0.061**	−0.018	0.005	−0.041**	−0.033
	(0.029)	(0.031)	(0.029)	(0.030)	(0.019)	(0.020)
clinic	−0.307***	−0.282***	−0.157***	−0.127***	−0.033	−0.011
	(0.039)	(0.039)	(0.034)	(0.035)	(0.021)	(0.021)
environment	−0.040	−0.042*	−0.093***	−0.091***	−0.067***	−0.067***
	(0.025)	(0.025)	(0.026)	(0.026)	(0.018)	(0.018)
safe	—	0.103***	—	0.119***	—	0.082***
	—	(0.029)	—	(0.028)	—	(0.018)
minority	—	0.065	—	−0.045	—	−0.111***
	—	(0.065)	—	(0.069)	—	(0.032)
land	—	−2.51e−06*	—	−3.59e−06**	—	−9.45e−07
	—	(1.40e−06)	—	(1.70e−06)	—	(1.23e−06)
career	—	−0.041***	—	−0.024**	—	−0.032***
	—	(0.010)	—	(0.012)	—	(0.008)
cost	—	6.01e−06	—	5.65e−06	—	−2.74e−06
	—	(5.30e−06)	—	(4.53e−06)	—	(4.18e−06)
常量	1.975***	2.002***	0.353**	0.561	−1.419***	−0.266
	(0.205)	(0.375)	(0.152)	(0.361)	(0.226)	(0.461)
观察值	1 282	1 282	1 282	1 282	1 282	1 282
调整 R^2	0.0432	0.0603	0.0232	0.0366	0.0283	0.0843

注：（1）括号内为标准误；（2）***、**、*分别表示在1%、5%、10%的水平上显著；（3）运用自助法（bootstrap方法）迭代次数1 000次。

表7 对照组回归分析结果（2）

解释变量	（1）mp60	（2）mp60	（3）incomepoor	（4）incomepoor
road	−0.002	−0.001	−0.045	−0.022
	(0.012)	(0.012)	(0.028)	(0.029)

解释变量	（1）	（2）	（3）	（4）
	mp60	mp60	incomepoor	incomepoor
clinic	0.003	0.009	− 0.013	0.002
	（0.014）	（0.015）	（0.032）	（0.033）
environment	− 0.021 **	− 0.022 **	− 0.152 ***	− 0.140 ***
	（0.011）	（0.012）	（0.025）	（0.025）
safe	—	0.022 **	—	0.074 **
	—	（0.012）	—	（0.029）
minority	—	− 0.035 *	—	− 0.058
	—	（0.020）	—	（0.066）
land	—	5.05e − 08	—	− 6.60e − 06 *
	—	（8.40e − 07）	—	（3.46e − 06）
career	—	− 0.014 **	—	0.050 ***
	—	（0.007）	—	（0.010）
cost	—	2.93e − 07	—	− 0.000 **
	—	（5.01e − 06）	—	（7.35e − 06）
常量	− 3.103 ***	− 1.458 *	− 0.203	− 0.638 *
	（0.425）	（0.781）	（0.157）	（0.357）
观察值	1 282	1 282	1 282	1 282
调整 R^2	0.0110	0.0495	0.0221	0.0495

注：（1）括号内为标准误；（2）***、**、*分别表示在1%、5%、10%的水平上显著；（3）运用自助法（bootstrap方法）迭代次数1 000次。

（三）基础设施对不同收入组农户的多维贫困的影响

以上研究结果表明，基础设施具有降低农户多维贫困的作用。这一作用对所有收入组居民的多维贫困产生的影响是否一致。为了更深入地理解该问题，将居民的人均可支配收入按照全部调查户群体25%和75%的比例分解为低收入组（低于2 672元）、中等收入组（介于2 672~7 108元之间）和高收入组（高于7 108元）。在控制其他变量的前提下，分别考察了基础设施对低收入组、中等收入组和高收入组农户的多维贫困的影响（结果见表8）。

表8　　基础设施对不同收入组农户居民多维贫困的检验结果

解释变量	低收入组	中等收入组	高收入组
road	- 0. 009	- 0. 047	- 0. 062
	(0. 066)	(0. 038)	(0. 053)
clinic	- 0. 118 *	- 0. 082 **	- 0. 040
	(0. 069)	(0. 035)	(0. 053)
environment	- 0. 027	0. 011	- 0. 014
	(0. 060)	(0. 027)	(0. 046)
safe	0. 129 **	0. 083 ***	0. 105 **
	(0. 060)	(0. 027)	(0. 044)
land	$1.98e-06$	$-1.74e-06$	- 0. 086
	$(9.25e-06)$	$(1.78e-06)$	(0. 024)
career	- 0. 080 ***	- 0. 037 ***	- 0. 086 ***
	(0. 025)	(0. 127)	(0. 024)
minority	- 0. 208	- 0. 086	- 0. 101
	(0. 145)	(0. 062)	(0. 078)
cost	$6.26e-06$	$3.82e-06$	$8.44e-06$
	(0. 0000162)	$(9.44e-06)$	$(5.62e-06)$
常量	1. 850 **	0. 144	0. 735
	(0. 770)	(0. 684)	(0. 884)
观察值	320	640	320
调整 R^2	0. 1016	0. 0599	0. 0622

注：（1）括号内为标准误；（2）***、**、*分别表示在1%、5%、10%的水平上显著；（3）运用自助法（bootstrap方法）迭代次数1 000次。

表 8 回归结果表明:

第一,基础实施水平的提高对降低多维贫困的发生具有正向作用,也验证了基础设施具有降低多维贫困的作用,这说明前面的实证结果具有可信度。

第二,卫生基础设施对低收入组在统计上显著(10% 的水平上),对中等收入组在 5% 的水平上显著,反而对高收入组不显著。从回归系数看出,卫生基础设施对降低低收入组多维贫困的贡献率最大,是中等收入组的近 2 倍以及高收入组的近 3 倍,可能的原因为高收入者可以购买更安全的食物、接受更好的医疗。交通基础设施在三个收入组中均没通过显著性检验,可能是因为交通基础设施的使用具有一定的准入条件,也就是"门槛效应",比如一个人使用交通基础设施的前提条件是他有能力和意愿去购买交通工具(刘生龙、周邵杰,2011)。生态基础设施对三个收入组均不显著,可能是因为生态基础设施具有一般基础设施建设的超前性和周期长的特点,短期内很难影响收入的变化。

第三,社会安全因素对三个收入组均显著为正,这表明社会安全加剧了居民的多维贫困,而且与中高收入组相比较,社会安全因素最容易加剧低收入组的多维贫困状况,这一点可以从表5、表6、表7中看出。就业因素对三个收入组均显著为负,这表明就业能降低整体的多维贫困,从回归系数看出:就业对高收入组降低多维贫困的贡献率最大,每增加一个就业人口,降低多维贫困的发生概率为 8.6%,因为高收入组拥有更大的社会网络,更多的社会资源与影响力。

五、结论与建议

运用 2013 年国家统计局新疆调查总队农村住户调查数据,本文对居民多维贫困的影响因素进行回归分析，就基础设施对多维贫困的影响进行考察。研究结果显示生态基础设施对降低多维贫困具有高度稳定性，而且对降低多维贫困的贡献率呈现倒"U"形。卫生基础设施对降低农户的多维贫困贡献率最大，但是其贡献率会随着贫困程度的加深而逐渐减小。交通基础设施没有达到降低多维贫困的预期。基础设施对城市居民降低多维贫困的贡献率大于农村。生态基础设施对低收入组的贡献率最大，对高收入组的贡献率次之，对中等收入组的贡献率最小。交通基础设施对高收入组降低多维贫困的贡献率最大，对中等收入组的贡献率次之，对低收入组的贡献率最小。卫生基础设施对中等收入组降低多维贫困的贡献率最大，对高收入组最小，对低收入组贡献率最小。

依据以上的研究结果，我们提出一些建议：加强生态基础设施建设，改善低收入者的生存环境，提高低收入者抵御自然灾害的能力；加大农村交通基础设施建设力度，提高交通基础设施均等化，缩小城乡交通基础设施服务差距，促进农村经济更快发展；加大资金投入，完善医疗硬件设施，改善居民卫生医疗条件；加大社会治安整治力度，强化社会规范管理与创新，维护社会安全稳定。拓宽就业渠道，加强对劳动力的技能培训，促进农村剩余劳动力转移，增加农户收入。

参 考 文 献

[1] 谢静，张阳生，雷旸，黄卓. 经济转型期陕北公路交通与经济发展的关联分析 [J]. 人文地理，2010 (5)：103 - 107.

[2] Sen, A. Development as Freedom [M]. New York：Alfred A. Knopf, Inc, 1999.

[3] Alkire, Sabina and Foster, James. Counting and Multidimensional Poverty Measurement [R]. Working Paper, 2007.

　　[4] Alkire, Sabina and Foster, James. Counting and Multidimensional Poverty Measu rement [J]. Journal of Public Economics, 2011, 95 (7): 476 – 487.

　　[5] 王小林, Sabina Alkire. 中国多维贫困测量: 估计和政策含义 [J]. 中国农村经济, 2009 (12): 4 – 10.

　　[6] Virgina, Robano and C. S. Stephen. Multidimensional Targeting and Evalution: A General Framework with an Application to a Poverty Program in Bangladesh [R]. Working Paper, 2013.

　　[7] 王春超, 叶琴. 中国农民工多维贫困的演进——基于收入与教育维度的考察 [J]. 经济研究, 2014 (12): 159 – 174.

　　[8] 解垩. 公共转移支付与老年人的多维贫困 [J]. 中国工业经济, 2015 (11): 32 – 46.

　　[9] 刘林. 边境连片特困区多维贫困测算与空间分布——以新疆南疆三地州为例 [J]. 统计与信息论坛, 2015 (1): 106 – 112.

　　[10] 刘生龙, 胡鞍钢. 基础设施的外部性在中国的检验: 1988 ~ 2007 [J]. 经济研究, 2010 (3): 4 – 15.

　　[11] 叶昌文, 王遐见. 交通基础设施、交通运输业与区域经济增长——基于省域面板数据的空间面板模型研究 [J]. 产业经济研究, 2013 (2): 40 – 47.

　　[12] Gibson, J., Rozelle, S. Poverty and Access to Roads in Papupa New Guinea [J]. Economic Development and Cultural Chang, 2003 (52): 159 – 185

　　[13] 刘生龙, 周绍杰. 基础设施的可获得性与中国农村居民收入增长——基于静态和动态非平衡面板数据的回归结果 [J]. 中国农村经济, 2011 (1): 27 – 36.

　　[14] R. Majumder. Removing Poverty and Inequality in India: the Role of Infrastructure [R]. Mpra Paper, 2012.

　　[15] 刘晓光, 张勋, 方文全. 基础设施的城乡收入分配效应: 基于劳动力转移的视角 [J]. 世界经济, 2015 (3): 145 – 170.

　　[16] UNDP. Human Development Report 2013 [R]. New York: United Nations Development Program, 2013.

［17］杨龙，汪三贵. 贫困地区农户的多维贫困测量与分解［J］. 人口学刊，2015（2）：15 – 25.

［18］张车伟. 营养、健康与效率——来自中国贫困农村的证据［J］. 经济研究，2003（1）：3 – 12.

［19］梁晓宽. 中国西部地区城市贫困与社会稳定问题探析［J］. 四川大学学报：哲学社会科学版，2002（1）：5 – 11.

［20］许庆，田士超，徐志刚，邵挺. 农地制度、土地细碎化与农民收入不平等［J］. 经济研究，2008（2）：83 – 92.

第七部分

收入问题研究

少数民族农户收入差距的经验证据：物质资本、人力资本抑或社会资本？

摘要：实现共同富裕是社会主义的本质要求，其中少数民族农户的收入差距问题显得尤为重要。本文借助国家统计局调查总队农村住户调查数据，采用面板分位数回归和 bootstrap 技术，研究了物质资本、人力资本和社会资本对少数民族农户收入差距的影响，结果显示：少数民族农户收入差距和贫困程度都得到了一定程度的改善，而且物质资本、人力资本和社会资本对增加少数民族农户收入都具有正向作用，尤其是社会资本最为显著，但是，人力资本对不同收入组边际贡献的差异证明其确实是拉大少数民族农户收入差距的原因，它对中高收入者作用更加显著，而物质资本对收入差距的影响并不明显。相反通过加入经济合作组织或者有稳定的工作将非常有效地提高低收入者的收入水平，说明由于社会网络异质性带来的社会资本能够改善少数民族收入差距问题。

关键词：物质资本　人力资本　社会资本　收入差距　面板分位数回归

一、引　言

收入差距一直是学者们研究的热点话题。根据第六次人口普查的结果显示：我国少数民族人口大约为 1.14 亿，占总人口的 8.49%，这足以堪比欧洲任何一个国家（除了俄罗斯）。少数民族的收入差距问题，既具有一般性又具有特殊性，关系到我国 2020 年同步迈入小康社会目标的实现。随着市场化改革的逐渐深化，中国居民的收入差距正日益扩大。这不仅影响居民有效需求的形成并且阻碍经济增长，而且极易造成社会严重分化，引发阶级对立情绪，造成社会不稳定，尤其是少数民族地区更是如此。少数民族地区大多分布在我国边境地区，保持这些地区居民的收入差距在合理范围不仅关系到本地区的社会稳定与持续发展，而且关系到我国的边境安全和祖国统一。

已有文献对收入差距微观层面的探讨主要集中于研究人力资本、物质资本和社会资本等对收入差距的影响。有些学者偏重于人力资本和物质资本对收入差距的影响（Gary & Gyeongjoon Yoo，2000；Morduch & Sicular，2002；罗楚亮、李实，2007；Fraumeni B. M. et al.，2015）。其中，高梦涛和姚洋（2006）运用中国 8 个省的 1 320 个农户数据，使用分位数回归法进行实证研究，结果表明人力资本农户拉大了收入差距，物质资本对农户收入差距无明显影响。而另外一些学者就人力资本和物质资本对收入差距的影响得出与上述学者不同的结论。樊新生和李小建（2008）运用 1 251 个农户数据进行实证检验，研究结果表明物质资本和人力资本都拉大农户收入差距，且物质资本的贡献度更大一些。高连水（2011）认为人力资本对居民收入差距的贡献度超过10%，物质资本的贡献度超过人力资本的贡献度，达到34.5%。以上研究虽结论有所差异，但是都关注了影响收入差距最基本的物质资本和人力资本的作用，但是对于中国这样一个"关系"社会，社会资本绝对是影响收入差距的关键因素，尤其是能够体现社会网络差异性的职业变量更是决定收入高低的核心指标。

社会资本对收入差距的影响在已有研究中同样存在一定的分歧。一部分学者认为社会资本缩小了收入差距，如掐鲁塔特等（Grootaert et al.，2002）和哈金姆等（Abdul – Hakim et al.，2010）学者认为社会资本并没有像预期的那样扩大收入差距，相反却缩小了收入差距。国内学者中周广肃、樊纲和申广军（2014）同样支持这个观点。而另外一些学者持相反的观点，奈特和岳赫（Knight & Yueh，2008）、张等人（Zhang et al.，2012）都认为具有一定社会资本的农户的经济收入显著高于普通农户，也就是说社会资本实际上是拉大了农户之间的收入差距。而赵剑治和陆铭（2010）通过分解农户间收入差距，发现社会"关系"拉大了收入差距，其贡献率达到12.1% ~ 13.4%。

可见，在学术界对物质资本、人力资本和社会资本对收入差距的影响并未形成统一意见。而且，笔者认为影响收入差距的微观因素中物质资本、人力资本和社会资本同等重要，不能割裂开来单独探讨，这样会造成对问题认识的不全面性。同时，少数民族农户收入差距问题事关少数民族农户集体利益，事关我国全面建成小康社会目标的实现，事关地区稳定和统一的国家大计，非常有必要去研究。基于以上考虑以及前人研究成果，笔者在本文的研究中尝试做以下两点工作：（1）将研究对象瞄准少数民族农户，强调基础性研究，而非特殊性研究；（2）综合考虑物质资本、人力资本和社会资本对少数民族收入差距的影响，并研究少数民族农户收入差距拉大的原因。

二、数据描述与处理

本文的研究受限于数据可得性问题，并没有将研究重心放到对全国层面的研究上，而是希望以一典型的少数民族聚居地区为例，达到以管窥豹的目的。新疆是我国5个民族区域自治地方之一，位于亚欧大陆中部，地处中国西北边陲，总面积166万平方公里，占全国陆地总面积的1/6，区内共有55个民族，几乎涵盖了全国所有的少数民族。截至2014年末新疆少数民族人口已达1 448万人，占全区总人口的63%，占全国少数民族人口的14%左右，能够满足本文研究目的的需要。相比于研究全国收入差距，本文的研究在全国代表性方面相差很多。但是，本文的研究区域兼具连片特困地区、少数民族聚居、边境地区等特点，在自然生态和人文环境上与我国其他连片特困地区具有较强的同质性。因此，本文的研究是对特殊类型地区收入差距问题的补充。同时，研究重心放在分析收入差距的原因上，着重于对系数的估计、解释和趋势的分析，而不是单纯测算收入差距的实际水平。本文主要是通过非参数技术估计少数民族农户收入函数，解释不同家庭和个人特征对农户收入差距的影响，解答到底是物质资本、人力资本还是社会资本拉大了少数民族农户的收入差距。

　　本文所采用的数据来自2011年、2012年国家统计局新疆调查总队农村住户调查数据（Rural Household Survey），选取了新疆南疆三地州（和田地区、喀什地区和克孜勒苏柯尔克孜自治州，简称南疆三地州）1 200个农户的面板数据。通过剔除残缺值、离群值等异常值情况最终获得有效样本1 174户，两年合计2 259户（见表1）。这个数据集包含了丰富的农户家庭信息，如收入、消费支出、就业、受教育情况、生产性固定资产拥有量等。这套面板数据有92%以上的农户是完整的，为非平衡面板数据，可用观测值基本能够满足大样本的要求。

表1   样本面板数据结构（2011～2012 年）

频数（农户）	百分比（%）	累计百分比（%）	模式
1 085	92. 42	92. 42	11
77	6. 56	98. 98	. 1
12	1. 02	100	1.
1 174	100		xx

注："."表示样本空缺；"1"表示样本有数；两年有效样本合计 2 259 户 = 1 085 户 ×2 + 77 户 + 12 户，为非平衡面板数据。

全文所用数据都使用相应的价格指数进行了调整，并对可比价格收入进行了对数变换，连续两年收入的核密度估计如图 1 所示。

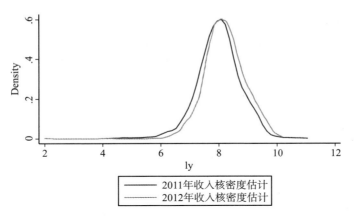

kernel = epanechnikov，bandwidth = 0.1419

图1   2011～2012 年收入核密度估计

通过对连续两年样本户收入情况的深入研究，笔者发现 2012 年相比于前年农户的绝大多数情况都有所改善，但也存在一些问题（如表 2 所示）。一是样本均值和不同分位点收入值均反映出收入绝对水平都有不同程度的提高，且收入后25%群体的增长速度相对较快，但是其收入水平仍然非常低，不能维持基本的生活开支。同时，50%水平（中位数）上的收入要低于均值收入水平，也就意味着收入集中度偏向高收入群体。二是不同分位点收入比值显示，最高收入群体（90%）和最低收入群体（10%）的收入比值在缩小，由2011年的5.7倍缩小为2012年的5.3倍，变动程度相对较大；低收入（10%、25%）在中位数收入（50%）中所占的比例有所提升，分别由0.42、0.66增加为0.47、0.67，而最高收入与中等收入、中等偏上收入与中等收入的差距却拉大了，但是这些变动都不是特别明显。三是FGT贫困指数显示，贫困广度、贫困深度和贫困强度都有一定程度的缓解，其中贫困发生率由34.1%减为24.1%。四是不平等指数测算结果显示，无论是Gini系数、泰勒指数还是反映收入差距的其他相关指数都显示这两年该地区的收入差距状况向着更好的方向发展，比如Gini系数2011年为0.378，到2012年则减小为0.362，意味着该地区收入分配状况变得趋于合理。

表2　　　　　　　　2011~2012年样本收入与收入差距

	2011年	2012年	变化
均值	3 611.956	4 279.008	667.052
1%	351.569	670.487	318.918
5%	880.697	1 126.967	246.270
10%	1 191.526	1 558.835	367.309
25%	1 858.796	2 240.227	381.431
50%	2 831.932	3 326.929	494.997
75%	4 304.235	5 187.890	883.655

续表

	2011 年	2012 年	变化
90%	6 844.010	8 270.968	1 426.958
95%	9 417.120	10 637.800	1 220.68
99%	13 396.370	16 313.460	2 917.09
p90/p10	5.744	5.306	− 0.438
p90/p50	2.417	2.486	0.069
p10/p50	0.421	0.469	0.048
p75/p25	2.316	2.316	0.000
p75/p50	1.520	1.559	0.039
p25/p50	0.656	0.673	0.017
贫困广度（H）	0.341	0.241	− 0.100
贫困深度（PG）	0.116	0.068	− 0.048
贫困强度（SPG）	0.058	0.030	− 0.028
相对平均离差	0.269	0.262	− 0.007
变异系数	0.827	0.742	− 0.085
对数标准差	0.731	0.695	− 0.036
Gini 系数	0.378	0.362	− 0.016
Mehran 指数	0.502	0.482	− 0.02
Piesch 指数	0.315	0.303	− 0.012
Kakwani 指数	0.125	0.115	− 0.010
Theil 指数（GE（1））	0.250	0.222	− 0.028
平均对数离差（GE（0））	0.253	0.226	− 0.027
Entropy 指数（GE（−1））	0.388	0.621	0.233
Half(Coeff. Var. squared)（GE（a），a = 2）	0.342	0.275	− 0.067
Atkinson 指数（eps = 1）	0.224	0.202	− 0.022

三、理论框架与估计方法

本文主要想说明的问题是：物质资本、人力资本及社会资本是造成该区域农户收入差距的关键。基于研究目的，笔者建立了一个简约形式（reduced form）的农户分位收入函数估算人力资本、物质资本和社会资本对农户人均纯收入差距的影响。具体分析思路是这样的：分别估计物质资本、人力资本和社会资本对不同收入组农户收入的边际贡献，如果某一种要素对高收入群体的边际贡献大于中等收入群体和低收入群体，则这种要素拉大了收入差距，反之则是缩小收入差距。

本文使用的分位数回归技术主要来源于考恩科和霍洛克（Koenker & Hallock，2004）、阿布里瓦亚和达赫尔（Abrevaya & Dahl，2008）、巴彻（Bache，2011）对面板分位数回归的研究，使用的软件是 Stata13 和 R 软件。在系数推断中还采用了 bootstrap 技术，又称自助法，该方法最早由艾弗伦（Efron，1979）提出，是通过对样本有放回地重复抽样来获得置信区间，从而得到更加渐进有效的系数估计量。卡梅伦和特里维第（Cameron & Trivedi，2010）建议，针对 5% 的显著性水平，如果使用自助法计算标准误差，迭代次数不少于 400 次；如果进行区间估计或假设检验，迭代次数不低于 999 次。本文基于研究需要选择的迭代次数为 1 000 次。对于本文所使用的分位数回归技术还需要做以下三点说明：一是本文之所以要使用两种统计软件，原因在于 Stata 计量软件虽然能满足本文几乎所有的研究需要，但是目前该软件对于面板数据的分位数回归仍然不能很好地实现，所以进一步借助 R 软件完成面板数据的分位数回归部分；二是分位数回归对于异常值和异方差等情况具有较强的耐抗性；三是广义分位数回归实现了可变参数的处理，对于本文分析不同要素对收入差距的影响是恰当的选择。

计量模型构建如下：

$$ly_{q_{it}} = c + \beta_{q_{edu}} Edu_{q_{it}} + \beta_{q_{fix}} Fix_{q_{it}} + \beta_{q_{soc}} Soc_{q_{it}} + \beta_{q_x} x_{q_{it}} + \alpha_{q_t} + \alpha_{q_i} + \varepsilon_q$$

式中：ly 表示农户家庭人均纯收入的对数，c 代表常数；q 代表分位数，本文取 q = 0.25、0.5、0.75，分别代表收入后 25% 的低收入人群、中间 50% 的中等收入人群和前 75% 的高收入人群，下标 i、t 表示个体与时间；α_{q_i}、α_{q_t} 表示样本异质性和时间异质性；ε_q 表示随机干扰项。三个关键变量组，Edu_q、Fix_q 和 Soc_q，分别表示样本人力资本变量组、物质资本变量组和社会资本变量组，其前面的 β 代表不同变量组在不同分位条件下的边际贡献，它的大小是判断到底是人力资本、物质资本还是社会资本拉大了农户收入差距的依据所在。此外，模型中还包括了 x_q 等其他控制变量。

对三个关键变量组的考虑如下：人力资本的分析主要使用劳动力受教育程度、农业技能培训情况；物质资本主要使用年末生产性固定资产原值（取对数）；社会资本可从宏观、中观和微观来划分，本文使用代表社会网络异质性的农户职业以及农户参加的经济组织来衡量（叶静怡等，2012），具体包括是否参加专业性合作经济组织、是否家庭成员为乡村干部、教师或者在行政事业单位工作等。所有变量的描述统计结果如表3所示。需要说明的是，人力资本中"健康"指标由于其内生性太强（Strauss & Thomas，1998），因此本文并未引入。

表3   **变量描述统计**

变量	均值	标准差
可比价格家庭人均纯收入对数	8.1051	0.7376
初中以上文化程度劳动力比例	0.6176	0.3779

变量	均值	标准差
农业技能培训比例	0.5409	0.4591
年末生产性固定资产原值对数	7.4358	1.0225
参加专业性合作经济组织	0.1439	0.3510
乡村干部户	0.0646	0.2459
行政事业单位户	0.0053	0.0727
教师户	0.0089	0.0937
种植业大户	0.0115	0.1067
五保户	0.0049	0.0696
家庭全部人口	4.6295	1.5594
男性劳动力比例	0.5190	0.1679

由于本文采用面板数据，可以通过广义差分的方法克服遗漏变量问题，从而获得参数的一致、有效估计。时间异质性可以通过加入时间哑变量进行控制，由于篇幅限制，不列出其估计结果。下面给出估计结果并加以分析。

四、实证分析结果

（一）初步的面板数据回归分析

在具体分析拉大收入差距的原因之前，本文先期通过面板数据回归，考察一下各变量对农户收入的总体影响。结合下文各变量对不同收入水平农户的影响，使本文的研究更加完整，能够更加全面地呈现人力资本、物质资本和社会资本对农户收入的作用。为了最大程度地保留样本信息，保证估计效率，防止人为剔除样本所带来的非随机性问题，本文并未对非平衡面板做进一步的处理，而是从估计方法上寻找办法。对于非平衡面板数据，詹瑞齐和萨普森（Jennrich & Sampson，1976）认为，极大似然估计（MLE）可以对非平衡面板数据的方差组合进行估计。但是，该方法为了给出回归系数估计量需要损失一定的自由度。帕特逊和汤普森（Patterson & Thompson，1971）提出了受约束的极大似然估计方法（REML）弥补了这个缺点。

本文为了确保模型估计结果的准确性和可靠性，同时对比不同估计方法的统计差异，分别采用极大似然估计（MLE）和受约束的极大似然估计（REML）进行参数估计，结果如表4所示。从模型回归结果总体情况来看，使用和没使用bootstrap技术的两个极大似然估计结果几乎一样，模型的可靠性得到了进一步验证。极大似然估计和受约束的极大似然估计的回归结果有一定的差异，但是这种区别并不是很大，也再次说明了回归结果的稳定性。具体来看，三个回归方程的系数估计结果均显示人力资本、物质资本和社会资本对农户家庭收入都具有正影响，其中社会资本是农户收入增加的最关键因素，尤其是家庭成员中有人从事教师职业或者参加专业性的合作经济组织将极大地提高家庭人均收入水平。而相比较而言，人力资本比物质资本在提高农户收入方面的作用更大一些。

表4 面板数据收入回归结果

	（1） MLE	（2） MLE_ B	（3） REML
初中以上文化程度劳动力比例	0. 148 ***	0. 148 ***	0. 154 ***
	（3. 35）	（3. 27）	（3. 95）

续表

	（1） MLE	（2） MLE_B	（3） REML
农业技能培训比例	0.087 **	0.087 **	0.069 **
	（2.34）	（2.29）	（2.03）
年末生产性固定资产原值对数	0.074 ***	0.074 ***	0.073 ***
	（4.66）	（4.37）	（5.05）
参加专业性合作经济组织	0.334 ***	0.334 ***	0.346 ***
	（6.76）	（7.94）	（7.92）
乡村干部户	0.180 ***	0.180 ***	0.180 ***
	（2.79）	（3.05）	（2.99）
行政事业单位户	0.278	0.278 *	0.359 *
	（1.44）	（1.85）	（1.81）
教师户	0.789 ***	0.789 ***	0.830 ***
	（4.93）	（5.75）	（5.38）
种植业大户	0.235 *	0.235 *	0.366 ***
	（1.79）	（1.78）	（2.66）
五保户	− 0.336 *	− 0.336 **	− 0.347 *
	（− 1.72）	（− 2.00）	（− 1.67）
家庭全部人口	− 0.128 ***	− 0.128 ***	− 0.130 ***
	（− 12.20）	（− 11.50）	（− 13.79）
男性劳动力比例	0.127	0.127	0.152 *
	（1.33）	（1.27）	（1.76）
常数项	7.876 ***	7.876 ***	7.880 ***
	（55.44）	（52.83）	（61.57）
Sigma_u	0.386 ***	0.386 ***	
Sigma_e	0.561 **	0.561 ***	
lnsig_e			− 0.381 ***

注：① *** 、 ** 、 * 分别表示在1%、5%、10%水平上显著，"（ ）"内数字为Z值；②MLE_B表示系数推断中还采用了bootstrap技术，迭代次数为1 000次。

（二）面板分位数回归

考恩克（Koenker，2004）提出的面板分位数回归方法实际上是一种面板数据固定效应处理方法，这种方法可以采用 Lasso 算法，加入惩罚项，使系数收缩于零，增强模型的解释力。本文采用面板分位数回归时同样使用 Lasso 算法加入惩罚项，令 lamda = 0.5，同时采用 bootstrap 技术得到更加渐进有效的系数估计，迭代次数选取 1 000 次，其估计结果如表 5 所示。在三个组别上回归的关键变量都在统计上非常显著，教育变量对高收入组的回报更高，而技术培训对中等收入组更有益，但总体来看以教育、技术为代表的人力资本状况对中高收入组的正效应更大，是拉开农户收入差距的原因。这个结果与高梦滔等（2006）的研究结果一致。固定资产在各组的边际收益率差别不大，对低收入组的效益略好于其他两组，也就是说，物质资本差异对农户收入差距的影响不明显，仅能够在很小的范围内改善农户收入差距状况，因此，物质资本不是拉大农户收入差距的原因。从社会网络异质性和农户参加的经济组织效果来看，参加专业性合作经济组织能够较为明显地改善低收入组与中等收入组的收入差距状况，而且不会明显拉大低收入组和高收入组的收入差距；而家庭成员中有人是乡村干部或者行政事业单位人员可以明显改善低收入组与中高收入组的收入差距，教师职业对增加三个组别上的收入水平都具有显著影响，但对各收入组间收入差距的作用不大。可见，以社会网络异质性和农户参加的经济组织为代表的社会资本变量能够较为明显地缩小农户收入差距。

表5 面板分位数回归结果（一）

解释变量	q25	q50	q75
常数项	7. 888 ***	8. 053 ***	8. 151 ***
	(0. 126)	(0. 126)	(0. 126)
初中以上文化程度劳动力比例	0. 128 ***	0. 111 ***	0. 156 ***
	(0. 036)	(0. 036)	(0. 036)
农业技能培训比例	0. 144 ***	0. 187 ***	0. 131 ***
	(0. 032)	(0. 032)	(0. 032)
年末生产性固定资产原值对数	0. 064 ***	0. 059 ***	0. 053 ***
	(0. 013)	(0. 013)	(0. 013)
参加专业性合作经济组织	0. 283 ***	0. 217 ***	0. 298 ***
	(0. 034)	(0. 033)	(0. 033)
乡村干部户	0. 178 ***	0. 142 ***	0. 141 ***
	(0. 052)	(0. 052)	(0. 052)
行政事业单位户	0. 216 **	0. 167 **	0. 111
	(0. 088)	(0. 079)	(0. 108)
教师户	0. 712 ***	0. 779 ***	0. 736 ***
	(0. 216)	(0. 209)	(0. 209)
种植业大户	0. 214	0. 151	0. 108
	(0. 182)	(0. 168)	(0. 170)
五保户	− 0. 479 **	− 0. 336	− 0. 262
	(0. 208)	(0. 211)	(0. 237)
家庭全部人口	− 0. 125 ***	− 0. 123 ***	− 0. 122 ***
	(0. 009)	(0. 009)	(0. 009)
男性劳动力比例	− 0. 016	− 0. 061	0. 038
	(0. 125)	(0. 125)	(0. 125)

注：①FE 模型（the penalized fixed-effects estimation method）；②加入惩罚项，lamda = 0. 5；③采用 bootstrap 技术，迭代次数 1 000 次，"（ ）"内数字为自助法标准误。

上面的回归结果仅是在三个分位点上的结果，图 2 揭示出了各变量在所有收入分位点上边际贡献的完整变化趋势。图 2 显示，人力资本变量对中高收入的边际贡献更高，拉大了低收入与中高收入间的收入差距；物质资本变量对低收入和高收入的回报更大，相比对中等收入作用不明显，因此可以起到缩小低收入者与中等收入者间收入差距的作用；社会资本各变量总体表现为对低收入者的边际贡献更高，因此，可以起到缩小收入差距的作用。

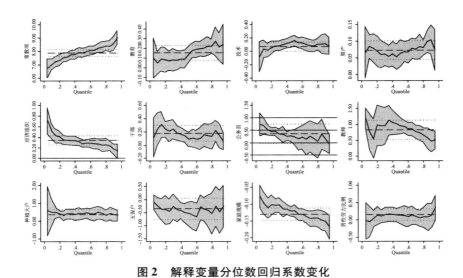

图2 解释变量分位数回归系数变化

注：图像步长为 0.05，虚线表示 OLS 回归系数和 5% 水平下的置信带，阴影为置信带（5%）。

如前文所述，考恩克（2004）的面板分位数回归方法是基于固定效应模型，因此，模型中就不能包含非时变特征的变量，如性别、民族等，而且固定效应以一种未指明的方式允许个体效应与所有变量相关。阿布里维亚和达赫尔（Abrevaya & Dahl，2008）认为对于固定效应差分等变换消除方法对于面板分位数这一非线性的模型是不合适的。针对采用固定效应处理面板分位数回归中出现的问题，阿布里维亚和达赫尔（2008）最先提出通过 CRE（Correlated Random Efects）方法来解决，后来巴彻（Bache，2011）的研究又对该方法进行了改进。CRE 方法的优点是实现了固定效应和随机效应的统一，在保证回归结果稳健的同时更加有效，同时可以修正模型中存在的内生性和遗漏变量问题，对非线性问题减少了参数识别问题带来的不利影响，即使存在对因变量有缩放效应（Scale Effects）的变量遗漏问题也能得到较好的结果，还对异质性（heterogeneity）和自变量相关问题具有较强的耐抗性。此外，面板分位数 CRE 模型还能够分别识别出自变量直接对因变量的影响和通过个体效应特征对因变量的影响两种效应。

在具体分析中同样加入惩罚项和使用 bootstrap 技术，其中 lamda = 0.5，迭代次数为 1 000 次。对于内生性问题，笔者认为教育、技术培训和固定资产三个变量既是时变变量又是内生变量，因此，在 CRE 模型中将这三个变量设定为内生变量。面板分位数 CRE 模型回归结果（见表 6）显示，回归结果虽然与 FE 模型有一定的不同，有些变量在个别收入组变得不显著，但是从三个收入组回归结果中得到的基本结论与 FE 模型保持一致，即人力资本变量拉大了收入差距，物质资本对收入差距作用不明显，而社会资本变量可以缩小收入差距。

表6　　　　　　　　　面板分位数回归结果（二）

解释变量	q25	q50	q75
常数项	7.688 ***	7.917 ***	8.502 ***
	(0.253)	(0.214)	(0.256)
初中以上文化程度劳动力比例	0.072	0.104 **	0.183 ***
	(0.058)	(0.048)	(0.055)
农业技能培训比例	0.048	0.098 **	0.057
	(0.049)	(0.047)	(0.057)
年末生产性固定资产原值对数	0.050 *	0.070 ***	0.071 ***
	(0.026)	(0.022)	(0.020)
参加专业性合作经济组织	0.351 ***	0.261 ***	0.244 ***
	(0.054)	(0.058)	(0.059)

解释变量	q25	q50	q75
乡村干部户	0.237 ***	0.105 *	0.147
	(0.064)	(0.061)	(0.089)
行政事业单位户	0.391 ***	0.290	0.186
	(0.113)	(0.198)	(0.259)
教师户	0.898 ***	0.961 ***	0.827 ***
	(0.271)	(0.159)	(0.155)
种植业大户	0.349 **	0.372 ***	0.395 ***
	(0.157)	(0.138)	(0.135)
五保户	−0.434 **	−0.491 **	−0.476
	(0.220)	(0.205)	(0.353)
家庭全部人口	−0.104 ***	−0.120 ***	−0.144 ***
	(0.015)	(0.013)	(0.012)
男性劳动力比例	0.184 *	0.131	0.142
	(0.099)	(0.101)	(0.126)
m. 教育	−0.097 *	−0.183 ***	−0.212 ***
	(0.056)	(0.054)	(0.066)
m. 技术	0.122 ***	0.164 ***	0.199 ***
	(0.047)	(0.042)	(0.051)
m. 资产	−0.013	0.002	−0.012
	(0.021)	(0.019)	(0.022)

注：①CRE 模型（the correlated-random-effects method）；②加入惩罚项，lamda = 0.5；③采用 bootstrap 技术，迭代次数 1000 次，"（ ）"内数字为自助法标准误。

五、结 论

（1）收入差距状况得到改善。对比连续两年收入情况发现，低收入群体收入增长速度最快，与中高收入组的收入差距在缩小，贫困程度有所缓解，收入不平等指数的测试结果同样证明该地区的收入分配状况正在向趋于合理的方向发展，但是收入集中度仍偏向高收入群体。

（2）人力资本、物质资本和社会资本对农户收入均具有正影响。其中，社会资本最有利于农户收入的增长，尤其是家庭成员中有人为教师或者该家庭户参加了专业性合作经济组织将对农户增收产生较强的促进作用，教师户对收入的边际贡献达到了 0.8，参加专业性合作组织对收入的边际贡献也有 0.3 以上；其次为人力资本变量，教育的边际贡献为 0.15，农业技能培训的边际贡献接近 0.1；物质资本对收入的作用稍弱，边际贡献为 0.07。

（3）人力资本拉大了农户收入差距，物质资本对收入差距影响不大，而社会资本则有助于改善收入分配状况。FE 面板分位数回归结果显示，人力资本变量对中高收入组的边际贡献更大，成为拉大农户收入差距的原因；物质资本变量对三个收入组的边际贡献差异很小，并不是导致农户收入差距变化最主要的原因；社会资本变量能够有效缩小低收入组与中高收入组的收入差距，对改善农户间收入分配状况起到积极作用。在所有收入分位点上变量的边际贡献变化趋势显示，人力资本变量确实对中高收入组回报更高，是拉大农户收入差距的原因；而物质资本变量可以在一定程度上缩小低收入群体与中等收入群体间的差距，但对低收入者与高收入者间作用不大；社会资本变量对低收入者的作用更大，可以起到缩小收入差距的作用。CRE 面板分位数回归结果同样显示，人力资本引起农户收入差距拉大，物质资本的影响不明显，而社会资本可以缩小收入差距。

参 考 文 献

［1］樊新生，李小建. 欠发达地区农户收入的地理影响分析［J］. 中国农村经济，2008（3）.

［2］高连水. 什么因素在多大程度上影响了居民地区收入差距水平？——基于 1987～2005 年省际面板数据的分析 ［J］. 数量经济技术经济研究，2011（1）.

［3］高梦滔，姚洋. 农户收入差距的微观基础：物质资本还是人力资本？［J］. 经济研究，2006（12）.

［4］罗楚亮，李实. 人力资本、行业特征与收入差距——基于第一次全国经济普查资料的经验研究 ［J］. 管理世界，2007（10）.

［5］叶静怡，薄诗雨，刘丛，周晔馨. 社会网络层次与农民工工资水平——基于身份定位模型的分析 ［J］. 经济评论，2012（4）.

［6］周广肃，樊纲，申广军. 收入差距、社会资本与健康水平——基于中国家庭追踪调查（CFPS）的实证分析 ［J］. 管理世界，2014（7）.

［7］赵剑治，陆铭. 关系对农村收入差距的贡献及其地区差异——一项基于回归的分解分析 ［J］. 经济学（季刊），2010（1）.

［8］Abrevaya, Jason, Christian M. Dahl. "the Effects of Birth Inputs on Birthweight" ［J］. *Journal of Business and Economic Statistics*, 2008, 26（4）：379 – 397.

［9］Abdul – Hakim R. , Abdul – Razak N. A. , Ismail R. "Does Social Capital Reduce Poverty? A Case Study of Rural Households in Terengganu, Malaysia" ［J］. European Journal of Social Science, 2010, 4（14）：556 – 567.

［10］Bache S. H. , Christian M. Dahl, Johannes Tang Kristensen. "Headlights on Tobacco Road to Low Birthweight – Evidence from a Battery of Quantile Regression Estimators and a Heterogeneous panel" ［J］. Social Science Electronic Publishing, 2011, 44（3）：1593 – 1633.

［11］Cameron A. C. , Triedi P. K. "Microeconometrics Using Stata, Revised Edition" ［M］. Stata Press Books, 2010.

［12］Efron B. "Bootstrap Methods：Another Look at the Jackknife" ［J］. Annals of Statistics, 1979, 7（1）：1 – 26.

［13］Fraumeni B. M. , Christian M. S. , Samuel J. D. "The Accumulation of Human and Non-human Capital, Revisited" ［J］. Social Science Electronic Publishing, 2015, 52: 302 – 350.

[14] Gary S. Fields, Gyeongjoon Yoo. "Falling Labor Income Inequality in Korea's Economic Growth: Patterns and Unqerlying Causes" [J]. Review of Income & Wealth, 2000, 46 (2): 139 – 159.

[15] Grootaert C. , G. Oh, Swamy A. V. "Social Capital, Household Welfareand Poverty in BurkinaFaso" [J]. Journal of African Economies, 2002, 11 (1): 4 – 38.

[16] Jennrich R. I. , Sampson P. F. "Newton – Raphson and Related Algorithms for Maximum Likelihood Variance Component Estimation" [J]. Technometrics, 1976, 18 (1): 11 – 17.

[17] Knight John, Lind Yueh. "the Role of Social Capital in the Labor Market in China" [J]. Economics of Transition, 2008, 16 (3): 389 – 414.

[18] Koenker, Roger. "Quantile regression for longitudinal data" [J]. Journal of Multivariate Analysis, 2004, 91 (1): 74 – 89.

[19] Morduch, J. , T. Sicular. "Rethinking Inequality Decomposition, with Evidence From Rural China" [J]. The Economic Journal, 2002, 112 (476): 93 – 106.

[20] Patterson H. D. , Thompson R. "Recovery of Inter – Block Information when Block Sizes are Unequal" [J]. Biometrika, 1971, 58 (3): 545 – 554.

[21] Zhao L. , Lu Y. , Wang B. , Chau P. Y. K. , Zhang L. "Cultivating the Sense of Belonging and Motivating User Participation in Virtual Communities: a Social Capital Perspective" [J]. International Journal of Information Management, 2012, 32 (6): 574 – 588.

市场、政府与贫困地区农牧民的增收

——基于新疆30个贫困县的面板数据

摘要： 利用2000～2009年新疆30个贫困县的面板数据，着重研究了市场化程度和政府行为对新疆贫困地区农牧民增收的影响。研究发现：市场化程度和财政支出对农牧民增收都具有明显的促进作用；市场化程度和财政支出对南疆贫困地区农牧民的增收作用要大于北疆；总体来看，市场要比政府更有效，政府应为贫困地区农牧民提供更多的权利和公平。在此基础上，提出相关政策建议。

关键词： 新疆　贫困县　农牧民收入　面板数据

一、引　　言

新疆是多民族聚居的少数民族区域自治地方，扎实应对和稳步解决新疆贫困问题，事关"稳疆兴疆，富民固边"的大局，事关各民族人民共同繁荣进步的大局。目前，新疆自治区有国家扶贫开发重点县27个和自治区扶贫开发工作重点县3个，此外还包括276个自治区扶贫开发重点乡和3 606个自治区扶贫开发重点村。从扶贫开发重点县地理位置来看，南疆重点县21个（均为国家级重点县），占总数的70%；北疆重点县9个（自治区级3个），占总数的 30%。从农村贫困人口的分布情况来看,南疆贫困人口大约占自治区贫困人口总数的 95%、北疆地区为 5%,仅和田、喀什、克孜勒苏州三地州特困人口就占全区的 85.15%。从贫困人口的民族构成来看,全区 30 个扶贫重点县中,少数民族人口占总人口的 91.06%,北疆地区扶贫重点县为 63.83%,南疆地区扶贫重点县为 96.85%,其中和田地区扶贫重点县为 98.62%、喀什地区扶贫重点县为 95.33%、克孜勒苏州扶贫重点县为 94.50%,且农村贫困人口以乡村人口为主体,南疆乡村人口中少数民族比重高达 99%以上。[1]根据贫困统计资料显示,新疆贫困地区的贫困人口中,少数民族贫困人口高达 96%,且贫困发生率达 12.66%,贫困强度大,贫困人口分布呈现极强的民族性特征。1994 年《八七国家扶贫计划》以来,新疆在解决农村贫困问题上取得了长足的进步,但是新疆农村贫困问题依然很严峻,北疆高寒山区和南疆干旱荒漠地区农村贫困问题尤为严重,表现为贫困集中连片、经济发展滞后、生产生活条件艰苦、基础公共设施落后、扶贫开发成本高、难度大等特点。[2]

新疆扶贫开发的主要目标之一就是要提高新疆贫困地区农牧民的收入水平。近年,新疆农牧民收入持续增长,但与全国相比仍处于较低水平,尤其是贫困地区的农牧民收入不足全国平均水平的 51.94%。[3]农牧民收入水平的提高和很多因素休戚相关。其中,市场化程度和政府行为无疑是影响农牧民收入最为关键的因素。[4]基于此,本文用资金市场化率代表贫困地区的市场化程度、财政支出和财政自给率反映地方政府行为,重点研究市场和政府对新疆贫困地区农牧民收入的影响。同时,分析了其他一些重要因素对农牧民增收的作用。

二、模型设定与数据来源

（一）模型设定

本文采用柯布—道格拉斯生产函数的扩展形式来研究市场化程度、政府行为等对新疆贫困地区农牧民收入的影响。将模型设定为：

$$Y = AK^{\alpha}L^{\beta}S^{\chi}U^{\delta}G^{\varepsilon}M^{\phi}F^{\varphi}$$

其中，A 代表农业技术水平；Y 代表新疆贫困地区农牧民人均纯收入；K 代表资本，用贫困地区的固定资产投资总额表示；L 代表劳动力，用乡村从业人员数表示；S 代表土地面积，用农作物播种面积表示；U 代表城镇化水平，用非农人口占总人口的比重表示；G 代表贫困县政府的努力程度，用财政支出额表示；M 代表贫困县的市场化程度，用资金市场化率表示，资金市场化率 = 1 - 地方财政收入/GDP；F 代表贫困县的财政状况，用财政自给率表示，它等于财政收入除以财政支出的比值。为了便于求解，本文同时对模型两边取对数，得到以下线性模型：

$$\ln Y = \lambda + \alpha\ln K + \beta\ln L + \chi\ln S + \delta\ln U + \varepsilon\ln G + \phi\ln M + \varphi\ln F + \mu$$

式中，各变量前为其弹性系数，μ 为残差项。

（二）数据来源

2000～2009 年新疆 30 个贫困县各自的固定资产投资额、乡村就业人口数、农作物播种面积、政府财政收支额、非农业人口和总人口数等数据均出自历年《新疆统计年鉴》；新疆贫困地区农牧民人均纯收入数据出自 2003～2010 年的《新疆年鉴》。此外，在计算资金市场化率时所需各贫困县生产总值数据中，2003 年 27 个国定贫困县数据全部出自《中国农村贫困监测报告 2004》，3 个省定贫困县数据出自《新疆年鉴 2004》；喀什地区所属的疏附县、疏勒县、英吉沙县、莎车县、叶城县、岳普湖县、伽师县和塔什库尔干塔吉克自治县共 8 个贫困县的数据中，2009 年数据出自《新疆年鉴 2010》，2005～2008 年数据出自相应年份的《中国农村贫困监测报告》；其余数据均出自历年《新疆统计年鉴》。

三、实证研究

如前所述，新疆地域辽阔，以天山为界可分为南疆和北疆两大区域。这两大区域所属贫困地区在人口结构、资源环境、经济基础等方面存在很大的差异。由于这种异质性，就会导致不同贫困地区对相同影响因素的反应就会有所不同。因此本文在分析全疆情况的基础上，为了全面分析各变量对新疆不同贫困地区农牧民收入的影响，进一步将新疆贫困地区划分为南疆贫困地区和北疆贫困地区两部分，以便进行比较分析。其中，南疆包括乌什县、柯坪县、阿图什市、阿克陶县、阿合奇县、乌恰县、疏附县、疏勒县、英吉沙县、莎车县、叶城县、岳普湖县、伽师县、塔什库尔干塔吉克自治县、和田县、墨玉县、皮山县、洛浦县、策勒县、于田县、民丰县，这 21 个贫困县全部都是国家级贫困县；北疆包括巴里坤哈萨克自治县、伊吾县、察布查尔锡伯自治县、尼勒克县、托里县、裕民县、和布克赛尔蒙古自治县、青河县、吉木乃县，这 9 个贫困县中，伊吾县、裕民县和和布克赛尔蒙古自治县是 3 个省定贫困县，其他都是国家级贫困县。

（一）面板数据模型

1. 模型的基本形式

面板数据（panel-data）[5]也可称为时间序列截面数据（time-series and cross-section data）或混合数据（pool-data），它由时间和截面空间上的二维数据构成。面板数据在截面上是由若干个体在某一时刻构成的截面观测值，在纵向上则是一个时间序列。从理论上讲，一般线性面板数据模型可用下列形式表示：

$$y_{it} = \alpha_{it} + \beta_{it}^k x_{it}^k + u_{it}$$

其中，y_{ij}是被解释变量；α_{it}代表截面单元的个体特性，反映被遗漏了的体现个体差异的因素影响；β_{ij}^k为参数向量；x_{ij}^k为 k 个解释变量所组成的向量；u_{ij}为随机干扰项；i 表示不同截面单元；t 代表不同的时间。

2. 模型的选择

本文运用 F 统计量在混合回归模型和个体固定效应模型之间进行选择。其原假设为：不同横截面的截距项相同，建立混合回归模型；备选假设为：不同横截面的截距项不同，建立个体固定效应模型。F 统计量定义为：

$$F = \frac{\left[\dfrac{(SSEr - SSEu)}{(N-1)}\right]}{\left[\dfrac{SSEu}{(NT-N-k)}\right]}$$

其中，SSEr、SSEu 分别是混合回归模型、个体固定效应模型的残差平方和，N 为截面单元个数，T 为时序期数，K 为自变量个数。

对于混合回归模型来说，它比个体固定效应模型多了 $N-1$ 个被估参数。当模型中包含 k 个解释变量时，F 统计量的分母自由度为 $NT-N-k$。在 P 显著性水平下，如果 $F > F(P, N-1, NT-N-K)$，则拒绝原假设，建立个体固定效应模型；反之，应采用混合回归模型。F 统计量和 1% 显著性水平下的临界值，如表 1 所示。

表 1　　　　　　　　　　　　F 统计量和模型选择

	SSEr	SSEu	N − 1	NT − N − k	F 统计量	F 临界值	检验结论
全疆	14.98966	3.04972	29	263	35.51	1.51	个体固定效应模型
南疆	8.339036	2.091532	20	182	27.18	1.63	个体固定效应模型
北疆	1.629307	0.610959	8	74	15.42	2.07	个体固定效应模型

表 1 表明，无论是对全疆整体而言还是对南疆、北疆分地区而言都在 1% 显著性水平下拒绝原假设，所以都应该建立个体固定效应模型。进一步采用豪斯曼（Hausman）检验确定采用固定效应模型还是随机效应模型。检验结果（见表 2）显示，在 1% 的显著性水平下，三个都应采用固定效应模型。

表 2　　　　　　　　　　　　Hausman 检验结果

	统计值	概率		统计值	概率		统计值	概率
全疆	44.044643	0.0000	南疆	18.684666	0.0092	北疆	122.252962	0.0000

（二）面板数据的单位根检验与协整检验

为了避免出现伪回归（Spurious Regression），在回归之前，我们先对各变量进行面板数据单位根检验（Panel Unite Test）。为了保证检验结论的稳健性，本文分别采用莱文等提出的 LLC 检验和马德拉等提出的 PP 检验进行面板数据的单位根检验。检验结果（见表3）显示，不管是全国数据还是分区域数据，农牧民人均纯收入、固定资产投资额、乡村从业人数、农作物播种面积、城镇化率、财政支出、资金市场化率、资金自给率8个变量都存在单位根。对原序列一阶差分后，在1%显著性水平下，拒绝存在单位根的假设，表明这8个变量均为单整的I(1)序列。在此基础上，本文采用卡奥（Kao）检验对计量模型进行协整检验，以保证变量间存在协整关系。全疆、南疆、北疆各自的卡奥检验值分别是 - 5.02、- 3.66、- 3.65，均在1%显著性水平下通过协整检验。面板数据单位根检验和协整检验保证了三个模型的变量间存在长期的均衡关系。

表3　　　　　　　　　面板数据单位根检验

变量	全疆		南疆		北疆		结论
	LLC	PP	LLC	PP	LLC	PP	
lnY	7.21877	28.9631	5.79854	8.70744	4.2711	20.2556	Yes
	(1.0000)	(0.9998)	(1.0000)	(1.0000)	(1.0000)	(0.3186)	
ΔlnY	- 11.5205	161.574	- 13.825	113.917	- 2.98274	46.7762	No
	(0.0000)	(0.0000)	(0.0000)	(0.0000)	(0.0014)	(0.0002)	
lnK	- 4.96884	68.5195	- 3.91086	43.696	- 3.07903	24.8235	Yes
	(0.0000)	(0.2107)	(0.0000)	(0.3993)	(0.0010)	(0.1299)	
ΔlnK	- 18.6909	240.794	- 14.579	188.207	- 11.7065	52.5863	No
	(0.0000)	(0.0000)	(0.0000)	(0.0000)	(0.0000)	(0.0000)	
lnL	- 2.28882	58.928	0.12173	39.1875	- 3.60267	19.7405	Yes
	(0.0110)	(0.5149)	(0.5484)	(0.5951)	(0.0002)	(0.3476)	
ΔlnL	- 15.3948	207.161	- 14.9804	152.248	- 5.31006	54.9138	No
	(0.0000)	(0.0000)	(0.0000)	(0.0000)	(0.0000)	(0.0000)	
lnS	4.64675	19.2177	- 1.20756	56.7774	4.07254	1.04045	Yes
	(1.0000)	(1.0000)	(0.1136)	(0.0636)	(1.0000)	(1.0000)	

续表

变量	全疆		南疆		北疆		结论
	LLC	PP	LLC	PP	LLC	PP	
ΔlnS	− 18. 2925	296. 259	− 11. 426	118. 922	− 13. 5775	111. 687	No
	(0. 0000)	(0. 0000)	(0. 0000)	(0. 0000)	(0. 0000)	(0. 0000)	
lnU	− 2. 74155	29. 2954	− 1. 90433	18. 3224	− 1. 96276	10. 973	Yes
	(0. 0031)	(0. 9997)	(0. 0284)	(0. 9995)	(0. 0248)	(0. 8955)	
ΔlnU	− 12. 6341	150. 782	− 8. 15056	85. 7888	− 9. 82492	64. 9928	No
	(0. 0000)	(0. 0000)	(0. 0000)	(0. 0001)	(0. 0000)	(0. 0000)	
lnG	8. 82461	3. 37876	9. 21111	0. 81914	2. 08355	2. 55962	Yes
	(1. 0000)	(1. 0000)	(1. 0000)	(1. 0000)	(0. 9814)	(1. 0000)	
ΔlnG	− 7. 81971	120. 298	− 7. 04478	83. 2678	− 3. 42553	37. 0303	No
	(0. 0000)	(0. 0000)	(0. 0000)	(0. 0002)	(0. 0003)	(0. 0052)	
lnM	− 2. 10622	77. 3597	1. 95409	28. 7484	− 0. 90826	13. 5466	Yes
	(0. 0176)	(0. 0651)	(0. 9747)	(0. 9405)	(0. 1819)	(0. 7581)	
ΔlnM	− 23. 9914	218. 753	− 11. 7663	194. 964	− 6. 04711	92. 5315	No
	(0. 0000)	(0. 0000)	(0. 0000)	(0. 0000)	(0. 0000)	(0. 0000)	
lnF	− 2. 94677	69. 0076	− 1. 92744	53. 7619	− 3. 01888	15. 2457	Yes
	(0. 0016)	(0. 1992)	(0. 0270)	(0. 1054)	(0. 0013)	(0. 6450)	
ΔlnF	− 16. 6606	275. 188	− 14. 6881	196. 74	− 8. 12004	78. 4483	No
	(0. 0000)	(0. 0000)	(0. 0000)	(0. 0000)	(0. 0000)	(0. 0000)	

注：①Δ 表示各变量的一阶差分；②（ ）内的数据表示相应的概率值；③滞后项的选择采用施瓦茨（Schwarz）信息最大化准则确定；④以上为 EViews 6.0 检验结果。

（三）回归结果分析

1. 全疆情况分析

对全疆 30 个贫困县的面板数据进行回归，回归结果显示：固定资产投资、农作物播种面积、城镇化率、财政支出、资金市场化率和财政自给率都对农牧民的增收有促进作用。其中，资金市场化

率和财政支出对其作用最为明显，弹性系数分别达到了 0.561915
和 0.453191，即资金市场化率和财政支出各自提高 1%，则农牧民
收入将分别增长 0.56% 和 0.45%。资金市场化率的提高，意味着
更多的资金流入到民间尤其是企业当中，资金的使用和流通将更多
受市场机制的影响，有助于资金使用到最能提高效益和创造价值的
地方，发挥资金的放大和扩散效应。[6] 财政支出的逐年增加则表明
政府干预力度的加强。可见，一定程度上资金市场化率代表市场机
制的作用，财政支出意味着政府力量，这充分说明新疆贫困地区农
牧民收入的增加要充分依靠"看不见的手"和"看得见的手"共
同作用。从计量结果来看，资金市场化率的作用要高于财政支出。
城镇化水平的提高对农牧民增收的作用也较为显著，说明贫困县城
镇化辐射和带动作用得到了很好的体现。农作物播种面积的扩大对
农牧民增收的作用也不能忽视。这主要与新疆农业生产的现状有
关，新疆人少地多，且农业机械化水平全国第一，这就充分发挥了
土地的规模效应，虽然播种面积每年增长幅度不大，但仍对农牧民
增收产生了较强的积极效果。相比之下，财政自给率和固定资产投
资的促进作用较小。这可能是由于新疆贫困县的财政主要还是靠国
家和自治区扶持，财政收入绝对数较小，本身财政状况的好坏对地
方经济影响较小。而固定资产投资的作用往往是比较间接的，效应
发挥需要一个累积的过程，具有服务性和滞后性的特点。在所有的
变量中，只有乡村从业人员数对农牧民收入增长具有消极影响。这
说明，从目前来讲，每增加一单位从业人员所抵消的边际收入的增
加额大于由于劳动力增加所带来的产量增加的收入效益。[7] 如何提
高新增从业人员的素质，进而提高生产效率，成为解决这一问题的
关键。

2. 南北疆比较分析

与全疆情况相似，大部分变量对农牧民增收都具有促进作用。

从变量显著性角度，除北疆固定资产投资和乡村从业人员的弹性系数外，其余都通过了显著性检验。下面我们分别对比一下不同变量对不同地区农牧民收入的影响程度。

固定资产投资和乡村从业人员数对农牧民增收的影响，南疆与全疆的情况基本一致，在北疆模型中这两个变量并不显著，在这里我们就不做讨论了。从农作物播种面积的贡献情况来看，北疆要大于南疆。这主要是由于北疆经济基础更好，农业现代化水平更高，从而使土地的规模效益更明显。相似的道理，由于北疆城镇化水平更高，城镇功能更加完善，造成城镇化水平对农牧民增收的影响北疆要优于南疆。在政府支出方面，南疆则要强于北疆。南疆贫困程度比北疆更深，而且贫困地区多集中连片，周围几乎没有增长极和中心城市可以依靠，更需要政府强有力的外部干预，在支持力度和投入比例方面南疆都要高于北疆，所以财政支出对南疆农牧民增收作用更大一些。资金市场化率的作用两个地区差距最大。南疆资金市场化率的弹性系数达到了极高的 2.94，远高于同地区其他变量，同时也远高于北疆水平。这更加说明了南疆经济基础的薄弱和落后，几乎没有现代的市场概念。以南疆目前所处的经济阶段和生活水平，根据美国经济学家哈维·莱宾斯坦提出的"临界最小努力"理论，这个最低的外部刺激的绝对值应该不会很高。将更多的资金投入民间，尤其是投入到企业和相关的扶贫开发项目中去，更有助于资金扩散效应和放大效应的发挥。并且这个阶段资金的边际收益无疑是递增的，对更贫困的南疆来说资金所带来的效用显然要高于北疆地区，所以对农牧民增收作用就会越明显。财政状况的影响两地相差不大，但其作用不容小觑。

总之，从三个计量模型回归结果综合来看，新疆贫困地区农牧民收入增长最主要的是依靠市场和政府的作用，市场参与是农牧民增收的最有效途径，政府是农牧民增收的最有力保障；其次，重视城镇化对周围地区的辐射和带动作用，继续推进农业产业化和农业现代化，对农牧民增收意义重大；再次，继续加大固定资产的投资力度，为其累计效应的发挥创造条件；同时，注重劳动力素质的培养和提高，努力保持财政收支平衡。模型回归的具体结果见表4。

表4 面板数据模型的回归结果

自变量	全疆	南疆	北疆
lnK	0.032161 ***	0.050568 ***	− 0.009777
lnL	− 0.283035 ***	− 0.352689 ***	0.064495
lnS	0.118255 ***	0.085565 *	0.211505 ***
lnU	0.29065 ***	0.240955 ***	0.499301 ***
lnG	0.453191 ***	0.486821 ***	0.346872 ***
lnM	0.561915 ***	2.940035 ***	0.437399 ***
lnF	0.044352 **	0.119526 ***	0.102004 ***
C	5.83493 ***	6.2931 ***	4.157902 ***
观测值个数	300	210	90
R^2	0.971931	0.966205	0.944149
F 检测值	252.9645	192.7172	83.39709
P 值	0.000000	0.000000	0.000000

注：* 、** 、*** 分别表示在10%、5%、1%的显著水平下通过检验。

3. 政府和市场的职能定位

新疆贫困地区农牧民收入增加离不开政府和市场的共同作用。这一点在上文分析中得到了证实，它们都对农牧民增收具有突出的贡献。但是，政府干预和市场竞争本身就是一对矛盾体。加强政府干预自然会削弱市场竞争，鼓励市场竞争就会限制政府行为。从本文所选变量来看，财政自给率可以反映地方政府的控制能力，财政自给率越高政府的干预能力就会越强；资金市场化率则可以一定程度的反映贫困县的市场化程度，资金市场化率越高就意味着更多资金的使用和分配由市场机制决定。那么对新疆贫困地区来说是否也会存在着政府控制能力越强市场化程度就会越低的矛盾？如果存在，两者相互影响程度到底有多大？政府和市场在新疆扶贫开发过程中应该扮演怎样的角色？这些问题我们将通过面板数据的扩展模型予以回答。

对全疆、南疆、北疆地区三个模型进行扩展，引入资金市场化率和财政自给率的交叉项 lnM × lnF。从表5的回归结果来看，大部分变量弹性系数的大小、符号、显著性比扩展前没有太大变化，说明所建模型的稳定性是非常可靠的，只有极少变量的符号发生了改变并且没有通过显著性检验，这主要是由于引入交叉项 lnM × lnF 所产生的多重共线性造成的。通过观察交叉项发现三个模型交叉项系数都为负值，且都通过了显著性检验。这就说明资金市场化率和财政自给率确实存在挤出和抑制关系，验证了政府干预和市场竞争这一对矛盾。从影响大小来看，南疆远高于其他地区，北疆则低于全疆水平。这也与实际情况相吻合，南疆的政府干预力度确实要远大于经济基础相对较好的北疆地区，这就造成了矛盾更加突出。政府和市场都对农牧民增收具有积极的作用，但从贡献效率来看，显然市场更有效。这一点在上文的分析中也得到了证实，资金市场化率的作用要强于财政自给率和财政支出两个指标。所以从长远来看农牧民增收主要还是要依靠市场的力量，政府应更多承担服务、引导、协调工作。在新疆贫困地区尽快建立起较完备的市场机制，通过一系列扶贫开发项目和龙头企业带动等方式，鼓励农牧民提高市场参与度，借助市场使农牧民增收并培养和提高农牧民自我发展能力显然更有效。当然，我们决不能忽视政府对农牧民增收的作用。本文更多评价的是政府直接干预的效果，但对新疆来说，尤其是新疆的贫困地区，由政府所提供的公共基础设施建设、社会保障体系、教育医疗卫生等间接贡献更加宝贵。政府在以后的投入中应加

大对农牧民技能培训、农田水利建设、教育医疗等方面的投入比
例，由管理者转变为服务者，帮助、引导、组织农牧民参与市场竞
争，为贫困地区的农牧民争取更多的权利和公平。

表5　　　　　　　　　　扩展模型的回归结果

自变量	全疆	南疆	北疆
lnK	0.030112 ***	0.049308 ***	− 0.024177
lnL	− 0.246140 ***	− 0.315125 ***	0.127663
lnS	0.094902 **	0.053962	0.172974 ***
lnU	0.275187 ***	0.205840 ***	0.355283 ***
lnG	0.480741 ***	0.505096 ***	0.401698 ***
lnM	0.503595 ***	− 0.813464	0.418656 ***
lnF	0.076703 ***	0.076965	0.184074 ***
lnM * lnF	− 0.868583 ***	− 2.026931 **	− 0.791824 ***
C	5.395649 ***	5.690609 ***	3.338018 ***
观测值个数	300	210	90
R²	0.971797	0.966224	0.962843
F 检测值	243.9925	184.9203	118.2261
P 值	0.000000	0.000000	0.000000

注：* 、** 、*** 分别表示在10%、5%、1%的显著水平下通过检验。

四、结论与建议

新疆贫困地区农牧民收入水平是衡量新疆扶贫开发绩效的最重
要指标。研究某些重要宏观经济指标对农牧民收入的具体影响，尤
其是政府和市场的作用，有助于我们进一步提高新疆贫困地区的扶
贫绩效。本文正是从这一出发点，利用2000～2009年新疆30个贫
困县的面板数据，注重分析了市场、政府及其他相关因素对农牧民
增收的影响，从而得到以下主要结论：一是以资金市场化率为代表

的市场化程度和以财政支出为代表的政府帮扶对农牧民增收贡献最大，且前者作用大于后者；二是城镇水平的提高和土地规模效益的发挥对农牧民增收意义重大；三是农牧民人口素质偏低，有待提高；四是资金市场化率和财政支出的增收作用南疆要大于北疆，而城镇化和土地规模效应对农牧民增收的影响北疆则强于南疆；五是政府干预力度的加强和市场功能的发挥，两者相互有所牵制，市场扶贫更有效，政府应该为贫困地区的农牧民争取更多的权利和公平。鉴于以上结论，本文给出如下政策建议：

第一，充分利用耕地资源丰富和农业机械化水平高的优势，发挥土地的规模效应。重点发展棉花、番茄、特色林果业等优势产业，扶持农产品深加工产业发展，推进农业产业化、现代化步伐；第二，注重劳动力素质的培养和提高。由政府牵头，通过农业技术推广站、定期技能培训等多种途径和方式，培养和锻炼农牧民生产技能，提高农牧民劳作效率和外出务工能力；第三，完善现有城镇功能，强化城镇辐射带动作用，建立良性城乡互动机制，降低农牧民进城成本，为农牧民进城务工提供必要的条件和机会；第四，充分利用财政支出的"结构导向"功能。应率先支持最贫困地区、高寒地区等生产生活条件比较恶劣地区的发展，着重加大农业基础设施建设、水利设施建设的投入力度；更加关注经济社会的协调发展，将支出重点放在教育、社会保障、基础设施建设、农田水利、环境保护等方面；[8]第五，建立健全贫困地区市场机制，提高农牧民参与市场的能力和程度。全面掌握贫困地区的具体情况，结合实际设置扶贫项目，使农牧民由被动接受者变为主动参与者；对当地企业和扶贫企业给予适当的扶持，尤其是注意发挥龙头企业对当地经济发展的带动作用。[9]第六，加快制度创新，为贫困地区农牧民提供更多的权利与公平。深入研究非国有化、市场化、对外开放对贫困地区的作用，加快相关制度创新和配套设施建设；[10]建立系统长效的扶贫开发机制，充分利用对口支援、东西扶贫协作等多种扶贫形式，推动反贫困立法，为贫困地区农牧民争取更多的权利与公平。

参 考 文 献

［1］厉声，马大正，秦其名等．新疆贫困状况及扶贫开发［M］．乌鲁木齐：新疆人民出版社，2010：104－105.

［2］李翠锦．新疆农村贫困的测度及其变动原因分析［J］．安徽农业科学，2010，38（11）：5956－5959.

［3］王哲，陈见影．新疆农民收入结构及区域差异分析［J］．农业现代化研究，2008（3）：138－141.

［4］李春林，任博雅．基于面板数据的中国农牧民收入影响因素分析［J］．经济与管理，2009（4）：26－28.

［5］高铁梅．计量经济分析方法与建模：EVIEWS 应用及实例［M］．北京：清华大学出版社．2006：302－352.

［6］高新才，周西南．制度变迁与经济增长的灰色关联分析——以甘肃省为例［J］．甘肃社会科学，2010（3）：199－201.

［7］马远，龚新蜀．城镇化、财政支农与农牧民收入增加的关系［J］．城市问题，2010（5）：60－65.

［8］黎翠梅．地方财政农业支出与区域农业经济增长——基于东、中、西部地区面板数据的实证研究［J］．中国软科学，2009（1）：182－188.

［9］潘淑清．当前增加农民收入的新举措［J］．西北人口，2002（1）：64－65.

［10］傅晓霞，吴利学．制度变迁对中国经济增长贡献的实证分析［J］．南开经济研究，2002（4）：70－75.